第一次世界大戦と社会主義者たち

第一次世界大戦と社会主義者たち

西川正雄

岩波書店

序

インターナショナル　若干の解説

インターナショナルとは、労働者の国際連帯を目ざす組織を意味する。そのような言葉使いが一般化したのは、一八六四年に「国際労働者協会」が創立されてからのことである。カール・マルクスによって理論を提供された同協会は「労働者の解放は労働者階級自身の手でかちとられなければならない」と謳って活動したが、ひとつには、パリ・コミューンと連帯して諸政府の弾圧に晒されたが故に、また労働運動が国ごとに編成されていく傾向に対応できなくなったが故に、一八七二年、自らの手で実質的にその歴史を閉じた。

だが一八八〇年代になると、とくに八時間労働日の実現を目ざす労働者の国際会議が再び開かれるようになり、その三回目が、フランス大革命百周年の一八八九年七月、パリで開催される。ただ、主としてフランス社会主義運動内部の対立から、それまでフランスで主導権を取ってきた「ポッシビリスト(可能派)」(分権的な組織論に立ち、ブルジョワ政党との連携も辞さず、可能な改良を目ざす)の大会と、フリードリヒ・エンゲルスの支援する「マルクス主義者」の大会とが同時平行して開かれた。二つの大会のうち、一九か国、約一八〇名の外国代表を集めた後者の方が国際的な重みがあり、それが事実上、第二インターナショナルの創立大会となったのである。この大会では、なかんずく、八時間労働日要求を掲げて翌九〇年五月一日を期して国際的な示威運動を行なうことが決められた(メーデーの起源)。新しい国際組織は「国際労働者協会」の後継者をもって任じてはいたが、新たな規約のもとに発足したわけではなく、名称も一九〇〇年の第五回大会以降、「国際社会主義者大会」に落ち着いたものの、それとて正式なものではなかった。第一次世界大戦勃発後、第三インターナショナル結成が胎動し始めてから、それとの対比で第二インターナショナルと呼ばれるに至り、それが一般化したと言えよう。むろん「国際労働者協会」を第一インターナショナルと意識しての話である。

第二回大会は、一八九一年、ブリュッセルで開かれ、国際労働者大会の一本化が実現し、チューリヒ(一八九三年)、ロンドン(一八九六年)と大会が重ねられていく。この時期、議論の焦点となったのは、社会主義を実現するために立法・議会活動も必須の一手段と考える人びとと、反議会主義的でゼネストを重視する「アナキスト」との対立であり、この問題はロンドン大会で「アナキスト」の排除決議が採択されてようやく結着した。それは、ドイツ社会民主党が国際的な場で主導権を確立していく過程でもあり、それに伴いマルクス主義が第二インターナショナルの主流を形成することになる。第一次世界大戦以前には、社会民主主義とはマルクス主義に立つ社会主義を指した。

一九〇〇年には、その年パリで開かれた第五回大会の決議に基づいて、各国代表二名から成る国際社会主義事務局(Bureau Socialiste International〈BSI〉)が設置され、その執行委員会の機能をエミール・ヴァンデルヴェルデらベルギー代表団が果たすとともに、常設書記局がベルギー労働党本部のあるブリュッセルの「人民の家」に置かれる事になった。事務局は錚々たる人物からなり(本書一八三ページ、註(8)を見よ)、一九一四年七月までに一六回の会議を開いて重要問題を議した。書記局も、一九〇五年にベルギー労働党のカミーユ・ユイスマーンスが書記長になってから情報の伝達に大きな役割を果たした。こうして第二インターナショナルは常設の制度となったが、それでもなお、事情を異にする国ごとの組織のゆるい連合体であり、事務局の権能も加盟組織間の連絡調整に留まっていたところにその特徴がある。

主力をなしたのは、ドイツ・フランス・イギリス・オーストリア＝ハンガリー・ベルギー・オランダで、亡命者によって代表されていたロシア・ポーランドも重要な存在だった。そうしたヨーロッパの約二〇か国に対し、他の地域からはアメリカ・オーストラリア・アルゼンチンなどごく少数であり、アジアでは日本だけであった。日本は一九〇一年に加盟、片山潜が事務局員に選ばれ、第六回大会に出席、第七回大会には加藤時次郎が参加したが、一九一〇年の「大逆事件」以降、関係は名目的なものに過ぎなくなった(1)。

研究と史料

第二インターナショナルの大会で討議された対象は、労働者保護立法・労働組合と社会主義政党の関係・ストライキ・農業問題・教育・女性解放・移民・植民地問題・帝国主義など多岐にわたる。いずれも当時、焦眉の問題であった。そうした諸問題に一通り触れた通史には、例えば、依拠した史料の点では決定的に古いが、ジェイムズ・ジョルやユーリウス・ブラウンタールの仕事(本書巻末の文献目録参照)がある。それに対し本書は、反戦平和の努力を主旋律として、第二インターナショナルに結集した人びとの群像を描こうとしたものである。彼らの努力が第一次世界大戦勃発の試練に耐え切れず挫折したせいで、第二インターナショナル史は一九一四年八月で終わっている場合が多い。本書も、それ以降の時期も展望しつつ書かれたが、実質的には同年末で叙述を終えている。それは、一九一四年以前と以後では、研究の蓄積・史料公刊の面で大きな差があるからである。一九一四年八月以前については、本書の註で明らかな通り、主としてジョルジュ・オープトによって、第二インターナショナルの公式文書の一覧や、さまざまな関連史料が刊行されており、個別研究も数々ある。だが、それ以後となると、史料の概観すらこれからの課題だし、研究も端緒についたばかりと言っても過言ではない。

本書のテーマに関しては、マルタン・デュ・ガールの小説『チボー家の人びと』がひとを魅さずにはおくまい。歴史家の仕事としては、オープトがその才能と語学力を発揮して、他の追随を容易に許さぬ分析を発表した。「大会の歴史」に留まりがちであった第二インターナショナル史を、大会の間を含めた襞に富む歴史にし、東ヨーロッパにまで視野をひろげて問題提起を行ない、さらに社会史研究の必要を説いたのは彼であった。著者はその彼をはじめとする先達の研究に学びながら、新たな史料にも当たって違う絵を画こうとした。残念なのは、一時期オープトらが見ることができた「ユイスマーンス文書」がその後閉ざされ、今もって閲覧できないことである。[2]

今回、日記・書簡に比べ回想の史料としての信用度が一段落ちることを改めて痛感した。その点、註でとくに指摘した。また、オープトや、例えばピーター・ネトルなどによる労作の間違えを間々指摘したが、それは正確を期すためだけのことであり、それをもって先達の業績にけちをつける気はいささかもない。むしろ著者としては、自分なりのイメージができたつもりであり、それを分析というよりは叙述の形で表わしてみた。その意図が成功しているかどうかは、読者の判断に委ねるしかない。

(1) 西川正雄「第二インターナショナル」『岩波講座 世界歴史』二二(岩波書店、一九六九)、四五五—四八五、同「社会主義・民族・代表権」『思想』一九七四、(一二)、二〇—四一、同『初期社会主義運動と万国社会党』(未来社、一九八四)。

(2) 西川正雄「第二インターナショナルの旅とヨーロッパの文書館・図書館」『社会思想史研究』一九七七、(一)、二〇六—二一七、同「Robert F. Wheeler と Georges Haupt の死を悼む」現代史研究会『通信』一九八〇、六(一／二)、一八—二一、Georges Haupt, *L'historien et le mouvement social* (Paris, 1980); *idem*, *Aspects of International Socialism, 1871-1914*, with a Preface by Eric Hobsbawm (Cambridge, 1986). ホブズボームの序文を参照。

目次

Ⅰ　「戦争に対する戦争を」

ことの他むし暑い夏だった。一九一四年七月、多忙なベルリンを離れ、アレクサンドラ・コロンタイはバイエルンの保養地コールグルップで一休みしていた。国際社会主義女性会議の開催が翌月にせまり、そこで彼女は、ロシア社会民主労働党メンシェヴィキ派の一員として報告を行なうことになっていたのである。同じころ、二年前から妻クループスカヤとクラクフに住んでいたレーニンは、ボリシェヴィキ派の立場から、腹心のイネッサ・アルマントをその会議に出席させようとし、子供を連れてトリエステに滞在中の彼女に指示を与えていた。しかし、二人の同年輩の女性活動家の対決は実現することなく終わった。やがて戦争が勃発したからである。

七月二三日にオーストリア＝ハンガリーがセルビアに最後通牒をつきつけてからも、避暑地の毎日は普段と変わりなく、婦人たちはダンスに興じ、噂話に余念がなかった。だが、コロンタイは、夏休みを利用してベルリンに来ていた二〇歳になる息子のミーシャの身を案じ、首都に戻った。戦争は本当に起こるのだろうか、まさかそんな筈はない、それにしてもドイツの同志たちはどう考えているのだろうか、いらいらしながらドイツ社会民主党の機関紙『フォーアヴェルツ』

を買ってみたが、抽象的なことばかり、排外主義の匂いさえする。八月一日、ドイツがロシアに宣戦布告。コロンタイはドイツ社会民主党幹部のフーゴ・ハーゼを訪ねる。

「インターナショナルの大会はいつどこで開かれるのかと私は聞いた。

『大会ですって、御冗談でしょう。何が起こったか御存知ないのですか。みんな正気を失っています。戦争は不可避です。排外主義で頭がおかしくなったのです。もう何もできません。』

彼の悲観論は当たっていないと思ったし、その驚くべき宿命論は信じられなかった。リンデンシュトラーセの女性局へ行って、党の計画について聞き出そうとした。ルイーゼ・ツィーツしかいなかった。屈託あり気で、どうも私が来たことを迷惑がっているようだった。不愛想でばかていねいだった。……

『抗議は致しましたし、私達の義務は十分に行ないました。でも、祖国が危機に晒されれば、そこでも義務を果たさねばなりません。』

ツィーツをまじまじと見つめる他なかった。私たちは一致していないな、と判った。……私の印象では、ツィーツにとって私はもはや同志ではなく、『ロシア人』だった。」

七年前、ロシア官憲の追及を危く逃がれて亡命したコロンタイは、社会主義女性運動の大先達クラーラ・ツェトキーンと協力して活動しようとしてドイツに落ち着いた。ドイツ社会民主党を敬愛せずにはいられなかったのである。そしてインターナショナル。二年前、そのバーゼル大会に出席した彼女は、友人への手紙に記している、「素晴らしかったの一語に尽きます。みんなが戦争に抗議の声をあげたのです。ジョレスの素敵な声、ケア・ハーディーの白髪、革命歌、行進、会議、熱狂的な若者たち、私はすべてを心ゆくまで体験しました(1)」。

だが、今や風景はすっかり違ってしまったように見える。昨日までのことは幻想だったのか、それとも今日が悪夢なのか。

イタリアの映画に「ノヴェチェント」というのがある。直訳すれば「九〇〇年代」、しかし「二〇世紀」という意味だ。そこに戻って話を始めよう。

ナポレオン戦争のさなかに一九世紀の幕あけを迎えたヨーロッパ大陸では、世紀の後半にも、クリミア戦争をはじめ、いくつかの戦争を経験したが、一八七〇／七一年の普仏戦争を最後に、ヨーロッパ強国の間の平和が続いてすでに一世代を経ようとしていた。戦場は、「東方」と意識されていたバルカン、カリブ海、極東、そして南アフリカに移っていた。しかし、平和を護ることは、ヨーロッパの社会主義者・労働組合活動家にとって、その運動の大きな目標となっていた。じっさい、一八九一年、第二インターナショナルがその第二回大会をブリュッセルに開いた時、「戦争に対する戦争を(Guerre à la Guerre)」という標語が早くも掲げられたのだった。決議は言う、「社会主義体制の創設だけが、人間による人間の搾取を終わらせ、軍国主義に終止符を打つとともに確固たる平和を保証するであろう」と。

では具体的に何をするのか、それについて決議は語るところがなかった。その点を突いたのが、オランダの社会民主同盟の指導者F・ドーメラー・ニーウェンハイスである。彼は言う、「社会主義」を「キリスト教」に一語変えさえすれば、ローマ教皇でも受け容れられるような決議だ、と。労働者にとって戦争に自衛も侵略もない、国民間の戦争よりブルジョワジーとプロレタリアートの間の内乱を選ぶべきだ。戦争に対してはゼネストを、というのが彼の提案であった。ゼネストに反対したのは、前年の九月まで十二年間にわたり「社会主義者鎮圧法」による弾圧を体験したドイツ社会民主党だった。なるほど、鎮圧法の永久化をはかった宰相ビスマルクは失脚し、その不倶戴天の敵、ろくろ工から出発したアウグスト・ベーベルが率いるドイツ社会民主党は、弾圧にも拘らず支持者をふやし、今や合法政党としてさらに党勢を伸ばそうとしてはいた。そして、第二インターナショナルの中でも、フランス、イギリスの労働者組織とならんですでにもっとも大きな存在の一つになっていた。だがそれだけに、ゼネストのような、当局の弾圧の引き金になるような行動をきらったのである。(2)

二年後チューリヒで開かれた第三回大会でも、オランダ人は戦争に対してゼネストと兵役拒否を主張し、ドイツ人は慎重な行動を求めた。このときドイツ案を支持して発言したのは、有望なロシアのマルクス主義者としてフリードリヒ・エンゲルスやカール・カウツキーらに注目されていた、フランス亡命中のゲオールギー・プレハーノフだった。彼は論じて言う、ゼネストは非現実であり、兵役拒否は「文化民族を武装解除し、西ヨーロッパをロシアのコサック兵の犠牲に供すること」になる、「一見たいそう革命的なオランダの提案は、反動的な反対物に転化するだろう」と。だがドーメラー・ニーウェンハイスも負けてはいない。彼の考えでは、村々で五人、十人の予備役が兵役を拒否すること、そして鉄道労働者がストライキを打つことは決して空想ではないのであった。むしろ、砲火に対して紙の上の抗議で応えることこそ空想ではないか、と彼は反論し、さらに、ベーベルがロシアを指して「残忍と野蛮の保護者」と呼んだことをとらえて「社会主義者の排外主義」に注意を喚起する。ベーベルがそのように言うのであれば、フランスは同様の非難をドイツに向けることができるだろう、と。プレハーノフの話を聞いて、一瞬ビスマルクが演説しているのかと思った、と皮肉ることも彼は忘れなかった。プレハーノフは答える、ベーベルの言葉はツァーリズムに向けられたもので、ロシア人民に向けられたものではない、と。ドイツ軍がロシアに進入してくるとすれば、それは、百年前に国民公会のフランス軍がドイツに来たときのように、解放者としてであろう。ドーメラー・ニーウェンハイスが、オランダ案を採択すれば諸政府は震えあがるだろうと主張したのに対し、オーストリアの社会民主党を率いるヴィクトル・アードラーは、とんでもない、「彼らはわれわれを笑いものにするだろう」と述べてオランダ人の「無邪気な願望」を戒めるのであった(3)。

一九〇〇年、義和団が北京に入ったころには、アフリカをはじめ中東から東南アジア、さらに太平洋の島々が、欧米列強によってほぼ分割され尽していた。そして義和団の乱に対しては、イギリス・ドイツ・フランス・アメリカ・ロシア・日本・イタリア・オーストリアの八か国が連合して軍隊を送った。連合軍の最高司令官となり「世界元帥」の異名をとったのは、前ドイツ参謀総長アルフレート・ヴァルダーゼーだったが、軍隊の主力をなしたのは、地の利もあって、ロシア軍と、日清戦争で武力を試して間もない日本軍であった。イギリスがブール人との戦いで、アメリカがフィリピン人の独立運動との対抗で、それぞれ忙しかったせいでもある。連合軍の武力に義和団は抗しきれず、それに伴って清朝中国は列強と新たな不平等条約を結ばざるを得なくなった。この辛丑《しんちゅう》条約の調印国には、軍隊を送った先の八か国のほか、スペイン・ベルギー・オランダも含まれていた。もしこれにポルトガルが加わっていたとすれば、そのころ世界を支配する側に立っていた国々が勢揃いしたことになったであろう。

同じ一九〇〇年の九月、パリで開かれた第二インターナショナル第五回大会の初日、議長を勤めていたフランス社会党のジャン・ジョレスが一通の手紙を紹介する。「どうか大会にお伝え下さい。極東に貧しい仲間が居り、あなた方ヨーロッパの社会主義者と同じ主義主張のために努力している、と。パリ国際会議に行きたいのは山々ですが、貧しさのせいで参れません」。手紙は

「日本の『労働世界』の編集者、片山」からのものであった。朗読後ジョレスは、「極東が戦争の舞台となっているまさに今日、その地にすら国際主義の精神が目覚めていることを見るのは慰めとなる」と述べて拍手を浴びた。じじつ、日本の社会主義運動と第二インターナショナルとの間に直接の連絡がついたのは、この時点であった。

列強がこぞって中国侵略に向かうような事態は、反戦運動の側にも新たな対応をせまらずにはおかない。それまで反軍国主義と言えば、ヨーロッパ諸国の常備軍に対する批判を主たる内容としていたのが、いまや植民地問題が視野に含められるに至る。パリ大会でその点を明らかにしたのは、国際平和に関する決議案の趣旨説明に立ったローザ・ルクセンブルクだった。ロシア領ポーランドからスイスに亡命したあとベルリンに移ってドイツ社会民主党に入党、ただちに『社会改良か革命か』を書き、左派の論客として頭角を現わしたばかりの三〇歳である。彼女は言う、軍国主義と植民地政策は、世界政策という一つの現象の異なった二つの側面にすぎないのであり、この世界政策という新しい現象に対しては従来の決議の繰り返しに留まらず何か新しいものを創り出すことが肝要だ、と。「同じ陸海の軍国主義、同じ植民地争奪、同じ反動が到るところにあり、敵意が恒常化した状態にすべての主要な文化国家が同じようにまきこまれている。だがそれによって共同の政治行動のための新しい基盤も創られているのだ」。中国戦争のように国際的規模の場合には、すべての国で同じ形の抗議運動を起こすべきである。労働者政党の国際的接近は、反軍国主義の日常闘争にとってだけでなく、社会主義という最終目標を考えてもぜひ必要である。なぜなら、資本主義秩序の崩壊が、経済的危機によってではなく、世界政策の惹き起こす政治的秩序によって生じる公算が大きくなる一方だからだ。

世界政策という言葉で表わされていたものは、当時はまだ部分的に、しかし後には広く使われるようになった表現を用いれば、帝国主義と言うことになろう。ローザ・ルクセンブルクは、帝国主義という新たな相貌を示した時代に、改めて労働者の国際連帯と社会主義革命の観点を強く打ち出したと言えよう。(4)

「主要な文化国家」つまりは帝国主義列強の間で恒常化した敵意が、一九〇四年、日露戦争として爆発したとき、日本の社会主義者たちはその機関紙『平民新聞』に「与露国社会党書」を発表し、「孰れか勝ち、孰れか敗るゝを択むべきに非ず」という「非戦論」を主張する。同年八月、アムステルダムで開かれた第二インターナショナル第六回大会の席上、片山潜とプレハーノフが握手をしたことは、社会主義者の国際連帯を象徴する光景に他ならなかった。大会の決議も、国際平和の擁護の立場から、戦争の一切の拡大に反対することを訴えた。しかし、ヨーロッパの社会主義者の多くは、反戦を主張すると共に、いったん戦端が開かれてからは「孰れか勝ち、孰れか敗るゝを」選ぶ立場をとっていた。(5) ジャン・ロンゲを編集実務者としてパリで発行されていた隔週刊誌に『ル・ムーヴマン・ソシャリスト』がある。日露開戦の直後、同誌は「日露戦争と国際社会主義」についてアンケートを行ない、各国の代表的な社会主義者一一名の意見を特集した。(6)それに序文をつけたアンドレ・モリゼは述べる。

「日本にとっては、この戦争は、何と言っても三〇年のうちにこの国を封建制から資本制へ、そして徹底した産業主義へと移行させた、異常な経済発展の結果である。販路の必要に加えて人口過剰、……傲慢からくる激しい排外主義、それが日本を否応なしに征服戦争へと導いて行ったのだ。

ロシアにとっては、経済的必要は多分に人工的で国の発展にとってなくてはならぬというものではない。この戦争はそうした必要を満たすためというより、支配者たちのばかげた征服心を満足させるためのものなのだ。」

「ガルガンチュアとパンタグリュエル物語」に些細なことで戦争を惹き起こす暴君が出てくるのだが、モリゼはその暴君になぞらえながら続ける、「ピクロショルの政治がロシアの支配者たちには最上の知恵らしい」。「二つの国民のどちらか一方に与《くみ》しなければならないのであれば、それは日本に味方するしかない」。なんとなれば、「ロシア政府こそ政治的に不倶戴天の敵であり、ツァーリの専制こそヨーロッパで民主主義と労働者の立場を脅かすもっとも恐ろしい反動権力だからである」。

回答者の一人、マルクス主義の教皇と目されていた(7)カウツキーも、事柄は「単純」だ、「ツァーリズムに対する闘争、ここに中心問題がある」と断じた。なるほど、仏国社会党のジュール・ゲードのように「日本万歳！」とまで言う者は他にいない。だが、回答者の多くはロシアの敗北を願う気持をかくそうとはしなかった。二人のロシア人、プレハーノフも社会主義者《エス》＝革命家党《エル》のイ・ア・ルバノーヴィチも、ツァーリズム打倒を目ざす社会変革の展望が開かれることの方を重視していた。回答者の中にレーニンはいない。それほど有名ではなかったのである。だが、レーニンの立場はプレハーノフ以上にはっきりしていた。一九〇五年一月、旅順が陥落すると、「進歩的な、すすんだアジア」が「おくれた、反動的なヨーロッパ」に打撃を与えた事件としてそれを歓迎する。じっさい、ロシアでは、その月のうちに「血の日曜日」が革命の堰を切って落とした。(8)

他方、日本の社会主義者たちは「旅順陥落の第一に意味する所は、日露両国数万の労働者が、その鮮血を灑《そそ》げること也」、「旅順の開城[は]戦争の終りにあらず……吾人豈《あ》に狂喜す可けんや」と述べて、戦勝に酔う風潮に釘をさした。間もなく『平民新聞』は当局の弾圧によって廃刊に追い込まれる。半世紀あまり前のマルクスの『ライン新聞』の故事にならって赤刷にされた終刊号には「露国革命の火」と題した記事が載せられた。そして曰く「之を日本の事として想像せよ」と。「少数なる貴族富豪の階級が絶対の権力を握つて、多数なる人民を圧抑すること露国の如くなる事あらば、猛烈なる革命の火が燃え上ること亦露国今回の如き無きを保せざる也、然れども吾人は……万々さる不祥の事なきを信ぜんと欲す」。日本の社会主義者にとって「宮城前に於て官兵と相戦ふ」ような状況は現実には考え難いことであり、さりとて日本の勝利を望むとは口がさけても言えなかった。「欧州の同志が一時の熱情の為めに大義を枉ぐるなからんことを望」みつつ、ひたすら「野獣の如き戦争」の終結を望み続ける。(9)

だが、ロシアの社会主義者にとっては、「大義」は反戦よりむしろ革命にあった。カウツキーのような西ヨーロッパの人びとの多くもそれに与していた。たしかに、ロシアの革命の影響は、カフカースを経てイランに達しその地の立憲革命にはずみを与え、バルカンに及び、西ヨーロッパにも達した。ドイツでは、あたかも申し合わせたかのように、ルール工業地帯で生活条件をめぐる積年の不満が労働組合指導者の統御を越え大ストライキとなって爆発したのをはじめ、労働争議がそれまでにない規模に達した。そこにロシア革命の報せである。国際会議で終始ゼネストという考え方に抵抗を示してきていたドイツ社会民主党の中にも、大衆ストライキに対する関心が急速に高まった。ゼネストの体験では先達のオランダで社会民主労働党若手の雑誌『新時代《ニーウエ・テイト》』を編集していたヘンリエッテ・ローラント＝ホルストが、カウツキーの慫慂で書いたドイツ語の本『ゼネストと社会民主党』が出版されたのも、その雰囲気を示している。(10)

その年九月、イェーナで開かれた年次党大会では、大衆ストライキが議題にとりあげられ、急進派理論家と労働組合指導者との間で激論がたたかわされる。党首ベーベルはしめくくりの演説の中で言う、「獄中にあった年を除いて私は毎回、党大会に出席しているが、今日の討論のように血とか革命とかが話題になった討論は聞いたことがない。一部始終を聞いていて、思わず何度か靴先に目をやってしまった。もう血まみれになっているのではないか、と思って」。人びとは大いに笑い、ベーベルが提案し、大衆ストライキに訴える場合もあることを認める決議は圧倒的多数で採択された。

だが一致は表面のことに過ぎなかった。党大会より早く五月にケルンで開かれたドイツ労働組合大会でのゼネストに関する討論には、ロシア革命は何の影も落としていない。大会には六三の全国組合の代表が集まっていた。それは、ビスマルクの社会主義者鎮圧法が失効して組合運動が再出発した一八九〇年に比べ、四倍の一二〇万人が組織されていた、ということでもあった。そこまで来るのにどれほど苦労したことか。その現場とは離れたところに坐って文筆家たちは大衆ストライキについて書きまくる。お好きなように、連中は何も分かっちゃいないのだ、と議長のテーオドーア・ベーメルブルクは述べ、営々と築いてきた組織を危険にさらしかねないゼネストなどより、日常活動を重視せよ、という決議をほとんど文句なしに通過させた。そして翌年のマンハイム党大会では、そうした労働組合の側の意向が党の側の意見と同等であることが承認された。ストライキをするのは労働者であり、彼らを組織しているのは労働組合であり、その指導者が大衆ストライキに危惧を感じている以上、党は何ができようか。

しょせん、戦争とは言ってもそれは東アジアを舞台としたものであり、革命も「残忍と野蛮の保護者」ツァーリの支配するロシアでこそ起こったのであって、ドイツや西ヨーロッパの人びとはまだ直接の当事者ではなかったのである。もっとも、当事者と自覚していた者がいなかったわけではない。その少数の一人がローザ・ルクセンブルクだった。イェーナの党大会でかのベーメルブルクは言った。子供のころ飢えることもなく立派な教育を受けることのできたような方々とは違い、私はもともと石工で、上級学校には行っていない。ルクセンブルク同志のように上品でもなければ知識もない。だけれども労働運動のために闘ってきたのは私だ、と。[11] 何も知らぬくせに、何を言うか。痛い所を突かれたせいか、チューリヒ以来の恋人レオ・ヨギヘスを追ってか、ルクセンブルクは一九〇五年クリスマスのころ、革命運動の続くワルシャワに潜入する。だが時、利あらず、逮捕投獄され、ようやく翌年九月、ドイツに戻ることができた。その途上、フィンランドのクオッカラ(レピーノ)で、レーニンと毎晩のように話合う機会があった。同年輩の彼らは、カール・ラーデクの仲介で前に一度会ったことがあるだけで、ロシアの党の組織をめぐってむしろ意見を異にしていた。[12]

話は三年前にさかのぼる。所はブリュッセル、続いてロンドン、亡命革命家たち四三名が集まってロシア社会民主労働党第二回大会が開かれた。「ユダヤ人」たちのいわゆる「ブント」が党内自治を求めていたのを初め、さまざまな意見の衝突があったが、開会演説を行なったプレハーノフは、この大会こそ党が統一し強化される出発点となる、と信じた。だが、数は少なくても職業的な革命家からなる中央集権的な党組織を作るべきだというレーニンの主張をめぐって、党はレーニンらの多数派(ボリシェヴィキ)とユーリー・マールトフらの少数派(メンシェヴィキ)に分裂してしまった。翌年の第二インターナショナル・アムステルダム大会では、各国の社会主義諸派はドイツの党の範例にならって統一すべきであるという決議がなされ、フランスではそれが実行に移されていく。ところがロシアの党では分裂である。人びとは理解に苦しんだ。大会ではレーニンを支持したプレハーノフもやがて調停に動き出す。だがレーニンはこの大先達と袂を分かつことを選んだ。彼にとっても生易しいことではなかったに違いない。亡命の地スイスで、妻クループスカヤと山中を歩き、疲れた神経を休めなければならなかった(13)。

ローザ・ルクセンブルクの率いるポーランド王国・リトアニア社会民主党も、ロシア領ポーランドを含むツァーリの帝国全体の革命を描いていた。ポーランド人のこの党がロシアの党に合同する動きがあったとしても不思議はない。だが、ローザ・ルクセンブルクは、ポーランドの独立を目標にかかげる宿敵、ユゼフ・ピウスツキのポーランド社会党を国際的に孤立させることの方に関心があった。その観点からは、ロシアの党が一般論として民族自決の権利を承認していることさえ認めることができなかった。彼女の、ポーランドの独立をスローガンに掲げるのは小市民的ナショナリズムに追随することだという主張に対しては、つとにカウツキーが、教え諭すように疑義を呈していた。たしかに「ペテルブルクは今日ワルシャワよりはるかに重要な革命の中心地だ」が、なおかつポーランド独立は国際的なプロレタリアートの運動にとっても意味のあることなのだ。ルクセンブルク嬢は勇み足である。カウツキーはこの論文を「ポーランドの終わり？」と題した。一八世紀末、武装蜂起したポーランド独立運動の志士タデウシ・コシチューシコが捕えられて叫んだという台詞を疑問符をつけて借用したのである。レーニンも、ポーランド社会党を批判する一方でカウツキーを援用しながらルクセンブルクに再考をうながした。しかし彼女は譲らなかった。他方、彼女とその仲間は、党組織に関しては、自主独立に馴染《なじ》みすぎていた。彼女が、「真に革命的な労働運動が犯す誤りは、最良の『中央委員会』の無謬性より、歴史的には測り知れぬほど重要で価値がある」とレーニンを批判しながら述べたとき、おそらく念頭にあったのは、じつはドイツの党の実情ではなかったか。ルクセンブルクは、レーニンに対してはドイツ社会民主党の一員であり、同党に対してはロシア通であり、その狭間に自分自身は公的には表わそうとしなかったポーランド人という刻印を消し去ることがなかったのではなかろうか。(14)

そうした違いはあったものの、クオッカラで会ったころ、彼らは、ロシアの革命を共に経験していた。もっとも、ルクセンブルクがペテルブルクを訪ねたのは、革命退潮期のわずかの間だけだったし、レーニンが情勢を窺いながらジュネーヴからロシアの首都に戻って活動を始めたのは一一月下旬のことで、やはり革命は頂点を通過していた。この革命の中で、そしてその中心となったペテルブルクのソヴェトで、雄弁家としての姿を印象づけたのは、二月に早くも帰国していたレフ・トロツキーである。彼は、レーニンにその才能を認められ、協力を求められながらも、しきりと楯突いて、さして重んじてもいないメンシェヴィキに与してみたりしていた。レーニンとほぼ同じころ戻ったマールトフは、頼みにしていたメンシェヴィキの間でもこの二六歳の青年によって自分の出る幕がなくなっていることを知って落胆した。じつのところトロツキーも、レーニンもルクセンブルクも、カウツキーも、ロシアで起こった革命の評価では、意見が大きく重なっていたのである。ロシアの革命は、それまで西ヨーロッパが体験した革命の類型には当てはまらぬ性格のものであり、しかもヨーロッパ全体の来たるべき革命の前哨戦だと彼らは感じとっていたのだ。(15) だが、さしあたり、ロシアではストルイピンが事態を掌握する。

ドイツに戻ったルクセンブルクは、九月のマンハイム党大会がロシアの経験に耳を貸そうとしないのに衝撃を受けた。しかも、一年前、彼女の「超急進主義」を「親しみをこめて」非難していたベーベル、それに「なびく様子」を示していたカウツキーとの距離が開きつつあった。トロツキーは、終身刑の判決を受けシベリアに向けて護送される途中で脱走し、あろうことかペテルブルクに寄って妻のセードヴァを驚かせたあと、フィンランドに逃がれてレーニン、マールトフと会った。そして、やがてウィーンに落ち着き、アードラー家の人びとと親しくなった。レーニンは、メンシェヴィキとの協力の企てにそっぽを向きはしなかったが、その過程で、ますます頑固にボリシェヴィキの路線を守ろうとした。だが、ロシア官憲の追及が、ついにフィンランドに及んだ。レーニンは、一九〇七年末、夜中、凍った海を徒歩で渡り、危く氷の割目に落ちそうになりながら、フィンランドを去った。そして翌年一月、ジュネーヴにたどりつき、以後、九年間、ロシアの地を踏むことがなかった。[16]

(1) Barbara Evans Clements, *Bolshevik Feminist. The Life of Alexandra Kollontai* (Bloomington, 1979), 80-83; N. Krupskaja, *Erinnerungen an Lenin* (DDR-Berlin, 1959), 309; レーニンよりイ・エフ・アルマントへ(一九一四・七)『レーニン全集』(大月書店)、第四三巻、五一二、Alexandra Kollontai, *Ich habe viele Leben gelebt*...(Berlin, 1980), 166ff. Cf. "Мандат И. Ф. Арманд", В. И. Ленин, *Полное собрание сочинений*, Издание пятое, Том 48 (Москва, 1964), 336.

(2) *Congrès international ouvrier socialiste tenu à Bruxelles du 16 au 23 août 1891. Rapport* (Bruxelles, 1893), 39ff., 65ff.

(3) Samuel H. Baron, *Plekhanov. The Father of Russian Marxism* (Stanford, 1963), 160; *Protokoll des Internationalen Sozialistischen Arbeiterkongresses in der Tonhalle Zürich vom 6. bis 12. August 1893* (Zürich, 1894), 6ff., 20ff., 29ff.

(4) *Compte rendu sténographique non officiel de la version française du cinquième congrès socialiste international tenu à Paris du 23 au 27 septembre 1900* (Paris, 1900), 21, 181f.; *Internationaler Sozialisten-Kongreß zu Paris, 23. bis 27. September 1900* (Berlin, 1900), 5, 27f.

(5) 西川正雄『初期社会主義運動と万国社会党』(未来社、一九八四)、第五章。

(6) "La guerre russo-japonaise et le Socialisme International", *Le Mouvement Socialiste*, 1904, (134): 324-360, (136): 45-52.

(7) Cf. R. Lóránt an Karl Kautsky, 1900. III. 16, in: *Karl Kautsky und die Sozialdemokratie Südosteuropas. Korrespondenz 1883-1938*, hrsg. v. Georges Haupt *et al.* (Frankfurt am Main, 1986), 441ff.

（8） 和田春樹『ニコライ・ラッセル。国境を越えるナロードニキ』全二巻（中央公論社、一九七三）、上、二一七—二二八、レーニン「旅順の陥落」『全集』第八巻、三四。参照、和田春樹・和田あき子『血の日曜日』（中央公論社、一九七〇）。たとえば『ブレーマー・ビュルガー＝ツァイトゥング』も、旅順陥落で「独裁の原理が決定的に敗北を喫し」、「プロイセン反動の希望も潰えた」と書く——"Zum Fall Port Arthurs", *BBZ*, 1905. I. 4.

なお、「仏国社会党」は、le Parti socialiste de France の試訳。他方、le Parti socialiste français を「フランス社会党」と訳すことにする。三二ページ参照。

（9） 『平民新聞』四二号（一九〇四・八・二八）、六一号（一九〇五・一・八）、六四号（一九〇五・一・二九）。

（10） Jürgen Tampke, *The Ruhr and Revolution. The Revolutionary Movement in the Rhenish-Westphalian Industrial Region, 1912–1919* (London, 1979), 18; S. H. F. Hickey, *Workers in Imperial Germany. The Miners of the Ruhr* (Oxford, 1985), 185; Carl E. Schorske, *German Social Democracy, 1905–1917. The Development of the Great Schism* (Cambridge, MA, 1955), 37ff.; Henriette Roland-Holst, *Generalstreik und Sozialdemokratie* (Dresden, 1905).

（11） *Protokoll über die Verhandlungen des Parteitages der Sozialdemokratischen Partei Deutschlands. Abgehalten zu Jena vom 17. bis 23. September 1905* (Berlin, 1905), 142f. (Resolution), 285–313, 336 (Bebel), 342 (Abstimmung).

なおドイツ社会民主党においては、「ゼネストGeneralstreik」という言葉は、党内ではもとより国際的にも克服された筈の潮流「アナキズム」と結びついており、否定的意味あいがしみついていた。そのため「大衆ストライキMassenstreik」という、それまではほとんど見られなかった表現が、この時期からおおいに使われるようになった。クラーラ・ツェトキーンがこの二つの概念の違いを力説したのもそのせいである。——*ibid.*, 323f. それ以前の、稀な用例として、Parvus, "Staatsstreich und politischer Massenstrike", *NZ*, 1895/96, 14-ii: 199–206, 261–266, 304–311, 356–364, 389–395. パルヴス（・ヘリファント）は、一八六七年ロシア生まれの「ユダヤ人」で、ロシアとドイツの党に関与し、ルクセンブルクと一時期、協力したし、トロツキーにも影響を与えた。ある種の先見の明をもった人物で、そのことは、いち早く「大衆ストライキ」なる言葉をドイツにもたらしたことからも知れよう。なお、この論文で、「ストライキ」がまだ英語綴りで、のちのドイツ語綴りでないことに注意。*Protokoll der Verhandlungen des fünften Kongresses der Gewerkschaften Deutschlands abgehalten zu Köln a. Rh. vom 22. bis 27. Mai 1905* (Berlin, o. D.), 30, 215ff., 221; *Prot., SPD, 1905*, 334.「アナキズム」と「社会民主主義」との関係については、参照、西川正雄「第二インターナショナル」『岩波講座 世界歴史』二二(一九六九)、四六九以下。さらに、田中良明『パルヴスと先進国革命』(梓出版社、一九八九)、七四—八五。

(12) J. P. Nettl, *Rosa Luxemburg*, 2 vols. (London, 1966), I, 356.

(13) E. H. Carr, *The Bolshevik Revolution, 1917-1923*, 3 vols. (London, 1950), I, 26ff.; Baron, *Plekhanov*, 233; レーニン「何をなすべきか」『全集』第五巻、三六五以下、Krupskaja, *Erinnerungen*, 74-75.

(14) Nettl, *Rosa Luxemburg*, I, 271ff. さらに参照、加藤一夫「ローザ・ルクセンブルクの民族理論」ローザ・ルクセンブルク『民族問題と自治』加藤一夫/川名隆史訳(論創社、一九八四)、三〇一—三七三。ローザ・ルクセンブルクよりヨギヘスへ(一九〇五・五・七)『ヨギヘスへの手紙』全四巻、伊藤成彦/米川和夫/阪東宏訳(河出書房新社、一九七七)、第三巻、一八九以下。Karl Kautsky, "Finis Poloniae?", *NZ*, 1895/96, 14-ii: 489; レーニン「われわれの綱領における民族問題」『全集』第六巻、四六九以下、Rosa Luxemburg, "Organisationsfragen der russischen Sozialdemokratie", in: *Gesammelte Werke*, hrsg. v. IML/ZKdSED, 5 Bde. (Berlin-DDR, 1970-1975), I/2, 444. Cf. Marek Waldenberg, *Wzlot i upadek Karola Kautsky'ego*, 2 tomi (Kraków, 1972), I, 146ff.; Geary L. Steenson, *Karl Kautsky, 1854-1938. Marxism in the Classical Years* (Pittsburgh, 1978), 134ff.

(15) Leo Trotzki, *Ergebnisse und Perspektiven. Treibende Kräfte der Revolution*, eingel. v. Richard Lorenz (Frankfurt am Main, 1967). 初出は『ナーシャ・レヴォリューツィヤ』(一九〇六)。Rosa Luxemburg, "Die russische Revolution", in: *Gesammelte Werke*, II, 5-10; レーニン「臨時革命政府の構図」『全集』第一〇巻、七七—七八。Karl Kautsky, "Triebkräfte und Aussichten der russischen Revolution", *NZ*,

1906/07, 20-i : 284-290, 324-333. Cf. Massimo L. Salvadori, *Kautsky e la rivoluzione socialista 1880/1938* (Milano, 1976), 92ff.; アイザック・ドイッチャー『武装せる予言者。トロツキー、一八七九—一九二一』田中西二郎／橋本福夫／山西英一訳（新潮社、一九六四）、一三七以下。Carr, *The Bolshevik Revolution*, I, 51ff.; I・ゲツラー『マールトフとロシア革命』高橋馨訳（河出書房新社、一九七五）、一七八。

(16)　ルクセンブルクよりヨギヘスへ（一九〇五・一〇・一七）『手紙』第三巻、三二五、ドイッチャー『トロツキー』一九四、二〇六、Krupskaja, *Erinnerungen*, 180f. Cf. David Shub, *Lenin : A Biography* (Penguin Books, 1966), 102ff.

II　シュトゥットガルト

レーニンとルクセンブルクが次に出合ったのは、一九〇七年八月、シュトゥットガルトにおいてであった。そのときこの南独ヴュルテンベルクの首都で、第二インターナショナル第七回大会が開かれ、レーニンも初めて大会に参加したのである。

日露戦争は、しょせん、極東のできごとだったとしても、そのさなか一九〇五年三月、ドイツ皇帝ヴィルヘルム二世が自らモロッコのタンジャに乗り込み、同地域に対するフランスの進出を抑えようとする事件が起きていた。戦争の舞台はじわじわとヨーロッパに近づきつつあったのだ。第二インターナショナルとしても、反戦の問題にはますます真剣に取り組まざるを得ない。「軍国主義と国際紛争」に関する特別委員会が設けられ、そこに四種類の決議案が提出された(1)。

第一は、フランス社会党のギュスターヴ・エルヴェの案で、資本家がプロレタリアートを搾取する場合、いかなる国もしくは政府の外見を取ろうと、それはプロレタリアートにとってはどうでもいいことであり、一国の全住民の間に利益共同体が存在するなどというのはブルジョワ愛国主義の主張する偽りだときめつけ、社会主義者は、現下の宣戦布告に対しては、それがどの側からなされようとも、軍隊ストライキと蜂起をもって応えるべきだと訴える。第二案は、フランス社会党少数派を代表するゲードが提出した。それによれば、軍国主義は、階級対立に基づく資本制の自然必然的な産物である以上、資本制を除去することなしには廃絶できないのであって、軍隊ストライキや蜂起といった手段は社会主義者の宣伝と支持者獲得を困難にするだけである。空想でも危険でもない唯一の反軍国主義運動、それは社会革命をめざして全世界の労働者を組織することであり、当面は、兵役期間の短縮、陸海軍・植民地のための予算拒否、一般人民武装などに取り組むことにつきる。このゲード案に対し、フランス社会党多数派は、ヴァイヤン＝ジョレス連名の決議案を用意していた。エデュアール・ヴァイヤンはパリ・コミューン以来の古強者、ジョレスは今や一本化されたフランス社会党の中心的存在である。その第三案は主張する、軍国主義と帝国主義は資本家階級が労働者階級を政治的・経済的くびきにつなぎとめておくために国家が行なう武装に他ならない、と。攻撃を受けた国民とその労働者階級は、独立と自治を守り抜く義務がある、したがって社会主義政党の反軍国主義政策・防衛政策は、ブルジョワジーの武装解除と一般人民武装による労働者階級の武装とを追求するものでなければならない。決議案はさらに、ロシア革命で窮地に立ったツァーリズムおよびそれを助けようとする隣接の帝国主義、資本主義的・植民地主義的な冒険と略奪に注意を喚起し、「議会における介入活動・公然たる煽動・民衆の示威運動から労働者のゼネスト・蜂起に至る」あらゆる手段を用いて戦争を予防し阻止せよと結んだ。

もう一つの決議案を提出したのはベーベルである。それは、戦争が資本主義国家間の世界市場をめぐる競争から生じ、文明国において支配階級の利益のために組織的に育成された他民族に対する偏見によって助長されると述べ、ゲード案と同様に、戦争を資本主義の本質に属するものと主張する。その戦争で兵隊を出し物質的犠牲を主としてになう労働者階級は、戦争が社会主義に基づく新しい経済体制の建設と諸民族の連帯の実現という自分たちの目的と背反するが故に、戦争に対する本来自然の反対者である。したがって、労働者と特にその議会における代表者との義務は、全力をあげて陸海の軍備に反対し、そのための財政的支持を拒否することにある。また、国家間の敵対を緩和する実質的な保証は、武装可能な者すべてを含む防衛制度の民主的組織化である。「戦争勃発の恐れが生じた際には」とベーベル案は宣言する、「関係諸国の労働者とその議会代表は、最も有効と思われる手段に訴えて戦争の勃発を回避するために全力を挙げ、それでもなお戦争が勃発した場合には、その即時終結を支持する義務がある」。

三十数年前、普仏戦争勃発直後、ヴィルヘルム・リープクネヒトと共に、北ドイツ連邦議会で戦時公債の投票に際して棄権し、プロイセンがアルザス＝ロレーヌ併合の意図を露わにするや、次には反対票を投じたのは他ならぬベーベルである。彼らはその行為によって投獄されさえした。そのベーベルにとって、エルヴェはとうに否定されたドーメラー・ニーウェンハイスの議論を蒸し返そうとする小癪な若僧に過ぎない。決議案の説明に立ったベーベルは激しくエルヴェに反論する。なるほど『共産党宣言』にも「労働者には祖国がない」という文章があるが、マルクス、エンゲルスの弟子たちはもはやそのような立場をとっていない、われわれが闘争している相手は「祖国それ自体ではなく、……祖国において支配階級に有利に創り出される状況な」のだ。一民族の文化と文明の発達とは、完全に自由かつ独立の土台があり母語の助けがあってこそ進展しうる。祖国にしても議会にしても、もはや単に否定するだけの対象ではないのだ。エルヴェのように、フランスがアルザスに属するのか、アルザスがフランスに属するのか、そんなことはどうでもいいなどと言うのは全く馬鹿ばかしい。エルヴェは、本気ならその考え方を自国の人びとの前で言ってみるがいい、こてんぱんにやられるのがおちだろう。ともかく蜂起とかゼネストとかは「ドイツではあり得ないし、お話にもならない」。だが、軍国主義と戦争に反対して他の誰よりも一貫して闘い抜いてきたのはわれわれである。モロッコ事件のときも戦争回避のために全力を尽したではないか。このように述べたベーベルは、ヴァイヤン＝ジョレス案についても、エルヴェ主義に譲歩し過ぎていると難を示すのであった。

エルヴェは、その戦闘的立場のせいで歴史の教師と弁護士の職を棒に振ったブルゴーニュ出身の社会主義者、晩年にはファシストの立場に近づいた人物だが、当時三六歳、反愛国主義を高唱して耳目を集め、意気軒昂たるものがあった。彼は猛然とベーベルの権威に挑戦する。われわれは「不安な気持でベーベルの演説を待った、そして開いた口がふさがらないとはこのことだ、悲しくなる」。モロッコ事件のときにしても、ドイツ社会民主党は三〇〇万票という道義的な重みに物を言わせただけではないか。あなた方は、「今や票と党費を集める素晴しい機械に過ぎない……。あなた方は、投票用紙で世界を征服しようと思っている。だが伺いたい、もしロシア皇帝の座を立て直すためにドイツ兵が派遣されたら、あなた方はどうするのか、と」。フランス政府の方は国際仲裁を懇願しているのにドイツ参謀本部が拒否したら、あなた方はどうするのか。なるほどベーベルは牢獄に行った、「だがそれは三十年前のことだ。今やドイツ社会民主党はすっかりブルジョワ化し、ベーベルは修正主義者の陣営に行ってしまった」。ベーベルに従順なドイツ社会民主党は、彼に従って戦争にだって行くだろう。

こうした、言わずもがなの感のある台詞を含むエルヴェの演説はドイツ代表団の反撥を招かずにはおかなかった。だが、まともに反論するのも大人気《おとなげ》ない、といった調子で、バイエルンを根城に改良主義の一翼を率いていたゲオルク・フォン・フォルマルは、問題をフランスの党に投げ返す。あなた方もエルヴェをまともに相手にしてはいないようだが、それにしては彼に対する反駁が中途半端で、結論部分では同じことを言っているのが領けない、と。たしかにエルヴェはフランスの党内でも一匹狼の要素の強い人物ではあった。しかし、ドイツの党に対して不満を持つフランス人は、決して彼だけではなかった。ヴァイヤンは、エルヴェの言うストライキや蜂起を無益な犠牲として斥けながらも、議会での宣伝よりもっと強力な手段が必要な時もあると主張し、理想主義と現実主義を兼ね備えているドイツ社会民主党こそ国際プロレタリアートの偉大な義務の達成に力あって然るべきだと訴えた。ジョレスも雄弁をふるい、議会活動はプロレタリアートにとって十分なものではない、「労働者階級は自ら参加・行動し、自分自身の劇の俳優になろうとしているのだ」、われわれは彼らの才能が生み出した行動手段を反戦のために適用しようと言っているのに、ベーベルは極端なエルヴェ主義に反対するだけに終わっている、と述べてドイツの党の奮起を促すのであった。(2)

このような反論に対しベーベルが再び立って、ドイツ社会民主党がロシアを除くどの国よりも苛酷な条件のもとで闘争し続けている事実を強調し、「党費集めの機械」の役割も財政的支援活動の面で馬鹿にならないことを指摘した。これには他国の指導者もいささか恐縮したが、決して十分に納得したわけではなかった。「ドイツ社会民主党の組織には感服するが、同党が他国の経験から学ぶものは何もないのであろうか」と、インターナショナル事務局を引き受けていたベルギー労働党の指導者エミール・ヴァンデルヴェルデが述べたとき、彼は参加者の多くの偽らぬ気持を代弁していたと言えよう。ドイツの党の一員として批判を受け止めながらも、なおかつ一歩離れたところから発言できたのは、ポーランド代表の資格で出席していたローザ・ルクセンブルクだった。ベーベルとくにフォルマルに対して反論しつつ彼女は言う、「マルクス主義の理解に際して、例の硬直した決定論的な形式をあてはめるのは大きな危険だと思う」と。なぜならば、「その反動として、エルヴェ主義のような行き過ぎを生み出す結果になるだけだから。エルヴェはフランスで子供呼ばわりされているが、怖るべき子《アンファン・テリブル》なのだ」。ドイツ社会民主党はそのイェーナ大会で、と彼女は続ける、「それまで長いことアナキストの考えとして非難していたゼネストが、一定の条件のもとでは利用しうる手段であることを」承認した。「イェーナ大会の上に影を落としていたのは、ドーメラー・ニーウェンハイスの霊ではなく、ロシア革命の赤い妖怪だったのだ」。そして彼女は、「ヴァイヤン＝ジョレス案より、ある観点では、もっと突き進んだ」修正案の用意のあることを明らかにした(3)。

大会では、ロシアの「英雄的な戦士と労働者階級に対して連帯の挨拶を送る」ことが満場一致で決議された。ロシアの代表たちは立ち上がって感謝の意を表した。参加者名簿によれば、ロシア代表団は、前年に再統一した社会民主労働党、ブント、社会革命党《エスエル》をはじめとする諸組織の六三名から成っていた。その中にはプレハーノフやトロツキーもいたが、軍国主義をめぐって発言したのは、場なれしたエスエルのルバノーヴィチだけである。レーニンにとっては、これは初めてのインターナショナルの大会だった。ローザ・ルクセンブルクはクラーラ・ツェトキーンに囁《ささや》いた、「ほら、あそこの人、よく見て！　あれがレーニン。強情で頑固そうな頭をしてるでしょう。ちょっとアジア的な輪郭だけど正真正銘ロシアの農民の頭だわ。この頭で壁も突き崩そうってのよ。それで頭がつぶれるかもね。でも絶対にひっこまないのよ、あれは」。ルクセンブルクが用意した修正案は、そのレーニンおよびマールトフと彼女の協力によって準備され、ベーベルとの長時間の折衝を経て作られたものだった。表舞台ではルクセンブルクの方がうまくやってのけるだろう。レーニンは沈黙を守っただけでなく、最終決議案をまとめるための小委員会では、ロシアの代表権をルクセンブルクに委ねるのであった。(4)

修正案は、ベーベル案を基礎にし、それにつけ加えるべき四つの文章から成っていた。とくに重要なのは、決議の結びとなるべき次の文章である。

「戦争勃発の恐れが生じた際、関係諸国の労働者階級の義務は、……適当と思われる手段により、戦争阻止の為にあらゆる努力をすることにある。その手段は、階級闘争の尖鋭化と一般的政治情勢に従って当然、変化発展するものとする。

それにも拘わらず戦争が勃発した場合には、労働者階級は、その即時中止の為に介入する義務がある。そして、戦争によって生じた経済的・政治的危機を全力をあげて利用して人民層を根底から揺り動かし、資本家の支配の没落を早めねばならない。」

ここには、一見ベーベル案をヴァイヤン＝ジョレス案に近づけただけのようだが、戦争勃発を社会革命の展望と結びつけるという、他の案にはない発想が窺える。おそらくそれは、問題は「たんに戦争を平和におきかえるだけ」のことではないと考えていたレーニンのものであろう。

意見は同じではあっても、ルクセンブルクの方は、レーニンがこのとき初めて実感したドイツ社会民主党の待機主義につとに気付いていたのであって、マンハイムの仇をシュトゥットガルトで討つことに眼目があったのではなかろうか。ともあれ、続く討論の中で、修正案が本質的なものをつけ加えていることにはっきり気付いた者は、ルバノーヴィチを除いていなかったようだ。

最終的な意見調整をまかされた小委員会では、ベーベルが依然として各国の行動の自由を要求したが、アードラーがそれに賛同しつつも反戦運動の国際協調の必要をも認めて間を取りもち、さらにジョレスの提案で、ブリュッセル大会以来インターナショナルがファショダ事件・モロッコ事件・トリエステ問題・日露戦争などの際に反戦平和の力となった実績の歴史的叙述が決議案に組みこまれることになった。それによって、ゼネスト・蜂起といった言葉を使わないことで、ドイツ社会民主党を満足させながら、大衆行動による反戦運動から社会革命をも含む積極的な行動提起を決議に盛りこむことが可能になったのだった。こうして苦心の末できあがった決議案は、ベーベル＝ルクセンブルク案にあらゆる修正をつけ加えたまことに長文のものになった。大会最終日、それは総会に提案され、ヴァンデルヴェルデの情理を尽した説明のあと、議長をつとめるドイツ社会民主党のパウル・ジンガーが拍手による承認を求めた。そして、この決議案とベーベル案との間には天地の差がある、いったいドイツ社会民主党の本音はどちらにあるのか、と喰いさがったエルヴェも、いよいよ満場一致の拍手が始まると、机の上にとび上がり双手をあげて賛

意を示すのであった。(5)

全会一致――インターナショナルが国際主義《インターナショナリズム》に立つ限り、あらゆる知恵をしぼって達成すべきことであり、じっさいシュトゥットガルトではそれが実現した。万雷の拍手はルクセンブルク修正案の異質な音色をかき消し、決議の玉虫色がすべての立場に満足を与えた。だが、立場の相違が消えたわけではない。その相違は、フランスから三つの決議案が提出されたことが端的に示すように、なるほど思想の次元で現われた。ベーベル案とヴァイヤン＝ジョレス案との懸隔も、反戦平和の手段として「ゼネスト」を含むと明記するか否かという、もっぱら戦術上の問題のように見える。しかし、各政党、とくに主力をなす党が国ごとに組織されており、それぞれの国の事情の違い、この場合にはドイツとフランスの違いが背景をなしていた。組織力という点では、ドイツの党は抜群だった。一九〇七年、党員数五八万七〇〇〇余、国会選挙の際の得票数は三〇〇万を超えたが、同じころのフランスの党の数字はそれぞれ四万三〇〇〇余、八八万票。両国の人口は六〇〇〇万と四〇〇〇万、それを考慮したとしても、ドイツの党の数字は圧倒的である。また、ドイツの自由《フライエ・ゲヴェルクシャフテン》労働組合に結集した中央つまり全国組合の組合員数はそのころ一五〇万、フランスの労働総同盟(CGT)の場合はその五分の一だった。これは、ドイツの都市人口が一八九〇年代に全人口の五〇%を越えた(イギリスでは一九世紀半ば)のに対し、フランスでは第一次大戦以前にはついにそうなることがなかったという統計が示すような、工業化の進展の具合とおおいに関係があるだろう。明らかに、統一組織による活動という面ではドイツの方が優っており、フランス人たちも一目置くのに吝かではなかった。中でもゲードとその支持者は、ドイツの党を一つの模範とみなしていた。その上、理論化という点でもドイツの党は傑出していたのであり、なればこそ第二インターナショナルの模範とされ、大きな影響力をもっていたのである。

だがしかし、ドイツでゼネストにきわめて慎重な態度を示した自由労働組合が、社会民主党に対等の立場を認めさせたマンハイム党大会が開かれたのと同じ一九〇六年、フランス労働総同盟は、アミヤンの大会で「アミヤン憲章」を採択した。それは、労働者階級の解放の手段としてゼネストを称揚すると共に、政党からの独立を主張するものだった。いわゆるサンディカリズムの見解である。(6) 党と組合との関係、そして組合活動家の考え方が、ドイツとフランスでは大きく異なっていた。果してインターナショナルはドイツの党の範例に従うべきなのか――この問いを発したのは他ならぬジョレスであり、四年前、一九〇四年アムステルダム大会の折のことであった。

それより先、一八九九年、フランスではドレフュス事件で揺れ続けた政局を、共和制防衛の立場から収拾しようとする動きの中で、ヴァルデック゠ルソーなる富裕にして高名な法曹家が首班を引き受けることになり、さらに、社会主義者グループの下院議員、四〇歳のアレクサンドル・ミルランが入閣した。そうすることでミルランは共和制擁護の一助となり得ると主張したが、政治的野心もあったことだろう。ともあれ、ブルジョワ内閣に入閣するなどということは、社会主義者としての原則に係わる問題だった。しかもその内閣の他方の端には将軍ガストン・ド・ガリフェが坐っていた。パリ・コミューンの血の弾圧の指揮官の一人である。多くの反対が予想された。だが、ミルランと同年の友人でもあったジョレスは、共和国擁護の見地から、あえて入閣を支持する。しかし、上の世代に属し、パリ・コミューンの戦士として死刑を宣告されたことのあるヴァイヤン、コミューンの支持者として亡命を余儀なくされたゲード、それに他の人びともあからさまに敵意を示した。彼らは、いったんは渋々ながら妥協したものの、次第に対決の姿勢を強めていった。一九〇一年はじめ、中部フランスの炭坑労働者のストライキに際して軍隊が派遣されると、彼らの「入閣主義」批判は激しさを加え、ジョレスらと袂を分かって仏国社会党を結成した。ジョレスらはフランス社会党としてまとまった。どちらも中にいくつかのグループを抱えており、地域によってその組合わせも一様でなかったが、大きく見れば、フランスの運動は二分されたのだった。(7)

ミルランの投じた波紋は、国際的にもひろがって行った。まさに同じ時期、ドイツ社会民主党は、エードゥアルト・ベルンシュタインのマルクス主義修正の試みに端を発する、いわゆる修正主義論争の真最中だった。修正主義は「入閣主義」のドイツ版である。一九〇三年、ドレースデンの党大会で、ベーベルは、そうした傾向を「きれいさっぱり片付け」ようと、いつもの長広舌をふるい、「無冠のバイエルン王」フォルマルをドイツのミルランに擬して論難を浴びせる。大会は、修正主義を否定し、ブルジョワ社会における政権参加を拒否することを表明する「ドレースデン決議」を二八八票対二一票で採択した。賛成票を投じた者の中には腹の中で舌を出していたに違いないフォルマルのような人物もいたが、投票結果はベーベルの権威を物語っていた。(8)

この決議を歓迎したのが仏国社会党で、ランス党大会でほとんど同文の決議を採択する。そして翌一九〇四年、ゲードはインターナショナル・アムステルダム大会において、「ドレースデン決議」を「社会主義戦術の国際規準」の討論の土台として提案した。たしかに事柄は、フランス人の間の論争の結着が国際舞台にもちこまれただけのことに見える。じっさい、この議題を扱った小委員会では、ゲードが寸鉄人をさす弁舌をふるえば、ジョレスは悠々せまらぬ雄弁で応じた。だが、問題はドイツ社会民主党の「ドレースデン決議」の可否にあったのであり、はじめからジョレスの勝算は少なかったのだ。小委員会の討論は三日間に及び、人びとは他の議題をそっちのけにして傍聴しようとした。さいごに、「ドレースデン決議」を基礎にした案と、ヴァンデルヴェルデ、アードラーによる妥協案とが残った。(9) そしていよいよ総会に二つの決議案が掛けられるに至ったとき、ジョレスの雄弁がドイツ社会民主党に向けられたのだった。

「君たちがそのドレースデン決議を国際化すれば、思ってもいないことだろうが、君たちの自信のなさ、君たちのためらいを国際社会主義に伝染させることになるのだ。……ドイツのプロレタリアートの歴史には革命的伝統が全くない。普通選挙権もバリケードで獲得したものでなかった。……上から与えられたものは上から取りあげられることも十分ありうる。革命の伝統がないからこそ、他民族の革命的伝統に不快の念を示すのだ。議会にしても、仮に多数をしめたところで社会主義が主人公になることはない。ドイツの議会は『半議会』だから。君たちは、国際社会主義大会を首都で開くことさえできない。その無力を非妥協的な理論の形式でおおい隠している。君たちの素晴しい同志カウツキーが、死ぬまでそのような形式を供給し続けることだろう。」

これほど歯に衣きせぬ友党批判も珍らしい。議場が騒然とすることもあったが、たびたび拍手が起こり、ジョレスは持ち時間を越えて話し続けることができた程だった。受けて立ったベーベルも、長い拍手に迎えられて、負けじと大演説をぶった。

「われわれは共和制とすべての議会で普通選挙権をもっている君たちが羨しい。しかし、もしわれわれが君たちのように自由で広範な選挙権をもっていたら、これまで君たちが引き出したものとはまるで違う成果をあげるだろう。」それに共和制とは言っても、君主制と同様、階級国家であり、資本主義社会秩序を守ろうとする。現にこの数年、労働者が立ち上がれば必ず軍隊が動員されるではないか。四年前のパリ大会の折、ペール・ラシェーズ墓地で、虐殺されたコミューンの戦士たちに花環を捧げようとしたとき、われわれを迎えたのはヴァルデック・ルソー＝ミルラン内閣の歩兵・騎兵・砲兵たちだった。この一事だけでミルランの息の根を止めるのに十分だった筈だ。おまけにそれ以来、フランス議会では、ほとんど投票の度毎にジョレス派は分裂している。そんなことでは大衆の信用を失ってしまう。そのような情ない劇には終止符を打ち「フランスの社会主義が物心両面でのその力に相応しい場所を国際社会主義運動の中で占めるように、われわれは全力を挙げねばならない。……諸君、ドレースデン決議をできるだけ一致して採択して欲しい。」

さいごに採決に入り、アードラー＝ヴァンデルヴェルデ修正案が二一対二一で否決されたあと、ドレースデン決議が二五対五、白票一二で採択された。[10] 両雄の応酬を報じた『平民新聞』は、それを「硬軟二派の論争」と表現すると共に、明らかに「硬派」を支持し、アムステルダムで模様を目の当たりにした片山潜も「硬派」をもって任じた。「硬派」は国際舞台で勝利を博した。だが、修正案に対する賛否が半々で、その賛成者の多くがドレースデン決議の採決でも反対ないし棄権しており、しかもそのほとんどが西欧・北欧の票であった。「硬派」だったアメリカ社会労働党のダニエル・ディ・リーアンは、その点を指摘しつつ、「後進的」ドイツで活動するベーベルの駁論が受身に終始し、「弱かった」ことに不満を述べている。ヴァンデルヴェルデも、「ヨーロッパのことにはおよそ不案内で、それだけにマルクス主義の伝統的公式にしがみついていた片山の票で」彼の修正案が否決された、といささか公平を欠くうらみごとをのちに記した。[11] ローザ・ルクセンブルクはもとより「硬派」の急先鋒だったが、ミルラン問題の当初からジョレスを敵にまわす気はなかった。小委員会の討論の折、ジョレスが「通訳は誰がしてくれるんだ」と叫んだとき、「私でよければ」と買って出たのが彼女である。ジョレスは答える、「論争は協力を排除しない、という真理まさにここにあり」と。「軟派」ジョレスの「敗北」は見掛けほどではなかったのだ。じじつ、大会の勧告を受けてフランスの社会主義者たちが統一を目ざす中で彼はもちまえの器量を発揮する。一九〇五年四月、彼らの努力が「労働者インターナショナル・フランス支部(SFIO)」として実を結ぶと、ゲード、とくにヴァイヤンとの協力関係のもと、ジョレスは新党の指導的存在になっていく。[12] なればこそ、二年後のシュトゥットガルト大会にヴァイヤン゠ジョレス案が提出されることにもなったのである。そしてシュトゥットガルトでは、もはや「硬派」ベーベル、「軟派」ジョレスの図式では律しきれぬ場面が展開したのだった。

国際関係も変わりつつあった。一九〇七年の三国協商の成立によって、ヨーロッパ列強間の主要な対立が、英仏露と独墺、とりわけイギリス対ドイツの面にあることが決定的となったのである。他方、一九〇八年、オスマン帝国で青年トルコ党の革命が起こると、帝国版図内、とくにバルカンの諸民族の自立運動にはずみがついただけでなく、列強の利害を背景として諸民族間の領土争いが新たに展開されるに至った。一〇月初旬、ブルガリア人の東ルメーリアを含む形でのオスマン帝国からの分離独立、オーストリア゠ハンガリーによるボスニア゠ヘルツェゴヴィナの併合、クレタのギリシアとの合邦、とたて続けに国境の変動が生じる。オスマン帝国はいわゆる

「東方問題」に関する一八七八年のベルリン条約を楯に抗議したが無駄であった。バルカンの民族主義者は興奮し、列強の外交官が走りまわった。紛争はヨーロッパの足許に及んできたのだ。(13)

(1) *VIIe Congrès socialiste international tenu à Stuttgart du 16 au 24 août 1907. Compte rendu analytique* (Bruxelles, 1908), 111-115; *Internationaler Sozialisten-Kongreß zu Stuttgart, 18. bis 24. August 1907* (Berlin, 1907), 85-87.

(2) *Compte rendu, int., 1907*, 116-120 (Bebel), 120-124 (Hervé), 126-131 (Vaillant), 131-136 (Jaurès), 136-143 (Vollmar); *Prot., Int. Soz., 1907*, 81-85, 93. Cf. Harvey Goldberg, *The Life of Jean Jaurès* (Madison, 1968), 379ff. なお、ベーベルのエルヴェ批判の中にある「フランスがアルザスに属するのか」云々は、ドイツ語版議事録では「フランスがドイツに属するのか」云々となっている。

(3) *Compte rendu*, 145-147 (Vandervelde), 152-155 (Luxemburg), 156-163 (Bebel); *Prot.*, 94-95, 97-101.

(4) *Compte rendu*, 68-70 (Délégués mandatés), 164 (Lenin), 165-166 (amendements), 175 (Roubanovitsch), 400-402 (Résolution pour les révolutionnaires de Russie); Clara Zetkin, *Erinnerungen an Lenin* (Berlin-DDR, 1957), 8; レーニン「シュトゥットガルト大会でのベーベル決議案にたいする修正について」『全集』第三六巻、五六〇。

(5) レーニン「シュトゥットガルトの国際社会主義者大会」『全集』第一三巻、七二。*Compte rendu*, 175-183. Cf. Nettl, *Rosa Luxemburg*, I, 402.

(6) Milorad M. Drachkovitch, *Les socialismes français et allemand et le problème de la guerre 1870-1914* (Genève, 1953), 77-86, 131-135.

(7) Goldberg, *Jaurès*, 258-280. 地方(ロワールとサンテティエンヌ)について参照、Kathryn E. Amdur, *Syndicalist Legacy. Trade Unions and Politics in Two French Cities in the Era of World War I* (Urbana/Chicago, 1986), Chapter 2. いずれにしても、フランスの社会主義政党を、ドイツ社会民主党のようないわば整然とした組織形態を念頭において見てはならない。

(8) *Protokoll über die Verhandlungen des Parteitages der Sozialdemokratischen Partei Deutschlands. Abgehalten zu Dresden vom 13. bis 20. September 1903* (Berlin, 1903), 312, 315ff. (Bebel), 337 (Vollmar), 418ff. (Resolution). Cf. Hans-Josef Steinberg, *Sozialismus und deutsche Sozialdemokratie* (Berlin/Bonn, ^{5}1979), 89ff.; 西川「ドイツ第二帝制における社会民主党――『修正主義論争』の背景」『年報　政治学　一九六六』七五―八八。

(9) *Internationaler Sozialisten-Kongreß zu Amsterdam, 14. bis 20. August 1904* (Berlin, 1904), 31f.; *Sixième congrès socialiste international tenu à Amsterdam du 14 au 20 août 1904. Compte rendu analytique* (Bruxelles, 1904), 207; Émile Vandervelde, *Souvenirs d'un militant socialiste* (Paris, 1939), 153; Daniel De Leon, *Flashlights of the Amsterdam Congress* (New York, 1906. new ed., 1929), 23.

(10) *Prot., Int., 1904*, 35-44, 49; *Compte rendu, int., 1904*, 67-94, 113f.

(11) 西川『万国社会党』四九―五一、De Leon, *Flashlights*, 8f., 24ff,; Vandervelde, *Souvenirs*, 155-156.

修正案に賛成したのは、イギリス、オーストラリア・カナダ・南アフリカ、ベルギー、オーストリア、アルゼンチン、デンマーク、オランダ、スウェーデン、スイス(各二票)、フランス、ノルウェー、ポーランド(各一票)、計二一票。反対は、ドイツ、ブルガリア、ボヘミア、スペイン、アメリカ、ハンガリー、イタリア、日本、ロシア(各二票)、フランス、ノルウェー、ポーランド(各一票)、計二一票。ドレースデン決議の賛成が二五票になったのは、オーストリア(二票)、イギリス、ポーランド(各一票)の票が動いたせいである。

(12) ルクセンブルクからヨギヘスへ(一八九九・九・一五)『手紙』第二巻、一六六。Cf. Nettl, *Rosa Luxemburg*, I, 195-196; Goldberg, *Jaurès*, 324-330; Claude Willard, *Les Guesdistes* (Paris, 1965), 572ff. 「ベーベルにとっての大勝利であり、ジョレスにとっては個人的な敗北であった」と評したのはジョルである――James Joll, *The Second International, 1889-1914* (New York, 1966), 101f.

一九〇五年以降に関する行論では、「フランス社会党」はSFIOをさす。

(13) Cf. Stanford J. Shaw/Ezel Kural Shaw, *History of the Ottoman Empire and Modern Turkey*, II (Cambridge, 1977), 273ff.

III　反戦ゼネスト

国際社会主義事務局（BSI）の反応は早かった。ボスニア＝ヘルツェゴヴィナ併合の直後、一九〇八年一〇月一一日に第一〇回会合がブリュッセルに招集される。反戦決議案を提出したのはヴァイヤンだった。その、ジョレスとも相談した上で作られた案は、シュトゥットガルト大会の決定を受けて、すべての党に、「警戒、活動、努力を倍加する」と共に「戦争を回避し平和を維持することが、場合と状況に応じてもっともうまくできるように、国内でまた国際的に取るべき手段と具体策を探究する」ように求めていた。これに対し、イギリス（独立労働党）のJ・ブルース・グレイジャーは「漠然として不明瞭な決議は政治に何の影響を与えることもできない」と不満を述べ、ベルギーのルイ・ド・ブルケールも、既成事実を認め、戦争阻止の努力をすると言うだけで満足してよいのか、「受身の平和主義を表明してはならない」と主張した。だが、とくに求められて発言したアードラーは、ブルガリアの独立を支持し、青年トルコ党に共感を寄せ、ボスニア併合についてはそれを批判したが、バルカン諸民族の異なった利害のすべてに当てはまる方式を見出すことは困難だ、と苦し気に語るのだった。ドイツのヘルマン・モルケンブーアは、各国内で軍事費の抑制に努力すべきだと言い、ロシア人たちは、むしろ、革命に対抗するためにツァーリズムが事態を混乱させている点に注意を促した。採択された決議には、そのツァーリズム批判と、バルカンの新事態が平和を累卵の危機に立たせているという指摘とがつけ加えられていたが、反戦の具体策は示されぬままであった(1)。

一年後の一九〇九年一一月に開かれた第一一回会議は、翌年にせまった第八回大会の準備のためと言ってよく、反戦問題についてのやりとりはなかった。注目すべきは、大会の議題として「国際的仲裁と軍備縮小」という、従来の議論とはやや異質の感のある問題が提起されたことであろう(2)。それと言うのも、一九一〇年八月二六日―九月三日、コペンハーゲンで開催された第八回大会で採択を見た反戦決議が、シュトゥットガルト決議、それもレーニン＝ルクセンブルク修正案の部分をとくに再録し確認する一方で、とりわけ次の点を新たに強調しているからである。

「大会は、議会における社会主義の代表者の、軍備に反対して全力で闘い軍備のための財源を拒否するという、すでに繰り返し表明された義務を堅持すると共に、彼らに次のことを期待する。

(a) 国家間の紛争はすべて国際仲裁裁判所の解決にゆだねるべしとの要求を絶えず行なうこと。

(b) 全般的軍縮を目ざす提案、さしあたりは何よりも海軍軍備の制限協約の締結と海上拿捕権の撤廃とに関する提案を何度でも行なうこと。

秘密外交の廃止と、政府間の現行また将来の条約すべての公表とを要求すること。」

(c) たしかにこれは具体策であり、しかもそれまでは前面に出ていなかった種類のものである。決議案の趣旨説明に立ったドイツ社会民主党のゲオルク・レーデブーアによれば、そうした新たな具体策が提案されたのは、近年のできごとによって促され、シュトゥットガルト決議を拡張する試みが必要と思われたからだった。じっさい、激化の一途をたどる英独建艦競争は、発言者の間で強く意識されていた。しかし、討論の中でヴァンデルヴェルデは述べた、「私の印象ではレーデブーアはシュトゥットガルト決議を弱める方向で解釈した」と。左派の闘士レーデブーアにしてみれば、彼自身その場で叫んだように、「思いもよらぬ」ことだったろう。だが、新たな具体策が、ドイツ社会民主党国会議員団の意向を反映したものであり、それに飽き足らぬ思いを抱いた人びとがいたことは否めない。ポーランド生まれのドイツ社会民主党左派の一員で、このときはローザ・ルクセンブルクらと共にポーランド社会民主党の代表として出席していたカール・ラーデクは、決議案作成の委員会で批判の矢をはなった、「ドイツ社会民主党国会議員団が軍備抑制問題で取っている態度は、空論であり、社会民主主義の論拠に基づいていない」と。国際的な行政権力があって協定を必ず守らせることができるというのであればともかく、軍縮について協調を求めるなどというのはおこの沙汰だ、ドイツ政府がイギリス政府との協定に応じるとしたら、それは財源難からで、しょせん一時的なものに過ぎない。

ヴァイヤンは、シュトゥットガルトに引き続いて、労働者大衆自身の行動の重要性を何とかして国際的に認めさせたいと思っていたが、コペンハーゲンでは強力な援軍が現われた。イギリスの独立労働党の創立者ジェイムズ・ケア・ハーディーである。スコットランドの鉱夫出身で南ウェイルズ鉱業地帯を選挙地盤としていたハーディーは、マルクス主義者ではなく、理論家であるよりは実践者として、一途な面をもっていた。南アフリカ戦争の際には、愛国的熱狂のさなか、独立労働党は孤立を恐れずイギリス政府の対ブール戦争に反対し続けた。一九一〇年、彼は五四歳、白髪で一回りふけて見えたが、北イングランドの鉱山事故をめぐって、内相ウィンストン・チャーチルと不倶戴天の仲にあり、時恰も南ウェイルズの鉱夫たちが賃金問題で戦闘的になりつつあった。(3) それかあらぬか、コペンハーゲン大会の委員会で立った彼の口をついて出たのは、「労働者には戦争を阻止するだけの力が十分にある。成果を確実にすべく、労働組合でおおいに宣伝を行なう必要があろう。宣戦布告の日には、労働者は仕事をやめるべきだ」という台詞だった。さっそくヴァイヤンもそれに賛成し、二人は共同で修正案を提出した。

「戦争を予防し阻止するために適用さるべき手段のうちで、大会がとりわけ効果的と見なすのは、戦争に道具(武器・弾薬・運輸など)を供給する産業を中心とする労働者のゼネストと、もっとも積極的な形での煽動と民衆行動である。」

この修正案は、委員会で三分の一の少数派意見として斥けられたが、改めて総会で議論の対象となった。なぜ斥けられたか、レーデブーアは説明して言う、経済発展も社会民主党の力も組織労働運動の勢力は国によって異なるのであって、すべての国に一律に「ゼネストを押しつける」ことには同意し難い、と。「シュトゥットガルト決議を越え出ようと思うなら、それがどんな結果にならざるをえないか、よく考えて欲しい」。イギリスでもフランスでも、労働組合がゼネストを遂行できるほど強力だという保証はないではないか。だいいち、自分の国で予算に賛成投票しているような人物に、このような提案を行なう道義的権利があろうか。

委員会で決議案のまとめ役だったオーストリア社会民主党のカール・レナーも、ハーディーに「革命的気質」の範として敬意を払いながらも、「戦争の危険をもっとも真近かに見た」国民の一員として、またドイツと共にもっとも強固な軍国主義に支配されている国の代表として率直に述べた、「われわれは戦争を前にした状況における全国民の心理状態がいかなるものかを知り得たのだが、その経験から、ゼネストをすべての党に義務づける宣言に賛成する勇気が出ないでいる」と。

他方、ケア・ハーディーも負けてはいない。

「予算投票は原則問題ではなく、全く実際的・戦術的な問題であって、レーデブーアの見解は社会民主党が純粋に反議会主義だった頃の遺物である。」「われわれがすべての国の労働者に言いたいのは、彼らが経済面で力を合わせれば労働者階級の力量は戦争を不可能にするに足る、ということだけだ。こうした反軍国主義ストライキが有効であるためには一国だけではだめで国際的に行なわなければならないということぐらいよく分かっている。だがさしあたりわれわれが要求しているのも、そうした国際的行動のための平和的な宣伝と準備に他ならない。われわれとレーデブーア同志との間の完全な違いは、その準備を彼は先に延ばそうとし、われわれはさっそく今日から始めようとしている点にあるのだ。」

ヴァイヤンもまた、「委員会が提案している決議は、戦争の危険を克服するためにいくつかの議会を通じての手段を挙げているだけだ。だが、君たちの議会を通じての手段が何の役に立つと言うのか。そんなものは、大衆の行動、一致したプロレタリアートの組織された力に裏打ちされていなければ、全く何の役にも立たない。仲裁裁判所も軍備制限も価値があるのは、大衆行動が議会を支えたときだけだ」と述べ、ハーディーの場合と同様、イギリス人とフランス人の盛んな拍手を浴びた。彼がもどかしく感じていたことは、二国もしくはそれ以上の国の間で衝突がさし迫った場合、当事国のたとえ一国であれそのプロレタリアートから要請があれば、国際事務局が緊急に召集されるべし、という趣旨の提案をフランスの党の名で行なった点にも表われていた。(4)

しかし、ヴァイヤンとハーディーは、ヴァンデルヴェルデの仲介で、彼らの修正案を国際事務局がさらに検討し次期大会で報告を行なうという妥協案が提示されると、さしあたりそれで満足するしかなかった。第二インターナショナルは、反戦の手段として、議会代表がそれぞれの政府を掣肘するという方法をとることでは合意したが、さらに進んで国際的に一致した行動をとる具体策については見解の溝を埋めることができなかった。しかも、まさに国際対立、外交危機が深まった場で、国を異にする社会主義者の間の連帯にひびが入りがちであった。その点は、大会の反戦決議に「すべての民族の自治を強力に要求し、それを好戦的な攻撃や抑圧の一切にたいして擁護すること」という一条が、国際仲裁裁判所や軍備縮小、秘密外交の廃止に関する要請と並んで明記されたことが逆に雄弁に物語っている。じっさい、ボスニア゠ヘルツェゴヴィナ併合をめぐって、オーストリアとセルビアの社会主義者の間に意見のくい違いが現われており、大会の席上でも議論がたたかわされたのだった。国際事務局、とくにその書記長カミーユ・ユイスマーンスが調整にますます苦慮しなければならなくなった、と言えよう。

そのことは、一九一一年五月、ベルベル人の反乱を口実にフランスがフェスを占領し、七月、ドイツがアガディール港に砲艦パンターを派遣して威力を誇示したところから、いわゆる第二次モロッコ事件が生じたとき、たちまち明らかになった。戦雲に敏感に反応したのはフランス社会党だった。ジョレスとヴァイヤンが議会でモロッコの事態について政府に質せば、党執行部は国際事務局に独仏西英の代表者会議の召集を要請した。ユイスマーンスも事態を憂慮しており、七月六日、そのような会議が時宜に適っているかどうかについて「総ての社会主義政党」に文書を送り、折り返しの返答を求めた。回答を寄せた七名のうち、フランスのヴァイヤン、イギリスのJ・S・ミドルトン、ケア・ハーディー、ハリ・クェルチ、スペインのパブロ・イグレシアスは、開催に賛同したが、ドイツのモルケンブーアは時期尚早と答えた。そしていったんは同意したベーベルが二日後、時機尚早との判断を示したため、ユイスマーンスも会議をあきらめた。[5] 一週間のち、イギリス蔵相ロイド・ジョージがドイツに対する「警告」の演説を行ない、危機の様相が深まったときにも、こんどはイギリス社会民主連盟と労働党が国際事務局会議の開催を求め、フランス人たちも提案を支持する。だがこのときもベーベルは首を縦にふらず、困惑したユイスマーンスはアードラーに電報をうつ、「ケッテイハアナタシダイ」。返電、「ド　イツノユウジントド　ウイケン、カイギ　ハオソスギ　ルカハヤスギ　ル」。会議は再び延期された。

謎めいた御託宣の真意は何だったか。自分でもはっきりしないが、と十日後アードラーはベーベルに書き送った。

「大事なことはただ、全く無意味な決議のためにブリュッセルに行くには及ばないということなのだ。ましてや、そして何よりも、君の意向に反して会議が開かれてはならないということだ。そんなことになれば、……国際主義の実行をまずドイツ人に迫らなければならないかのような誤った印象を与えかねないからだ。そもそも会議はじっさい全く無意味だったことだろう。なし得ることはベルリンとパリでの集会が十分になし遂げたのであって、さらにベルギー人、オーストリア人その他の未開民族が、自分たちは戦争に反対だと、誰もが知っていることを声明したとして、それで何が獲得できたかおよそ分からないのだから。もし共同の行動を決定する意思があるか能力があるかしたのであれば話は別だが。しかしそのためのきっかけはやはりなかった。それと言うのも、理性的な人間なら誰でも、モロッコ事件では戦争には絶対になり得ないし、ならないことを知っていたからだ。[6]」

結果的にはたしかに一一月には独仏協定が成立し、戦争にはならなかった。ベルリンやパリ、バレンシアでは反戦集会もあったことだし、ドイツ社会民主党指導部は、安んじて半年先の帝国議会選挙に取り組むことができていたかもしれない——もし、ローザ・ルクセンブルクが一石を投じなかったとすれば。彼女は、ポーランド王国・リトアニア社会民主党を代表する国際事務局の一員として、ユイスマーンスと各党のやりとりについて知らされていただけに、黙っていられなくなった。七月二四日付『ライプツィガー・フォルクスツァイトゥング』紙上で、彼女は、モルケンブーアの件《くだん》の手紙のほぼ全文を引用しつつ、党指導部に批判を加える。党の大所高所の政策とはけっきょく、「モロッコでのドイツの行動に頃合よく止まれと号令をかけるのは鉄鋼連盟のお偉方におまかせし、われわれ自身はできるだけこの厄介事に係わらないようにしよう。われわれには取り組むべき他の事、帝国議会選挙があるのだから」ということなのだ。いったい、党の全生活と階級闘争の総ての任務を投票用紙の観点から見るとは何事か、すべてを棒にふるのが

せいぜいだろう。(7)

ローザ・ルクセンブルクは、こうした文章を発表するにあたって、必ずしも自信があったわけではないようだ。(8)九月、再びイェーナでドイツ社会民主党年次大会が開かれる。ベーベルは一方でモルケンブーアの不手際にいらいらするだけに、ローザにはかんかんになっていた。「ローザのような連中がいるとなると、手紙にはこれまでよりもっと注意しないと。幼児に……鋏はよくない」と書いたアードラーに、ベーベルは「おそらくイェーナではあの女ルクスと一戦かまえるだろう。むろん喜んでくれるね」と答えていた。じっさい、ドイツの党指導部は、名指しでルクセンブルクを非難した。こうなれば受けて立つしかない。大会で、彼女は敢然と所信を述べた。他方ベーベルは、自分は国際事務局会議の開催に原則的に反対したことはない、モルケンブーアにしても、党指導部とはまだ相談していないと断わっていると反論し、鉾先をもっぱらローザ・ルクセンブルクの批判のし方に向けた。内密の手紙を公開するとは「秘密漏洩」ではないか、しかも個人の意見を指導部の見解であるかのように曲解して言い立てるとは何事か。議論は、初日の午後から翌日の午前中いっぱい続いた。ベルンシュタインが、「狼が来た、狼が来たと叫んで、本当に狼が来たとき誰も信用しなかった」という愚を避けたのだ、と指導部を擁護すれば、他方、クラーラ・ツェトキーン、レーデブーア、カール・リープクネヒトらが、ローザをかばった。だが、彼女自身が、ベーベルは「ジュピターの高みから全力で私にものすごい稲妻と雷を浴びせかけた」と抗論したように、「口の軽い女」、という印象を作り出す上で、ベーベルの演説は見事だった。日を改めて、モロッコ問題が議題となると、彼は再び長広舌をふるい、指導部の決議案を満場一致で採択するよう訴える。ローザ・ルクセンブルクらが原住民に対する抑圧を指摘する修正案を提出したが、右派のエードゥアルト・ダーフィトがすばやく討論ぬきの採決を主張、カール・リープクネヒトが喰いさがったものの衆寡敵せず、修正案は反対多数で葬り去られた。(9)

ベーベルとローザ・ルクセンブルクがこうまでやり合ったというのも、争点がこのとき初めて出てきたのではなかったからだ。前年の一九一〇年、プロイセン邦議会選挙法改正に政府が重い腰をあげるかに見え、折から労働争議が五年ぶりに頻発する状況の中で、社会民主党は戦術をめぐって揺れていた。一方でベルンシュタインは、プロイセン邦議会で自由主義諸政党との協力を計ろうとした。そうした協力路線は、政治の伝統と政党関係の異なるバーデンではすでに実地に移され、社会民主党の議員たちが邦予算案に賛成票を投じるまでに至っていたのである。だがプロイセンではそうは問屋がおろさなかった。それだけに、労働者たちの不満は街頭デモや工場ストライキとなって爆発していった。他方、その動きを見て、ローザ・ルクセンブルクは、運動を大衆ストライキへと前進させよと主張し、さらにはスローガンとして「共和国」樹立を提唱した。そのとき論敵として立ちはだかったのが、それまではぎくしゃくしながらも協力関係にあったカウツキーである。彼は言う、階級闘争にも兵法と同様で、「打倒戦略」と「持久戦略」とがある、と。ドイツは五年前のロシアとは違うのであり、社会民主党が帝国議会で絶対多数を獲得するのも時の問題だ。持久戦から打倒戦へと移行すべき時点が近いからこそ、時機尚早の行動に逸ってはならぬ。さいごにカウツキーは書いた。

「地図の上でバーデン大公国とルクセンブルク大公国をしげしげと見れば分かることだが、両者の間にトリーアがある。マルクス出身の町だ。そこから左へと国境を越えて行くとルクセンブルクに至る。ぐんと右へ曲がってライン川を越えるとバーデンに達する。地図の上での位置は、今日、ドイツ社会民主党の状態の象徴である。」

のちには、とくにレーニンによって、「中央派」という言葉は、口先だけの革命派・日和見主義者の下僕という意味を持たされることになったが、一九一〇年のカウツキーは、左派ローザ・ルクセンブルクと右派バーデンの党指導部の間、中央にあってマルクスを継承していると自認していたのである。彼とローザはついに袂を分かった。モロッコ事件は対立に拍車をかけた。ローザ・ルクセンブルクは孤立したかに見える。だが、カール・リープクネヒト、クルト・アイスナー、ゲオルク・レーデブーアといった、それまで彼女とはむしろ近くなかった人びとが、党の「待機主義」にしびれを切らし始めていたことも見逃がせまい(10)。

イェーナでドイツ人たちが論戦をたたかわせていたころ、フランス人たちはモロッコ問題に対する自国政府の動きに危機感をつのらせていた。彼らの情勢判断に同調したユイスマーンスは九月一二日、党大会場のベーベル宛に電報を打ち、再び事務局会議の開催を示唆した。この電報自体はイェーナの電報局に押さえられて届かなかったが、別の道を通じて提案は二、三日おくれてドイツの党に達した。モロッコ問題がその間に危機の様相を減じていただけに執行部は依然として気乗り薄だった。しかし、コペンハーゲン大会で、当事者の一国からでも要請があれば国際事務局会議は召集されねばならない、と決議されている以上、フランスの党の提案を斥け続けることはできなかった。(11) 一九一一年九月二三・二四日の両日、第一三回会合がチューリヒの「人民の家《フォルクスハウス》」で開かれ、ベーベル、モルケンブーア、ルクセンブルク、プレハーノフ、ヴァイヤン、ヴァンデルヴェルデらがまた顔を合わせる。モロッコ問題については、さまざまな決議案を調整するために委員会が設けられ、「長時間にわたる立入った議論」が行なわれた。だが、それまでの例に反し、「議論は一切、公表しない」という申し合わせがなされている。なぜか。ローザ・ルクセンブルクの「軽はずみ」を伏せるため、と取沙汰されたが、実は、モロッコ問題に関する各国政府の駆け引きに、国際社会主義事務局もまき込まれていたからではなかろうか。情報を得ようとすれば、政府筋と接触せざるを得ず、コペンハーゲン大会の決議で廃止を主張した「秘密外交」に片足をつっ込んでしまっていたかのように思われる。いずれにせよ、採択された決議は、またしてもシュトゥットガルト決議の再確認の域を大きく出るものではなかった。ただ、目を惹くところがなかったわけではない。「植民地抗争」が「最大の文化国家間の兄弟殺し戦争」に至りかねない危険がいつまた差し迫るか分からないと述べ、国際事務局が率先して国際的な反戦デモを組織することを決めている点である。(12)

(1) *Compte-rendu officiel......de la 10me séance du Bureau Socialiste International* (11 octobre 1908)... (Gand, 1909), 47-56. ＢＳＩについては「序文」を見よ。

(2) "Bureau Socialiste International. Dimanche 7 novembre 1909", in: *Bulletin périodique du BSI*, 1910, I(2): 33-43.

(3) Lain McLean, *Keir Hardie* (London, 1975), 72ff., 81f., 142ff. 一九〇七年、ハーディーが来日したとき、三歳しか違わぬ片山潜が「ハーディー翁」と呼んでいる。来日の折の状況について、参照、西川『万国社会党』七〇。ちなみに、Keir は母の姓だが、彼はそれを自分のクリスチャン・ネイムとした。

(4) *Huitième congrès socialiste international tenu à Copenhague du 28 août au 3 septembre 1910. Compte rendu analytique* (Gand, 1911), 171-213 (Commission), 301-335 (Séance plénière); *Internationaler Sozialisten-Kongreß zu Kopenhagen, 28. August bis 3. September 1910* (Berlin, 1910), 28-43 (Plenarsitzung), 98-105 (Kommission). 委員会でヴァイヤン＝ケア・ハーディー修正案に対して、賛成は、フランス(一一)、イギリス(二〇)、ロシア(七)、ポーランド(五)、オランダ(一)、ノルウェー(六)の五一票、反対は、ドイツ(二〇)、オーストリア(一八)、ボヘミア(七)、イタリア(一五)、アメリカ(一四)、スウェーデン(一二)、デンマーク(一〇)、スイス(一〇)、ハンガリー(六)、フィンランド(八)、オランダ(七)の一二七票、白票ベルギー、ブルガリアであった。(フランス語版議事録二一一—二一二ページによる。ただし反対票の合計が一三一となっているのを訂正。ドイツ語版では内訳なしで五八票対一一九票。)

各国の持ち票数について、参照、西川「社会主義・民族・代表権」『思想』六〇六(一九七四・一二)、二〇一—四一。

なおジョレス、レーニン、ルクセンブルクも大会に出席していたが、とくに弁舌をふるおうとはしなかった。

（5）　ISB, “An die Gen. Sekretär [*sic*] und Delegierten der Soz. Parteien aller Länder” (Brüssel, 1911. VII. 14), SD-arkiv, 638/1, ABA ; Cf. Georges Haupt, *Socialism and the Great War. The Collapse of the Second International* (Oxford, 1972), 42ff.

英独仏墺の各党における議論の詳細について，参照，J. Jemnitz, *The Danger of War and the Second International (1911)* (Budapest, 1972), 31-90.

モロッコ事件については，参照，George W. F. Hallgarten, *Imperialismus vor 1914*, 2 Bde. (München, 1963), II, 240ff.

（6）　Adler an Bebel, 1911. VIII. 7, in : *Victor Adler : Briefwechsel mit August Bebel und Karl Kautsky*, gesammelt u. erläutert von Friedrich Adler, hrsg. vom Parteivorstand der SPÖ (Wien, 1954), 537f.

（7）　Rosa Luxemburg, “Um Marokko”, in : *Gesammelte Werke*, III, 5-11.

（8）　Nettl, *Rosa Luxemburg*, I, 444. ネトルは，「論文が『ライプツィガー・フォルクスツァイトゥング』宛に発送された翌日，ローザは友人に，送って『よかったかどうか分からない』と書いた。……彼女の文体の自信にみちた調子はむしろうわべだけのことだったのだ。」と述べている。全体としてネトルの判断を参考にした。ただし，彼がデータを示さずに引用した上記の友人への手紙の文章に相応する件は，確かにコスチャ・ツェトキーン宛の書簡に見いだされるが，『書簡集』による限り，日付は一九一一年六月一九日で，ここで問題になっている論文とは別の話と考えざるをえない。*Rosa Luxemburg, Gesammelte Briefe*, hrsg. v. IML/ZKdSED, 5 Bde. (Berlin-DDR, 1982-1984), IV, 77.

（9）　Bebel an Adler, 1911. VIII. 9, in : *V. Adler, Briefwechsel*, 538f. ; Bebel an Kautsky, 1911. VIII. 5, in : *August Bebels Briefwechsel mit Karl Kautsky*, hrsg. von Benedikt Kautsky (Assen, 1971), 266 ; *Protokoll über die Verhandlungen der Sozialdemokratischen Partei Deutschlands. Abgehalten in Jena vom 10. bis 16. September 1911* (Berlin, 1911), 202-263 (Luxemburg, 203-207, Bebel, 214-218, Bernstein, 239-240), 333-350, 162-163 (Amendement), 472 (Resolution). なお，この議事録には，註（5）に挙げた国際事務局の回状が付録として収められている。

(10) Rosa Luxemburg, "Was weiter?" (*Arbeiter-Zeitung*, 1910. III. 14, 15), "Zeit der Aussaat" (*Volkswacht*, 1910. III. 25), "Ermattung oder Kampf" (*NZ*, 1909/10, 28-ii : 257-266, 291-305), "Die Theorie und die Praxis" (*ibid*., 564-578, 626-642), in : *Gesammelte Werke*, II, 289-304, 344-420 ; Karl Kautsky, "Was nun ?", *NZ*, 1909/10, 28-ii : 32-40, 68-80, "Eine neue Strategie", *ibid*., 332-341, 364-374, 412-421, "Zwischen Baden und Luxemburg", *ibid*., 652-667. 引用は六六七ページ。Cf. Schorske, *German Social Democracy*, 171ff.; Nettl, *Rosa Luxemburg*, I, 417ff.; Jörg Schadt/Wolfgang Schmierer (Hg.), *Die SPD in Baden-Württemberg und ihre Geschichte* (Stuttgart, 1979), 91ff. 参照、伊藤定良「一九一〇年におけるドイツ社会民主党の党内抗争」『歴史学研究』一九七一、(四)、一一一九。

大衆運動が活潑化したことを示す一例として挙げるならば、一九一〇年四月五日、ブレーメン警察署長は、「無許可の街頭デモ」が行なわれたことに対し「警告」を発している。(なお、翌日には、ローザ・ルクセンブルクの演説が、ブレーメンの大衆酒場「カジーノ」で行なわれた。) StA Bremen, 4, 14/1. XII. A. 3. b. 6 ; *BBZ*, 1910. IV. 7 ; Masao Nishikawa, "Rosa Luxemburg in Bremen. Eine Dokumentation," *IWK*, 1990, 26 (4): 509-525.

レーニンは、第一次世界大戦勃発直後から、「中央派」に対し厳しい批判を向け始める。例えば「戦争とロシア社会民主党」(『ソツィアル＝デモクラート』一九一四・一一・一)『全集』第二一巻、一七。

(11) Haupt, *Socialism and the Great War*, 51f. ; BSI, "Réunion de Zurich" (1911. IX. 20), SD-arkiv, 638/2, ABA.

(12) "La conférence de Zurich", in : *Bulletin périodique du BSI*, 1912, 3 (8): 127-128 ; Haupt, *Socialism and the Great War*, 53. チューリヒ会議に出席したオランダ代表トルールストラの回想によれば、フランス代表から「ゼネスト」の提案があり、その後、ルクセンブルクとベーベル、モルケンブーアとの間で激しい論争がたたかわされた。間を取り持つかたちで、トルールストラが平和行進を提案した。Jürgen Rojahn, "Um die Erneuerung der Internationale : Rosa Luxemburg contra Pieter Jelles Troelstra", *IRSH*, 1985, 30 (1), 13.

Ⅳ　バルカン・リビア

まさにそのとき、イタリアが北アフリカのオスマン帝国領トリポリタニア、やがて古代の名称が復活させられてリビアと呼ばれるようになる土地に、侵略の計画を進める。その動きは、チューリヒに集う国際事務局の人びとも直ちに知るところとなった。一九一一年九月二八日、イタリアは宣戦を布告、一〇月五日、軍隊を上陸させる。ベルギー人から成る国際事務局執行委員会は、チューリヒの決議に励まされ、時を移さず、各党に呼びかけた。「それにも拘わらず戦争が勃発した場合には、とはまさに今がその場合であって、労働者政党、その議会代表、国際事務局は戦争終結に向けて直接、働きかけねばならぬ」、一一月五日を期して一斉に反戦デモを行なってはどうか、と。呼びかけは、「トリポリへの遠征をバルカンに火をつけるような何らかの政策の導入に利用しようとする目論みと戦わねばならぬ」とつけ加えることも忘れていない。他方、見逃がし得ないのは、モロッコ事件の場合とは異なる問題提起のし方がなされている点である。第一に、当事国の一方たるオスマン帝国の青年トルコ党政府の、労働者に敵対的な政策に対して反対している旨、念を押している。つぎに、「トルコのように労働者階級が弱すぎたり」「イタリアのように、戦争の企てに対し多くの同志が不十分だと表明したようなデモしかできず、いっそう悪いことに、労働者陣営の中にジョリッティの帝国主義政策を支持している者がいたり」というのが今の場合だ、と述べて国際事務局の主導権を確認している。伊土戦争は「最大の文化国家間の兄弟殺し」とは趣きの違う戦争とみなされたのだ。それだけに、事務局執行委員会も率先して介入し易かったとも言えよう。

執行委員会の回状に対して各党の返事が続々と戻ってきた。はじめから乗り気だったのは、ベルギーとオランダであり、ハプスブルク帝国内のオーストリア、ハンガリー、ボヘミアの各党、バルカンのルーマニア、ギリシア、セルビアも提案を支持し、ポルトガルも同様だった。それに反し、イギリスのマクドナルド(独立労働党)、クェルチ(社会民主連合)はいずれも即答を避け、ベーベルの回答は「今、デモという行動に出ても何の印象も与えないと愚考する」であった。ヴァイヤンは流石に賛同したが、真に有効なものにするには当事国の党の賛意と参加の確保が重要だ、と、懸念を覗かせる。では、当事国の党はどうだったか。サロニカ社会主義労働者連盟は、「トルコの祭日、一一月四日に大衆集会を呼びかける決定をした」と答えたが、イタリア社会党の返事は、「指導部は、インターナショナルの大会決議を実行すべく努力したが、外国の同志の中にそれを十分に評価しない者がいたことを遺憾とし、いっそう注意深い検討によって名誉回復されることを期待する」というものだった。(1)

ベーベルのそっけない反応の背景に、そのころヨーロッパ社会主義者の間でも一般的だった「トルコ嫌い」があったこと、三国同盟の一員としてイタリア側にあるドイツ政府を、帝国議会選挙を前にして不用意に批判したくないという配慮があったこと、それを指摘した見解はおそらく正しい。ベーベルは率直に書いていた、

「今のところ、トリポリタニア問題には全く関心ない。われわれはまだモロッコ事件で完全に手一杯だ。トルコのあわれむべき行動を見る限り、問題はまもなく片付くと思われる。目下のところ、バルカンで大紛糾が生じる危険のきざしはない。(2)」

一六世紀、ウィーンを包囲したオスマン朝の記憶に連なる「トルコは残虐だ」という観念は、ロシアと言えば「野蛮」という観念と共に、ヨーロッパ社会主義者のいわば固定観念であった。一九〇八年の青年トルコ党革命は歓迎されたが、新政権が社会主義運動やバルカンの民族運動に対して示した態度を見て、希望はたちまち失望に代わってしまっていたのだ。例外はジョレスだった。国際事務局は、一〇月三一日に、伊土戦争について意思表明を行なう。それは、オスマン政府に対し、帝国内の諸民族、バルカンの諸国民との有和を要望しつつも、そうなっていない現状の責任を列強に帰し、イタリアのリビア侵略を「犯罪的かつ気狂いじみており、その先、あまりにも破滅的、おそらく敗者より勝者にとっていっそう破滅的なものになろうし、その揚句、全面戦争となる脅れがあり、ヨーロッパと新しいイスラム人民との間に深淵を掘ることになりかね

ない」と断じた。国際事務局の面々が、この文面に賛成するに至ったのには、ジョレスの影響力が大きいようだ。そして一一月五日の日曜には、ヨーロッパのいくつもの首都で、反戦集会が開催された。それは皮肉にも、イタリアがトリポリタニアの併合を宣言した日でもあった。(3)

イタリアでは、一方でアンドレーア・コスタとかエルリーコ・マラテスタといった「アナキスト」が、第二インターナショナル初期の大会でおおいに騒音を立てれば、他方、マルクス主義理論家として国際的に頭角を表わしたアントーニオ・ラブリオーラが居り、社会党は、この時期には牢獄にあったマルクス主義者フィリッポ・トゥラーティに率いられていた。インターナショナルは、この国の社会主義運動の騒々しさに首をかしげつつも、その活力にはそれなりの敬意を表していた。それだけに国際事務局執行委員会は、リビア戦争に際して、レオニーダ・ビッソラーティ、イヴァノーエ・ボノーミといった社会党員が、公然とイタリア政府を支持し、それもあってイタリア人が反戦運動を口ほどに展開しなかったことに失望の感を深めた。いっそう当惑したのはサロニカの社会主義者だった。(4)

では、バルカンの社会主義者たちは、事態にどう対処しようとしていたのだろうか。彼らは、たしかにロシア社会主義思想の影響を受けていた。しかし、一八九〇年代以降ともなると、それ以上に、ドイツ社会民主党、とりわけ、ボヘミア出身で、個人的事情からセルビアの状態にも詳しかったカウツキーに教えを乞うていた。バルカンが、資本主義発展が遅れ、従って労働者階級、そして社会主義運動の成立も遅れている地域と考える立場からである。一九一〇年一月七―九日、第一回バルカン社会民主党大会が開かれ、セルビア、ブルガリア、ルーマニア、マケドニア、トルコ、モンテネグロ、そしてハプスブルク帝国内のウクライナ、クロアティア、スラヴォニア、ボスニア＝ヘルツェゴヴィナからの代表がベオグラードに集まった。採択された決議は、「ヨーロッパ資本主義の政治的膨張の道具たるヨーロッパ外交」に左右されて、「東南ヨーロッパとくにバルカン半島には、その経済の近代的発展と住民の文化を阻む状況が生まれている」と指摘する。その状況から抜け出るためには、「部族・村落に視野をとざした家父長支配の生活の域を出ない割拠主義と孤立から自らを解放し」、「同一言語・民族・文化の住民を分断したり、経済的・政治的に運命が結びついている国々を切り離したりしている数多《あまた》の国境を取り払い」、「直接間接の外国の軛を振り落とさねばならない」。「諸民族間の敵対感情を克服して相互調和を創出し、民族の完全な民主的な自治と国民の独立をはかること」、これが住民の自立の前提条件なのだ。そうした変革は、バルカンの王制や反動的ブルジョワジーの軍国主義政策で実現する筈がない。ヨーロッパ資本主義国に情を乞うことも無駄である。したがって、労働者階級の代表たる社会民主党の使命は、「東南ヨーロッパ諸国民の連帯精神のもっとも自覚的・精力的にして一貫した担い手」となることにある。その際、とくに相手として闘わねばならないのは、オーストリア＝ハンガリーの帝国主義とロシアのツァーリズムである(5)。

ここで示されている目標は、当時「バルカン連邦」思想と呼ばれていたものである。この思想のもとに、バルカンの兄弟党の相互理解を進めようとした中心人物は、ルーマニアのマルクス主義者でブルガリアにおいても活動し、すでに国際的に名を知られていたクラストジュ・ラコフスキだった。彼の提唱は、つとにインターナショナル・シュトゥットガルト大会の折に会合を開いたバルカンの代表たちによって支持され、セルビアの党がバルカン社会民主党会議の準備を引き受けていた。ラコフスキは一九〇九年二月、カウツキーに書いている、「バルカン連邦の問題は、目下、すべてのバルカン民族、とくにブルガリアとトルコで注目を惹いています。セルビアからの手紙には、この国にとって現状からの出口は連邦しかない、とあります」。じっさい一年後、今しがた触れたように、バルカン社会民主党大会は実現した。(6)

だが、事柄はそう簡単ではなかった。バルカン社会主義運動の連帯を目ざす人びとにとって頭痛の種があったのだ。それは、ブルガリアである。そこでは、一九〇三年、党が「狭量派《テスニヤキ》」と「寛容派《シロキ》」という、いわば正統派と改良派とに分裂し、以来、二派はことごとに対立していた。「狭量派」は、「寛容派」と同席するような国際会議には出席しないと主張、ベオグラード会議は、「寛容派」が排除された形で開催されたのだった。それは、「狭量派」の方がブルガリアを代表するグループとして相応しかろう、とセルビアの主催者が判断したからである。しかし、インターナショナル・アムステルダム大会で決議された「一国一党」の原則を引き合いに出すまでもなく、さなきだに強力とは言えないブルガリアの社会主義運動の内部でいがみ合いが続いているのは、バルカン連邦推進者ならずとも苦々しいことだったに違いない。一九一〇年二月、国際事務局のルーマニア代表だったラコフスキに対し、「寛容派」の側から、ブルガリア両派の統一を国際事務局の名で仲介して欲しい旨の依頼があった。ラコフスキは決して楽観していなかったが、非公式ながら事務局執行委員会の名でブルガリアでの打診を試みる。だが、「狭量派」の指導者ディミタル・ブラゴエフと会談してみて、自分の努力が全く無駄だったと憮然とするのみであった。(7)八月末からのインターナショナル・コペンハーゲン大会でも、「狭量派」代表が、オスマン政府批判の決議に対する支持声明をセルビアの党との連名で読みあげたとき、「寛容派」の長老ヤンコ・サカゾフが自分たちも賛成であったと発言するや、同代表は「サカゾフ同志など自分は識らぬ」と切り返し、議場騒然の一幕があるほどだった。(8)

一年後の一九一一年八月、ルーマニア社会民主党がブカレストにバルカン会議を召集しようとしたときにも、「狭量派」の賛同は得られなかった。続いてセルビア社会民主党が任務を交替し、ベオグラードに「第二回バルカン社会民主党大会準備会議」を召集する。その予定日までには、すでに伊土戦争が始まっており、国際事務局も得たりとばかりその会議に支持を与えた。会議は一〇月五—一八日に開催され、ルーマニア、セルビア、クロアティア、ボスニア＝ヘルツェゴヴィナ、サロニカから代表が参加したが、ブルガリアからはどちらの派からも出席がなかった。会議の決議は、一方でイタリアの攻撃をとくに糾弾すると共に、「バルカン民主連邦共和国」のスローガンを掲げ、バルカンの、一党も欠けることのない全社会主義諸党と、いわば顧問としてオーストリア＝ハンガリー及びロシアの諸党との代表とが「第二回大会」に出席すべきだと主張しながら、他方、それがうまくいかないときには、セルビアの党は任務から降り、あとは各党の自由だ、と述べる。国際事務局執行委員会も、やっきになってブルガリアの両派に働きかけたが、結果は悪い方に出る一方だった(9)。

さらに事態をややこしくしていたのは、先にも触れた一九〇八年の、オーストリア＝ハンガリーによるボスニア＝ヘルツェゴヴィナの併合である。その事態をめぐって、すでに言及したことだが、オーストリアとセルビアの社会主義者の間にくい違いが生じていたのだ。第一回バルカン社会民主党大会の推進者だったセルビアのディミトリイェ・トゥツォヴィチは、オーストリアの同志たちがハプスブルク帝国を擁護していると批判し、カウツキーへの手紙の中で冷やかに述べている、「彼らは、バルカン民主連邦思想があるではないか、とわれわれを慰めてとりつくろおうとしています。結構なお考えですが、それだけのこと。……『新』トルコと同盟しては、とも仰しゃる。余計なお世話です」と。さらに彼は、コペンハーゲン大会の軍縮平和問題委員会の討論の中で、公然と批判を述べた、

「オーストリア＝ハンガリーの同志はわれわれが排外的だと咎めた。その通り！　だがそれ

ならあなた方は今後オーストリア＝ハンガリー政府の征服欲の方をむしろ非難すべきだろう。」

彼はドイツ社会民主党にも失望したと言い、大国の社会主義者に小国の社会主義者の立場に対する十分な理解のないことを難じた。これに対し、オーストリアのカール・レナーが、自分たちもボスニア住民の自治権を主張した、平和維持のために努力もした、と弁明につとめる。たしかに、インターナショナルは民族自決権を承認していたし、コペンハーゲンでは、とくにオスマン帝国に関する決議の中で、「バルカン諸国の徹底的民主的な憲政改革とそうした国家の主権をもつ人民の平和的協調」こそが今のところヨーロッパ列強の「資本主義的・植民地主義的な政策」に有効に対抗する方法だと主張してもいた。(10)だが、ウィーンの、そしてそれより西の視線と、ベオグラードないしブカレスト、ソフィアのまなざしは違っていたのだ。一方は、平和のためには現状維持が必要と考え、他方は現状打破を求めざるをえなかったのである。(11)なるほどセルビアがオーストリア＝ハンガリーの要求に屈すれば戦争にはなるまい。戦ったところで、レナーの指摘する通り、負けるだけだったろう。レナーは、自分たちは、オーストリアであれ、セルビアであれ、はたまたモンテネグロであれ、どの政府の征服政策にも反対なのだ、と言う。だが、バルカンの社会主義者たちにとっては、大国による「平和」とは自分たちが身動きできないままでいる状態に等しかったのだ。

伊土戦争勃発後、とくに一九一一年一一月五日以降、サロニカからパリ、シドニーからストックホルムにかけ、規模の差こそあれ各地で反戦集会が行なわれた。国際事務局の努力はその限りでは効を奏した。(12) だが、目標には程遠かった。それは、当事国イタリアの党が十分に期待に応えなかったことと、バルカンに関して一致した行動方針を事務局が求めあぐねたことによると言えよう。リビアでは、オスマン帝国青年トルコ党のエンヴェル・ベイ、ムスタファ・ケマル・ベイの率いる軍隊とリビア人民が、ゲリラ戦をもって立ち向かったが、イタリアは史上はじめての航空機による偵察に訴えさえして、侵略の歩を進めると共に、バルカンのモンテネグロやアルバニアの反オスマンの動きに支援を与えた。他の列強は、同様のそれぞれの思惑から、イタリアを掣肘しきれない。翌一二年七月、イタリアとオスマン帝国との間で交渉が始まる。

そのころ、イタリア北部ポー川流域のレッジョ・エミーリア、かつてナポレオンがオーストリア軍を破り、自分が卓越した人間だと悟ったというローディにほど近い町で、イタリア社会党第一三回大会が開かれる。開戦当時と異なり、政府を支持したビッソラーティやボノーミらに対する風当たりがすでに強くなっていた。批判の急先鋒となったのが二八歳のベニート・ムッソリーニである。彼は、生まれ故郷、北イタリアはロマーニャのフォルリの町で、のち社会党指導者となる二〇歳のピエトロ・ネンニと共に反戦ゼネストを組織し、その故に五か月間の入獄生活を送っており、その地方では知られた存在になったところだった。大会では、ビッソラーティらの除名を求める彼の動議が、批判はしても除名を避けようとする他の動議を抑えて過半数の支持を集め、ムッソリーニは一躍、脚光を浴びた。トゥラーティと、その友人で故コスタの妻、モスクワ生まれのアンナ・クリショーフとは、ムッソリーニにうさんくささを感じていたようだ。だが、古強者のコスタンティーノ・ラッザリらのお覚え目出たく、やがてムッソリーニは党機関紙『アヴァンティ!』の編集を委ねられた。彼の希望通り補佐を引き受けたのが、キーエフの近くで生まれ、イタリアで活動していた、十年来の友人、七歳上のアンジェーリカ・バラバーノフだった。アントーニオ・グラムシやパルミーロ・トリアッティといった、いっそう若い青年たちが、トリーノで社会主義運動に入ったのもその頃のことである。(13)

その間にも、バルカンでは、セルビアとブルガリアが、ロシアの支持のもと、同盟を結び(一九一二年三月)、それにギリシアとブルガリアの同盟が続き(同年五月)、やがて秋にはブルガリアとセルビアはモンテネグロとも軍事同盟を締結することになる。アルバニア人の反乱も続いている。オスマン帝国に対するバルカン諸国の反抗の輪が閉じられつつあった。オスマン政府は、とてもリビアだけに係わってはいられない。一触即発の雷管はバルカンに仕掛けられていた。そのことは、サロニカ社会主義労働者連盟のザウル・ナーフムや、とくにセルビア社会民主党書記ドラギシャ・ラプチェヴィチの通信を受けたこともあって、国際事務局執行委員会も承知していた。そこで執行委員会は、自ら乗り出して第二回バルカン社会民主党会議を召集する決心を固め、一九一二年九月末、再びラコフスキに、ブルガリアの両派を一堂によび、何としてでもバルカンの平和を維持する方策について協議させるべく、工作を依頼した(14)。

(1) BSI, "An alle angeschlossenen Parteien" (Circular, Nr. 9-1911. X. 12), BSI, "Rundschreiben an die angeschlossenen Parteien. Vertraulich" (No. 10-1911. X. 25), SD-arkiv, 638/2, 3, ABA.

(2) ベーベルからBSIへ(一九一一・一〇・一三)、cit. in: Haupt, *Socialism and the Great War*, 58.

(3) "Manifeste pour la Démonstration internationale contre la Guerre (novembre 1911)", in: *Bulletin périodique du BSI*, 1912, 3(8): 112-113; Haupt, *Socialism and the Great War*, 60f.

(4) *Ibid.*, 64-66; イタリアは英・独・仏などの二〇票にたいし一五票の表決権を与えられていた——西川「社会主義・民族・代表権」、三三。

(5) *Karl Kautsky und die Sozialdemokratie Südeuropas. Korrespondenz*, "Einleitung"; "La première Conférence Social-Démocratique des Balkans", in: *Bulletin périodique du BSI*, 1910, 1(2): 64-66.

(6) "Rapport du Parti Socialdémocrate de Roumanie", *ibid.*, 1914, 5(11): 76-79; K. Rakovski an K. Kautsky (1909. II. 15), *Kautsky, Korrespondenz*, 365-366. バルカンの社会主義運動について、参照、L. S. Stavrianos, *Balkan Federation. A History of the Movement towards Balkan Unity in Modern Times* (Hamden, CT. 1964), 182ff.

(7) D. Tucović an K. Kautsky (1910. I. 29), *ibid.*, 243-244; J. Sakăzov an K. Kautsky (1910. III. 9), *ibid.*, 130-131; K. Rakovski an C. Huysmans (1910. VIII), cit., *ibid.*, 131-132; "Rapport du Parti Social-démocrate de Roumanie", "Bulgarie", in: *Bulletin périodique du BSI*, 1911, 2(7): 37 コペンハーゲン大会にむけて各党が活動報告書を提出したが、ブルガリアの両派はそれぞれ自派の正統性を主張している。ラコフスキに仲介を依頼したことについては、この「寛容派」の報告の中にも言及がある。(*Von 1907 bis 1910. Bericht über die Arbeiter- und Sozialistische Bewegung, dem Internationalen Sozialistischen Bureau vorgelegt von den angeschlossenen Parteien*), "Sozialdemokratische Arbeiterpartei in Bulgarien 1907-

1910" (18 S.); "Bericht der Bulgarischen Vereinigten Social-Demokratischen Arbeiter-Partei" (16 S.) 前者が「狭量派」、後者が「寛容派」。なお、一九〇三年の分裂以来、二派の構成が一貫していたのではなく、再分裂や再合同の過程があった。上記報告書によれば、党員数は、前者が二二八六、後者が二四二七であった。Cf. Joseph Rothschild, *The Communist Party of Bulgaria, 1882–1943* (New York, 1959), 32–44.

(8) *Compte rendu, int., 1910*, 199–300; *Prot., Int., 1910*, 26–27. サカゾフの発言によれば、声明はラコフスキによって起草された。サカゾフは、少なくとも一八九九年以来カウツキーと文通を行なっていた。他方この時期、「狭量派」のブラゴエフもカウツキーに書簡を送っている。東南ヨーロッパ各党・各派の人々はカウツキーの『ディ・ノイエ・ツァイト』に自分達の主張が掲載されることに大きな意義を見いだしていた。Cf. D. Blagoev an K. Kautsky, 1910. II. 21, in: *Kautsky, Korrespondenz*, 127. Cf. *Drittes General-Register des Inhalts der Jahrgänge 1908 bis 1912 der Neuen Zeit...*, bearbeitet von Emanuel Wurm (Stuttgart, 1914).

(9) "Rapport du Parti Socialdémocrate de Roumanie"; "La Conférence préliminaire des Social-Démocrates des Balkans", in: *Bulletin périodique du BSI*, 1912, 3(8): 67–68. バルカンの連帯が、いかにもブルガリアの党に、特に「狭量派」によって挫折したかのように見えるが、それは更に慎重な吟味を要する。

(10) D. Tucović an K. Kautsky, 1909. II. 2, in: *Kautsky, Korrespondenz*, 238f.; ボスニア＝ヘルツェゴヴィナ併合にさいし、セルビア社会党は国際事務局に送った覚書の中で、「オーストリアの同志が、ボスニアとヘルツェゴヴィナの問題について知っていることは、基本的には、ボスニア政府の報告とブルジョワ新聞の情報によるものだけである。」と不満を表明している。"Mémorandum du Comité central du Parti Socialiste de Serbie" (Tatzovits[*sic*], 1908. VIII. 21), in: *Compte-rendu de la 10me séance du BSI*, 99; *Compte rendu, int., 1910*, 237–241 (Résolution sur la situation en Turquie), 205–210 (Tucovic/Renner); *Prot., Int., 1910*, 103–104, 113–114.

(11) Haupt, *Socialism and the Great War*, 70 f. 一九一二年八月一日、セルビア社会党書記ドゥシャン・ポポヴィチが国際事務局に送った密書の中に次のような件がある、「ヨーロッパにとってバルカン問題の最上の解決法はそれを未解決のままにしておくことであり、国際社会主義の責務は、その点を明確にすることでなくてはならない。」cit., *ibid.*, 73.

(12) *Bulletin périodique du BSI*, 1912, 3(8): 5ff.

(13) Renzo De Felice, *Mussolini il rivoluzionario* (Torino, 1965), 107, 124ff., 135ff.; Laura Fermi, *Mussolini* (Chicago, 1961), 78ff.; Constantino Lazzari al BSI, 1912. VII. 11, Fondo Huysmans, Italia, IGF; Angelica Balabanoff, *My Life as Rebel* (1938. New York, 1968), 99. Cf. Gaetano Arfé, *Storia del socialismo italiano* (Torino, 1965), 136ff.

(14) Haupt, *Socialism and the Great War*, 76f.; BSI, Rundschreiben No. 19-1912, SD-arkiv, 638/5, ABA.

V　バーゼルの鐘

一九一二年秋、国際事務局執行委員会は別の任務もかかえていた。次期大会の準備である。前大会での決定によれば、それは一九一三年にウィーンで開催される筈であった。ところが、ユイスマーンスの問い合わせに対し、一九一二年八月二八日付でオランダ代表のP・J・トルールストラとヘンドリク・ヴァン・コルから一九一四年に延期する提案が届いた。「一九一三年に大会開催を必要とするほど緊急な問題は一つもないと思われる」が、他方、一九一四年はインターナショナル創立二五周年に当たるので、かつてそうだったように、大会を時宜に適った宣伝効果のあるものにする絶好の機会となろう、と言うのである。延期提案に対して、過半数の諸党が「単なる手続きの問題として、とくに疑問も呈さずに」賛成した。それは、「オランダの提案の背後にいたのがドイツ社会民主党であることを知っていたからだ(1)」。同党は、前に述べたように、モロッコ事件に際して行動に消極的だったが、その大きな理由として挙げられていたのが帝国議会選挙を控えているということだった。では結果はどう出たか。その選挙は一九一二年一月に行なわれ、社会民主党は、三五八議席のうち一一〇を獲得、カトリックの中央党を抜いて第一党に躍り出たのである。五年前の選挙で、アフリカのドイツ植民地で起こった人民の大反乱をきっかけとする植民地政策批判を逆手にとった政府の国威発揚戦術にしてやられて失った議席を補って余りあった。当時のドイツの憲法と政治状況のもとでは、それによって政権への道が短くなったわけでは決してなかったけれども、九月のケムニッツ党大会席上、「輝かしい成果」という言葉が聞かれたとしてもふしぎはない。党指導部では、大学出の弁護士フーゴ・ハーゼ、鞍皮細工職人あがりで党の実務万端に通じていたフリードリヒ・エーベルトといった、四〇歳代の人びとが、創立の世代に替わりつつあった。翌一九一三年にはプロイセン邦議会選挙が予定されていた。党大会でインターナショナルについて報告したモルケンブーアが、われわれがオランダの同志の大会延期提案に賛成したのは、ひとつにはその選挙のことを考慮したからだと説明し、延期は、さしたる質問もなく承認された。おそらく、ヴァイヤン=ケア・ハーディーの「ゼネスト論」が蒸し返されるに違いない大会は、なるべく遅い方がよいという判断もあったに違いない。(2)

延期提案に強く反対した一人は、果してヴァイヤンだった。ユイスマーンスに宛てて彼は書く、一九一三年に開くというのは既定の事柄であり、そもそも大会には、何周年記念などより別の重要な仕事があるではないか、と。

「現在、植民資本主義の殺戮と掠奪の冒険、軍備増強、軍国主義、戦争の急迫を目の当たりにしている。そういう今ほど、インターナショナルがプロレタリアートの安全と平和の維持のためにその態度と積極的政策を大会で決定することが必要にして緊急なときはかつてなかった。」

イギリス人たちも原則的に延期に反対を表明し、バルカンからも不満の声があがった。だが大会は延期された。実は、とユイスマーンスはヴァイヤンに打ち開けた。

「ドイツ人とチェコ人が争っている最中にウィーンで集まることはできないのです。一九一四年にはこの件が収まっていると思います。その上、分裂がポーランド人の間にも、ロシア社会民主党にも、ブルガリア人やその他のところでも盛んです。事態はたいそう険悪で、ウィーン大会がカトリック聖体大会に引き続いて開催されようものならば、社会主義の分裂会議となりかねないほどなのです。(3)」

ここで問題にされているドイツ人とチェコ人の争いとは、言うまでもなく、オーストリア社会民主労働党内部での揉め事を指している。同党は、ドイツ人とチェコ人が長い交渉を経て、一八八八年末から翌年にかけて、ウィーン西南約五〇粁の町ハインフェルトで合同大会を開いた結果発足した。そこには、ポーランド人、スロヴェニア人、イタリア人も出席している。ハプスブルク帝国は、多民族国家としての悩みを抱えていたが、社会主義運動もその悩みから無縁どころではなかった。帝国の東半分で支配的なハンガリー人はすでに別個の組織をもっていた。西半分のオーストリアで、民族の違いを越えて階級としての連帯を目ざしたのが、ハインフェルトでの全体党の創立であり、一八九七年に党組織が民族別連合制に改変されたのもそのための智慧であった。合同の推進者ヴィクトル・アードラーがいみじくも言ったように、党はそれ自体が「小インターナショナル」の趣を呈していたのである。だが、「小インターナショナル」は必ずしも彼が期待した方向へ進んでは行かなかった。むしろ、一九〇五年前後から労働組合の次元でもチェコ人の自立の要求が強まっていく一方であり、それを背景として一九一〇年にはウィーンとプラハの対立は全体党の屋台骨を揺がすまでになる。(4)

そこでウィーンの全国労働組合委員会は、インターナショナル・コペンハーゲン大会に、労働組合組織はどの国家においても統一されているべきで、それを民族分離主義的に分断しようとする試みはインターナショナルの前大会決議に反する、という趣旨の決議案を提出した。そして、この問題を審議した委員会で、アードラーはその重みをかけて労働組合の統一の重要性を説き、チェコ人にその非を諭した。ウィーンを掩護したのはプレハーノフである。それに対抗してアントニーン・ニェメツをはじめとするチェコスラヴ党の面々は、「分かれて進み共に打つ」で何が悪いかと防戦これ努めたが、ほとんど共感を引き出せなかった。あまつさえ「裏切者、犯罪者」呼ばわりさえされた。つとに民族問題に深い関心を示し、アードラーを越える見通しをもっていたオットー・バウアーですら、チェコ人は「行き過ぎだ」と述べている。総会でも、ウィーンの決議案は、事実上、すべての支部二二二票を得て採択され、その中には、全体党に与するチェコ人少数派の三票も含まれていた。反対は、チェコ人「自治」派の五票のみ。彼らは四面楚歌に耐えねばならなかった。

インターナショナルの裁定は下った。妥協の試みがなかったわけではない。だが、インターナショナルの権威は、それによってチェコ人がおめおめドイツ人の軍門に降るほど大きくはなかった。しかも、一九一一年六月のハプスブルク帝国議会選挙で、チェコスラヴ党はボヘミアとモラヴィアにおいて確実な成果をあげた。他方、同年一一月、インスブルックで開かれたドイツ人の党大会では、アードラーが「民族独立をすべてに、そしてわれわれにも。国際的一致団結と国際社会民主主義の確信を」と呼びかけたが、同時に、帝国議会で、それまでの慣習を破り、ドイツ人だけの議員クラブを作ることを容認し、チェコ人の「分離主義」を厳しく斥けた。翌一九一二年六月、チェコスラヴ党は全体党を離れ、「小インターナショナル」は解体する。(5)

ユイスマーンスが「ドイツ人とチェコ人の争い」と称したのは、おおよそ以上のような事柄であった。では、ポーランド人、ロシア人の揉め事とは何か。一九一二年から、レーニンなる人物からユイスマーンス宛の手紙・資料がふえ始める。それは、ボリシェヴィキ、メンシェヴィキの対立にからむだけでなく、ローザ・ルクセンブルクのポーランドの党、さらにはドイツ社会民主党まで巻き込むような、全く、ユイスマーンスならずとも辟易するような問題に係わっていた。それについては、のちにゆっくり述べることにしよう。(6)

国際事務局執行委員会が、バルカンの問題についてラコフスキに調停を依頼したところに話を戻せば、ユイスマーンスの手紙を、彼がブカレストでなく、活動先のイスタンブルで受け取った時には、もはや時すでに遅しだった。彼にできたことは、玄関にまで来たバルカンの戦争に反対して「トルコとバルカンの社会主義者」の声明をまとめることだけだった。一九一二年一〇月一二日、国際事務局執行委員会は、三年前のベオグラード会議におけるバルカン民主連邦構想を再確認したその文書を誇りやかに発表した。(7) だが一週間足らずの一〇月一八日、イタリアとオスマン帝国の間でローザンヌ条約が結ばれて伊土戦争が終結したその日、バルカンで戦争が勃発した。

ユイスマーンスがつとに、次期大会の日取りを決めるべく開きたがっていた第一四回国際事務局会議がブリュッセルで開かれたのはその十日後である。ベーベルは、翌年あたりヨーロッパ戦争という厄介を背負い込むことになるかもしれない、それはドイツ帝国の阿呆な対英政策のせいだと考えていたし、国際事務局会議についてはイギリス人やフランス人の主張をはねつけなければと思っていたが、気管支を患ってチューリヒで静養中の身だった。やきもきしながら彼は、アードラーに相手の健康をも気遣いつつ万事よろしくと頼むのであった。

一〇月二八日、事務局会議で議論の口火を切ったアードラーは、「プロレタリアートはおよそ体験したことのないような最も難しい状況の前に立たされている」と話し始め、バルカンの戦争に抗議するだけでは不十分で、オーストリアとロシアの介入を防ぐことこそ肝要だ、と述べたものの、「自治的で強力なバルカンは、弱体なトルコよりも、モスクワ帝国に対して堅固な障壁を成す」と言い、「ロシアの介入がなければオーストリアは中立を保つ」と楽観している、と結んだ。だがヴァイヤンは納得しない。ロシアに、日露戦争のあと生じたことがもっと強力に現われはしないか、と自問させるような、力強い運動こそが各政府に二の足を踏ませることになろう、と彼は主張する、「だから、戦争を不可能にしないまでも、せめて起こりそうもなくするために、強烈、全面的な宣伝を行なおうではないか」。ハーゼも、バルカン戦争の「局地化」に関するドイツ外相の楽観論には与しない、と述べた。

ジョレスは、レイモン・ポワンカレの言動にやや気を奪われていたようだ。このフランス首相がナントで言明したところによれば、と彼は指摘する、諸国が集団で仲介に動こうとしている。「ヨーロッパはトルコを欺し裸にしたが、同じようにそのヨーロッパがバルカン諸国を欺し裸にするために介入するのだ」。諸政府は心底では戦争を望んではいないと思うが、平和と共に獲物も欲しがっている。まさしくそこに、国際プロレタリアートが有効な行動を取る余地がある。「国際会議がいま開かれれば、支部への一片の回状より遥かに有益だろう」。そうすれば、プロレタリアートの決意を政府にいっそう感じさせることになろう。最後に発言したのはローザ・ルクセンブルクだった。事務局が作成すべき声明の中では、ジョレスが開陳したような外交に関する配慮に大きな場所を与えることはできない、と彼女は一蹴する。アードラーの言うバルカン連邦の役割にしても、個人的見解に過ぎない。「一九〇五年以来、ロシアの影響に抗する手段は、ロシアとバルカン諸国との対立ではなく、ロシア自体での革命である。声明が何よりも力説すべきは、戦争に対する反対は、いつにプロレタリアの大衆運動にかかっている、ということだ」。

彼女が言及した声明は、アードラーが示唆し、ベーベルが同意した結果であろう、カウツキーが原案を用意していた。それが紹介されたあと、ヴァイヤンが、それまでに発言した五人、つまり、彼自身とアードラー、ハーゼ、ジョレス、ルクセンブルクから成る委員会に文案の吟味を委ねては、と提案し、諒承された。そして、議論は、大会の日取りに移る。

それについては、すでに述べたように、オランダから延期案が出されていた。それを支持したベーベルも、今では、ドイツ代表団にごり押しはしないようにと指示を与えていたが、モルケンブーアはケムニッツ大会での説明を繰り返すだけだった。トルールストラも、延期について新たな理由を示していない、とイギリスのゴールドストーンに噛みつかれる始末だった。ところがアードラーが、バルカン戦争のせいでウィーン大会を翌年に開くことは難しいが、「プロレタリアートの反戦の態度だけを問題にする会議」を召集したい、と言い出した。それを受けて、ヴァンデルヴェルデが「たとえばバーゼルで、クリスマスのころ、ヨーロッパ支部の大会」を開いてはどうか、と提案。ジョレスも言う、大会を早める理由こそあれ、遅らす理由はない、

「現下の状況で大会を延期するならば、無策をみっともなく認めることになり、いつも遅き

に失する政府の外交の驥尾に付しているだけということになろう。オランダの提案は、ケムニッツで支持されたが、それは「バルカン」戦争がまだ起こっていない段階でなされたものだった。」

平和維持のために総てを行なう意思を自覚し、世界に知らしめることがインターナショナルの第一の義務だ、とジョレスは続ける、その意味でヴァンデルヴェルデの提案を支持する。だが、その大会参加者をヨーロッパに限るのはおかしい、と。ヴァイヤンが両手をあげて提案に賛成したことは言うまでもない。なお多少の異論はあったものの、ヴァンデルヴェルデが独仏墺露英の代表から成る委員会が決議案の作成に当たることにしたいと提案したあと、国際事務局は、ウィーン大会を一九一四年に延期することを圧倒的多数で承認した。同時に、臨時大会を年内にスイスで開き、その議題は「国際情勢と反戦行動のための協調」のみとすることも決定したのだった。因みに、オスマン帝国の代表として、サロニカ社会主義労働者連盟のザウル・ナーフムが出席していたが、発言しなかった。

さきに触れた、カウツキーの原案に基づく声明は、バルカン諸民族の独立要求を支持し、その大目的は、バルカン諸国家の首長たちの王朝的野心と大国の陰謀によって問題がねじ曲げられなければ、流血なしに達成されたことだろう、と言う。半島の労働者階級にとっては、「民主化の進展と、トルコを含むバルカン諸国の緊密な同盟」こそが問題解決の道である。然るに、「ヨーロッパの貪欲と残虐、モロッコ・ボスニア＝ヘルツェゴヴィナ・トリポリタニア・イランにおける暴力行為と裏切り、ロシア・ツァーリズムとオーストリア王朝による交互のあるいは組み合わさった陰謀遊戯、それがバルカンに戦争を惹き起こした」。したがって、プロレタリアートは、社会主義の実現に努力を傾けると共に、今は、戦争の拡大と、利害がらみの利己的な介入の一切に全力をあげて反対しなければならない。声明はさいごに臨時大会に触れて述べる、「最良の準備は、すべての社会主義・労働団体が、戦争挑発者に反対して組織的かつ強力な宣伝」を行なうことである、と。(8)

臨時大会の日取りは、その後めずらしくドイツ社会民主党の要請で早められて一一月二四—二六日と決まり、国際事務局執行委員会は急遽一一月九日、大会召集状を発表する。大会の開催地はバーゼルだった。(9)

バルカンで戦端が開かれると、各国の党や労働組合、女性団体などによる反戦決議が相次いだ。その中には、一〇月二〇日付で発表された、イギリスの労働党下院議員団とドイツ社会民主党帝国議会議員団の共同声明「ドイツとイギリスの働く人びとへ」も含まれていた。(10) 同時に、ヨーロッパ各地で反戦集会や示威運動が行なわれた。ドイツでは一〇月二〇日、ベルリンのトレープトウ公園に二五万人が集まったのをはじめ、ハンブルク、キール、ドルトムント、シュトゥットガルトといった都市はもとより、津々浦々、規模こそ一万人以上から数百人までと様々だったが、百か所あまりで一斉に集会が開かれている。三〇日にブダペシュトなどハンガリーの都市で三四の抗議集会が開かれれば、一一月四日にはウィーンを筆頭にオーストリアの七〇か所で抗議集会が開催された。そして一一月一七日には、国際事務局の呼びかけに応じ、パリ、ベルリン、ロンドン、ローマ、マドリード、プラハ、クリスティアニア(オスロー)、ストックホルム、コペンハーゲン、アムステルダムといったヨーロッパの首都級の都市を中心に、マルセーユ、リヨン、アルトナ、シュトラースブルク、ミラノ等々で呼応して集会が催される。一〇万人を集めたパリの集会には、シャイデマン(独)、マクドナルド(英)、ペルナーストルファー(墺)、ヴァンデルヴェルデ(白)、ルバノーヴィチ(露)が参加し、ベルリンではレナー(墺)、オグレイディ(英)、ジョレス(仏)の演説が聞かれた。もっとも、ジョレスはベルリン警視総監によって母語で話すことを禁止された。ロンドン集会に友党から派遣された者には、ドイツからのフランク、ベルギーからのアンセール、フランスからのロンゲらがいた。このような相互交流はいつにもまして他の集会でも見られるのであった(11)。

こうして高まった国際的な反戦運動のうねりは、一挙にバーゼルへと向かう。ユイスマーンスは、これまでの大会の反戦決議と、バルカン戦争勃発以来のさまざまな反戦決議・声明をまとめてあらかじめ配布していた。決議案を作成する準備会議が大会の前日に開かれる手筈も整った。

バーゼル、それはライン川上流のスイスの町だ。一八六九年に、第一インターナショナルの史上最大の大会が開かれたことがある。ベーベルの、予備会議の出席者は同じホテルに泊って親しく意見を交せるようにして欲しいとの要望[12]は実現し、彼らは全員、この町第一級の「三王ホテル《ドライ・ケーニゲ》」に宿泊することになった。会議の会場は、当時の名で「城代屋敷《ブルクフォークタイ》」、のちの「人民の家《フォルクスハウス》」に決まった。馳せ参じたのは、フランスの一二七名、ドイツの七五名、ボヘミア、オーストリアの各七〇名、五九名をはじめとする、二三の国ないし地域からの五五五名、馴染みの顔のほとんどすべてがその中に見られたと言える。ただし、ドーヴァーを越えてきたイギリス人は多くなく、ましてや大西洋の向うのアメリカ人たちはとても間に合わなかった。セルビアやサロニカは、代表を送り出せるような状況になかった。

一九一二年一一月二四日、日曜日、秋晴れ。「城代屋敷」の広間はまことに趣味よく飾られ、舞台の正面には、六十年来の「万国のプロレタリア、団結せよ！」、二十数年来の「戦争に対する戦争を！」という標語を記した大きな幕が掲げられ、桟敷にはスイスの労働者組織の赤旗、壁にはマルクス、エンゲルス、ラサールの肖像。バーゼルの「フォーアヴェルツ合唱団」の「自由讃歌」が始まるのももどかしげに、国際事務局の人びとを先頭に、代表者たちが入場する。議長席に着いたのは、病欠のヴァンデルヴェルデに代わるエドワール・アンセール。彼の、この臨時大会の唯一の議題は「国際情勢と反戦行動のための協調」である、という発言と共に大会は始まった。[13]バーゼル市を代表するヴルシュレーガーの歓迎の辞や、ユイスマーンスによる祝電の紹介などのうちに昼となったが、その間にも、汽車の着く毎に大会代表や、スイス各地、バーデン、エルザスの労働者たちが続々つめかけてきた。

午後二時、集まった人びとは、労働者サイクリング同盟「連帯」と、白衣をまとい平和を象徴する棕櫚《しゅろ》の枝をもった子供たちを先頭に行進を始める。幟《のぼり》には「涙を涸らす方が夥しい血を流すより名誉である」という平和主義の標語が示されていた。赤旗が風になびき、労働歌のひびく行列の目ざすのは、ラインの対岸に四世紀前から一対の塔を屹立させているミュンスターだった。三時、鐘が鳴り響き、オルガンがベートーヴェンの平和讃歌をかなでる中、人びとは本堂へと進む。上方に何千という灯がきらめき、巨大な内部と人びとを薄く照らして明暗に沈め、色とりどりのステンドグラスからは光の条が幻のように落ちる。

その中で、ハーゼに続いて立ったケア・ハーディの声が響く。「外交がバルカン問題を利用して世界戦争を煽るようなら、民主勢力にとっては戦争阻止に役立つあらゆる武器を用いることが神聖な義務となろう。政治行動で不足なときには、労働者階級が尻込みすることなく第二の巨大な武器……つまり反戦の革命的な国際ストライキに訴えることに期待しよう」。だが、ゼネスト論争を挑発しようとしているのではないことは誰にも分かっていた。スイス社会党の長老ヘルマン・グロイリリヒは、戦争の際に中立を宣言する義務のあることを指摘しつつヨーロッパ合衆国を展望する。他方、アードラーは言う、「戦争になるかならないかを決めるのは、不幸なことに、われわれ社会民主主義者ではない」と。「たぶん、政府指導者たちの理性を当てにするには遅すぎるだろう。しかし、彼らが土壇場で、犯そうとしている犯罪の途方もなさの前にたじろいでくれることに期待しよう」。むろん彼も、この大集会に元気づけられてはいた。だが、もしその演説にともすれば悲観的な口吻が混じりがちだったとすれば、いっそう自信をもって希望を語ったのはジョレスだった。「事実はこうなのだ、不安と困惑がそこら中にあり、資本家階級がそれ自体、分裂し二つの陣営に別れている、全面戦争でもっと得るのか、それとも失うのか、彼らも分かっていない」。なればこそ、労働者と社会主義者の力を傾けて平和の方へと秤の針を向けさせるのがわれわれの義務ではないのか。ソルボンヌ大学出の秀才らしく彼は続ける、

「われわれはこの教会に迎えられ、いましがた、その鐘の響きは全面的な和解を訴えているように思われました。そこで想い起こされたのは、シラーが彼の象徴的な鐘に刻んだ銘文であります。Vivos voco——私は生けるものに呼びかける、地平線の上に姿を現わした妖怪から身を守れ、と。Mortuos plango——私は、かなた東方に横たわり、その腐臭がわれわれのところまで悔いの如くただよってくる無数の死者の上に涙を流す。Fulgura frango——私は雲の間で光り危険を告げる戦争の稲妻を粉砕するであろう。」

教会の外でも、あふれ出た一万を越える人びとを前に、しつらえられた四つの演壇から、各国の代表が次々と所信を訴えていた。誰もが反戦平和を力説したことは言うまでもないが、ルーマ

ニア、クロアティア、ボヘミア、ウクライナの人びとがバルカン連邦に言及すれば、ロシア人はツァーリズム打倒を主張することを忘れず、ポーランド人は列強間の戦争となればドイツ・ロシア・オーストリアの軍服を着せられることになる、という分割された民族の立場を指摘する、といった具合に、おのずと力点に相違があった。

翌二五日、舞台は城代屋敷に戻り、ジョレスが決議案を提出した。これは、国際事務局の決定に従って、事務局執行委員会議長と独英墺仏露の代表によって作成されたものである。前々日の準備会議で、じっさいに草案作りに当たったのは、ベーベル(七二)、ハーディー(五六)、アードラー(六〇)、ジョレス(五三)、プレハーノフに代わるルバノーヴィチ(五二)と議長代理としてのユイスマーンス(四二)だった。まさにこの時期のインターナショナルを代表する顔ぶれと言えよう。決議案は、シュトゥットガルト決議を受けて、さらに長文のものになった。[14] それと言うのも、争点となりかねない反戦の具体策について言明を避けた代わりに、各地域毎に社会主義者の任務を列挙しようとしたからである。

バルカン――「ヨーロッパ列強はあらゆる改革を体系的に妨害することによって、トルコに経済的・政治的な混乱と過剰な民族的憤激をもたらすのに一役買ったが、そうした状況は必然的に反乱と戦争に至らざるをえないものであった」。社会主義者の任務は、戦争後、おそるべき犠牲によって購われた成果が王朝や軍国主義やバルカンの膨張に飢えたブルジョワジーによって横領されないように、全力をあげることである。また、バルカン諸民族に対する権利侵害の一切と闘い、「トルコ人・アルバニア人・ルーマニア人を含めた全バルカン民族の友誼を宣言すること」である。

ハプスブルク帝国——(1)オーストリア、ハンガリー、クロアティア、スラヴォニア、ヘルツェゴヴィナの諸党は、ドナウ王国によるセルビア攻撃に反対すると共に、将来、ハプスブルク王朝に支配されている南スラヴ人たちが帝国内で民主的自治権を獲得するように闘わねばならない。(2)さらに、「アルバニアは、バルカン民主連邦の自治的な一員としてのみ真の独立生活を営むことができる」のであるから、オーストリア＝ハンガリーおよびイタリアの諸党は、両国政府のアルバニアに対する野心に反対し、また両国間の平和確保のために闘うことが必要である。

ロシア——「ロシア労働者の抗議ストライキは、ロシアとポーランドのプロレタリアートが、ツァーリの反革命で受けた打撃から回復し始めていることの証左であり」そこに「ツァーリズムの犯罪的陰謀に対抗する最も強力な保証が見出される」。「ツァーリズムは、ヨーロッパの全反動権力の希望であり、したがってそれに支配されている諸民族と民主主義の極悪の敵である。その没落をもたらすことは、インターナショナルの主要任務の一つである」。

ドイツ、フランス、イギリス——これら諸国の労働者の任務は、自国政府に対し、バルカン紛争にいっさい干渉せず絶対中立を保つよう要求することである。また、万一オスマン帝国が破れ、その小アジア支配が揺いだときには、小アジア征服政策に反対することである。さらに、イギリスとドイツの間の人為的につちかわれた敵意こそ平和に対する最大の危険であるから、両国間の対立を克服するために努力することである。

ジョレスが、「行動の具体的形態を予め決めてはいないが、さりとてどんな形態も排斥していない」とわざわざ断りながら説明を終えると、アードラーが決議案をこんどはドイツ語で紹介し、オーストリアのドイツ人、チェコ人中央集権派、イタリア人、ルテニア人、ルーマニア人ならびにハンガリー、クロアティア、ヘルツェゴヴィナの党の名で賛成を言明し、続いてハーディーが英語で決議案の要旨を伝えた。

午後、討議に移ったが、それは議論よりむしろ賛意と決意の表明の場であった。ハーゼがドイツ社会民主党を、フランティシェク・ソウクップがチェコスラヴ党を代表し、オーストリア内ポーランド人も賛成を伝える。トルールストラは、北欧三国、フィンランド、ベルギー、ルクセンブルク、スイス、オランダの諸党の代弁者として立ち、バルカンの小国が大国トルコから勝利を得たことは、西ヨーロッパの列強やロシアが小国に対して何事か企てたときの参考には全然ならない、と注意を喚起した。小国の国民の自治を保障するのは自国の軍拡でもなく、大国の大軍備でもなく、「小国の自治に対する侵害は文明全体に対する侵害だという理念のみである」と。彼が小国の立場から訴えれば、女性と母の立場から「戦争に対する戦争を！」の標語に連帯を表明し、「死を賭すを怖れなば、生を得ることついになからん」と決意のほどを示したのはクラーラ・ツェトキーンであり、当事国からやってきたサカゾフは、ブルガリア、セルビア、トルコの同志の名で決議を歓迎し、拍手に迎えられた。「コミューン萬歳」の喊声と共に登壇したヴァイヤンは、決議案はゼネスト・蜂起の思想・意思を排除していない、と自らを納得させつつ、フランス支部の賛同を保証し、プロレタリアートが結集するインターナショナルは有無を言わせずに平和と、そして革命のために、あらゆる手段を取るぞ、と結んだ。グレゴーリオ・アッニーニは、スペイン、ポルトガルの同志を引き合いに出しながら、イタリアの党が反戦の立場を取っていることを強調した。アンジェーリカ・バラバーノフが、まずフランス語、ついでドイツ語、さいごに英語に通訳すると、万雷の拍手が起こった。「それは何と私へのものだった」とバラバーノフは記す。ベーベルが急ぎ足で近付いてきて、「インターナショナルを目の当たりに見た思いです」と言ってくれた、と。[15] そのベーベルが最後に立つと、拍手喝采は数分間、鳴り止まなかった。彼は叫んだ、「解散の前にもういちど労働者インターナショナル萬歳！」と。それは、「本大会はそれだけで大きなできごとであり、歴史的な事実なのだ」と述べたジョレスと呼応していた。決議案は、満場一致で採択された。[16]

社会主義者たちは、あらゆる相違にも拘わらず、反戦の一点でその団結を見事に表明した。決議は、列強政府は、戦争に訴えようとするのならば、労働者の憤激、革命を覚悟するがいい、と明言している。だが、多くの発言者が述べているところからすれば、団結の基調は、教会やブルジョワジーの一翼とも協同できる「平和主義」にあった。[17] 教会堂への行進とその中での集会は、むしろ宗教的でさえあった。「革命」より「人道主義」だったのだ。いかんせん、バルカン戦争は起こってしまった。そうである以上、それが列強間の戦争にまで拡大しないように最善を尽すしかないではないか。いや、祈るしか、だったのかも知れない。それと言うのも、列強政府の動き、どこまで戦争の危機が進んでいるのか、秘密外交の時代だけに、今日以上に国民も社会主義者も真相に迫る術がなかったからだ。

（1） BSI, Rundschreiben No. 18(1912. VIII), No. 20 (1912. IX), SD-arkiv, 638/5, ABA ; Haupt, *Socialism and the Great War*, 75.

（2） *Protokoll über die Verhandlungen des Parteitages der Sozialdemokratischen Partei Deutschlands. Abgehalten in Chemnitz von 15. bis 21. September 1912* (Berlin, 1912), 327ff. (Reichstagswahlen), 516ff. (Internationaler Sozialistenkongreß).

一九一一年一月に古強者パウル・ジンガーが没したあと党の副議長の後継者の地位を争ったのは、中間から左派の候補でベーベルとカウツキーの支持を得ていたハーゼと、一九〇五年以来、指導部に入っていたが、翌年まで帝国議会議員ではなかったエーベルトだった。二八三票対一〇二票でハーゼが選ばれた。同じ時、指導部に入った四〇代の人物に、宣伝活動家、ケーニヒスベルク出身のオットー・ブラウンとカッセル出身のフィリップ・シャイデマンとがいた。一九一二年の帝国議会選挙の際、社会民主党はブルジョワ左派政党と選挙協定を結んだ。その当否については、ケムニッツ党大会でも議論の対象になったが、社会民主党が第一党になったことは、中間層をも獲得したということでは決してなかった。カウツキーの楽観的観測に対してベーベルが漏らしていたように、ブルジョワ左派は、社会民主党の期待に反して、むしろユンカー保守派の方に身を寄せていった。社会民主党は、投票の三分の一を得たけれども、他の三分の二に更に食い込む可能性はほとんどなかった、と言える。当時にははっきりしていなかったことではあるが、同党は袋小路に入っていたのだ。Kenneth R. Calkins, *Hugo Haase. Demokrat und Revolutionär* (Berlin, 1976), 26ff.; Dieter K. Buse, *Parteiagitation und Wahlkreisvertretung* (Bonn, 1975), ixff.; Peter-Christian Witt, *Friedrich Ebert* (Bonn, 1987), 50ff.; Schorske, *German Social Democracy*, 224ff.; Dieter Groh, *Negative Integration und revolutionärer Attentismus* (Frankfurt am Main, 1973), 265ff.

(3) Vaillant à Huysmans, 1912. IX. 12, in: "Edouard Vaillant...: correspondance avec le Secrétariat international (1900-1915)", *Annali, Feltrinelli, 1976*, 285; Huysmans à Vaillant, 1912. X. 3, cit. in: G. Haupt, *Le congrès manqué. L'internationale à la veille de la première guerre mondiale. Études et documents* (Paris, 1966), 39.

(4) 参照、小沢弘明「オーストリア社会民主党における民族問題—『小インターナショナル』の解体と労働組合—」『歴史学研究』一九八七、(一〇)、一九—三八、Ludwig Brügel, *Geschichte der österreichischen Sozialdemokratie*, III (Wien, 1922), 399ff.; Hans Mommsen, *Die Sozialdemokratie und die Nationalitätenfrage im habsburgischen Vielvölkerstaat*, I (Wien, 1963), 99ff.; Helmut Konrad, *Nationalismus und Internationalismus. Die österreichische Arbeiterbewegung vor dem Ersten Weltkrieg* (Wien, 1976), 105ff.; Vincent J. Knapp, *Austrian Social Democracy, 1889-1914* (Washington, 1980), 153ff. アードラーの「小インターナショナル」という表現は、*Prot., Int., 1900*, 5.

(5) *Prot., Int., 1910*, 43-51 (Plenarsitzung, Abstimmung), 81-95 (Kommission, Adler, 88f., Nĕmec, 93f.). Cf. (*Von 1907 bis 1910*) "Bericht der tschechoslavischen sozialdemokratischen Arbeiterpartei in Österreich an den Internationalen sozialistischen Kongress in Kopenhagen 1910" (Prag, 1910). "tschechoslavisch" と "tschechoslowakisch" (チェコスロヴァキアの) との違いに注意。なお、ナップはコペンハ

ーゲン大会ではじめてチェコ人がドイツ人とは別個の代表団を形成したように書いているが（前註引用書、一六八ページ）、誤り。以前の大会でも、オーストリアとボヘミアは別々に数えられていた。
Protokoll über die Verhandlungen der deutschen sozialdemokratischen Arbeiterpartei in Oesterreich. Abgehalten in Innsbruck vom 29. Oktober bis 2. November 1911 (Wien, 1911), 100, 197ff. Cf. Memorandum der tschechoslavischen sozialdemokratischen Arbeiterpartei an das Internationale Sozialistische Bureau in Brüssel (Prag, 25. Oktober 1912, Anton Bruha, Anton Nemec, Dr. Franz Soukup), An das Internationale Sozialistische Bureau in Brüssel! (Brünn, Ende Oktober 1912, Die Parteiexekutive der Tschechischen sozialdemokratischen Arbeiterpartei in Österreich), SD-arkiv, 638/4, ABA.
オットー・バウアーは、二五歳のとき出版した大著をはじめ、ハプスブルク帝国およびバルカンの「歴史なき民の覚醒」にもっとも敏感に対応したドイツ人の一人であり、マルクス主義の立場からの民族問題の理論的解明に大きく寄与した。Cf. Otto Bauer, *Die Nationalitätenfrage und die Sozialdemokratie* (1907. Wien, 1924); *idem*, *Der Balkankrieg und die deutsche Weltpolitik* (Berlin, 1912).「歴史なき民」なる表現は、エンゲルスがポーランド人を除くスラヴ系の人びとをさして用いた。批判的検討として参照、良知力『向う岸からの世界史』（未来社、一九七八）、三八—七七、阪東宏『歴史の方法と民族』（青木書店、一九八五）、三三二—三三八、Roman Rosdolsky "Zur nationalen Frage. Friedrich Engels und das Problem der 'geschichtslosen' Völker", *AfSG*, 1964, (4), 87-282.

（6） *Correspondance entre Lénine et Camille Huysmans 1905-1914*, documents recueillis et présentés par Georges Haupt (Paris/La Haye, 1963), 95ff.

（7） Haupt, *Socialism and the Great War*, 78; "Le manifeste du Bureau socialiste international (Bruxelles, le 12 octobre)", "Le manifeste des socialistes de Turquie et des Balkans", in: *Bulletin périodique du BSI*, 1912, 3 (9): 4-7.

（8） Bebel an Adler, 1912. X. 6, X. 11, X. 15, X. 21, in: V. *Adler, Briefwechsel*, 549-553; Bebel an Kautsky, 1912. X. 13, in: *Bebels Briefwechsel mit Kautsky*, 317-319.

この第一四回会議の公式議事録はない。ここでは、次の新聞紙上の議事録による。"Le Bureau Socialiste International provoque un Congrès contre la guerre", *Le Peuple*, 1912. X. 29.
ローザ・ルクセンブルクの発言については、参照、Rosa Luxemburg, *Gesammelte Werke*, III, 177.
なお、ウィーン大会の延期に関しては、それは大会の権限に属し国際事務局が決めるのは反民主的だという理由で、イギリス代表は反対し続けた。声明は次による。"La résolution de l'Internationale Socialiste contre la Guerre"(29 octobre 1912), in: *Bulletin périodique du BSI*, 3(9): 3. 仏独英のテキストのうち、ドイツ語のものだけ、やや長いのみならず、マルクス主義的用語が多く、調子が理論的である。カウツキーの原案が残っているのだろうか。ここでは、主にフランス語のテキストによる。なお、ポワンカレのナント演説に対するジョレスの反応について、参照、Goldberg, *Jean Jaurès*, 432.
因みに、「分かれて進み共に打つ」とは、シャルンホルストないしクラウゼヴィッツの兵法に関する表現が、もっと広く使われるようになったものである。

(9) Haupt, *Socialism and the Great War*, 83; Cf. "Contre la Guerre. Invitation au Congrès Socialiste International à Bâle", in: *Bulletin périodique du BSI*, 3(9): 1.

(10) *Ibid.*, 8ff.; "Démonstration pacifiste des ouvriers allemands et anglais", *ibid.*, 1913, 4(10): 21. この声明は、最近の英独両国の軍事費増加に警鐘を鳴らし、両党が軍事予算に反対投票したと述べている。これは、ドイツ社会民主党についてのみあてはまることであった。労働党は、反戦扇動のためにいささか無理をしたのだ。Douglas J. Newton, *British Labour, European Socialism and the Struggle for Peace, 1889-1914*(Oxford, 1985), 303. なお、ドイツ社会民主党一九一三年大会の議事録では、この声明が九月に成されたとなっているが、間違いである。*Protokoll über die Verhandlungen des Parteitages der Sozialdemokratischen Partei Deutschlands. Abgehalten in Jena vom 14. bis 20. September 1913* (Berlin, 1913), 47.

(11) *Bulletin périodique du BSI*, 4(10): 22-47; "Paris, 100,000 Manifestants contre la guerre....", *L'Humanité*, 1912. XI. 18. Cf. Fritz Klein, "Die Antikriegskundgebungen der II. Internationale am 17. November 1912", *ZfG*, 1975, 13(12): 1412-1421. なおブレーメンの場合、五つの集会が開かれている——

StA Bremen, 4, 14/1, XII. A. 3. b. 9 ; *BBZ*, 1912. XI. 18.

(12)　Bebel an Adler, 1912. XI. 14, XI. 16, in : *Adler, Briefwechsel*, 554, 555.

(13)　"Compte rendu analytique du Congrès Socialiste International Extraordinaire tenu à Bâle les 24 et 25 novembre 1912", in : *Bulletin périodique du BSI*, 1913, 4 (11) : 2–19 ; *Außerordentlicher Internationaler Sozialisten-Kongreß zu Basel am 24. und 25. November 1912* (Berlin, 1912); "Internationaler Sozialistenkongreß in Basel", *Basler Nachrichten*, 1912. XI. 25.

労働者サイクリング同盟「連帯」については、見よ、Rolf Beduhn, *Die Roten Radler. Illustrierte Geschichte des Arbeiterradfahrerbundes "Solidarität"* (Münster, 1982).

(14)　決議案小委員会のメンバーについては、フランス語版議事録による。ただし、そこにはルバノーヴィチでなくプレハーノフとある。しかし、当時プレハーノフは病気で、代わりにルバノーヴィチを推し、レーニン(欠席)も事前にそれを諒承していた。のち訂正が *Bulletin* に出た。Lénine à Huysmans, 1912. XI, in : *Correspondance Lénine/Huysmans*, 124.

オープトは他にヴァイヤンの名を挙げ、またカウツキーもベーベルの通訳として出席したと述べている。そのような記録がユイスマーンス文書のなかにあるのかもしれないが、この委員会は議長を除けば五か国各一名からなっていた筈で、フランスから代表が二名とは考えにくい。Haupt, *Socialism and the Great War*, 84–85 ; Huysmans à Lénine, 1912. XI. 7, in : *Correspondance*, 121. ロシア社会民主労働党の『ソツィアル＝デモクラート』一九一三年一月二五日号に載ったカーメネフの大会報告にも五名の委員会とある。Olga Hess Gankin/H. H. Fisher, *The Bolsheviks and the World War* (Stanford, 1940), 87.

(15)　Angelica Balabanoff, *Erinnerungen und Erlebnisse* (Berlin, 1927), 53f. 前註(Ⅳ－13)で引用した彼女の回想録 *My life as Rebel* の邦訳者は、ドイツ語版も英語版と「ほぼ同一内容ではないか」と「察」し、後者は前者を「若干改め」たものと「考えるのが妥当であろう」と記しているが(あとがき)、両者には、確かに重なった部分も多いものの、「若干改め」ただけとは言えないほどの相違がある。構成が異なるし、例えば、ドイツ語版にはスターリンの名が出てこない。英語版で大きな位置を占めるジョン・リードも顔を出さない。他方、英語版ではベルンシュタインやカウツキーが姿を消している。バーゼル大会について、ドイツ語版は、「感じられたのは勝利の確信より義務感、熱烈な願望だった」、あの興奮は実は「インターナショナルの敗北の予感だったのだ」(五二/五三ページ)と書いているが、英語版には、「教会堂でこうした集会が開けたのはわれわれの力を示すものだった」(八七ページ)とあり、悲観的な調子は殆ど薄らいでいる。前者の出版は、イタリアでファシスト体制が確立した一九二七年、後者は、ミュンヒェン会談の一九三八年、バーゼル大会の印象について、バラバーノフに描き方を変えさせたものは何であったろうか。ともあれ、大会当時の彼女の印象としては、英語版の方を取る。ドイツ語版は、その後の「失望」からの投影が強いように思われる。

(16) ロシア人は、諸党派から三六名と多人数の代表が出席していたが、特に発言するところはなかった。しかし、エスエルのルバノーヴィチが起草委員会の一員だっただけでなく、ボリシェヴィキを代表していたカーメネフも決議案に全面的な支持を与えていた。トロツキーも出席していたが、その役割は今後の研究にまつしかない。Gankin/Fisher, *The Bolsheviks*, 86-88.

(17) 議事録ドイツ語版が、バーゼルの教会牧師の演説を収録しているのは、まさに象徴的である。

VI ベルン

オスマン帝国とブルガリア、セルビアの間で一九一二年一二月三日、休戦協定が結ばれ、一七日にはロンドンで講和会議と列強大使会議が開幕する。戦争が始まったころ、ベーベルは「状況は不明で、どうなるのか誰にも分からない」とアードラーへの手紙に書いた。そしていま、ヴァイヤンが「毎日……新聞はオーストリアの脅威とか攻撃準備とか、はたまたセルビアの挑発的言辞とかを報じているが、どこまで真相をついているのか分からない」と嘆き、ユイスマーンスに情報を求めたり、オーストリアの党機関紙『アルバイター＝ツァイトゥング』の行間を読み取ろうとしていた。「オーストリア＝セルビア対立は、素顔はオーストリア＝ロシア対立であって、さし迫った危険となっている。だから、オーストリア＝セルビアという形のもとで危険を和らげ得ることはすべて、ヨーロッパ平和のためになし得る最善のこととなろう」と彼は考える。したがって、「オーストリアの同志とセルビア、ブルガリアなどの同志との会談が開けたら非常に効果があるだろう」とユイスマーンスをせっついた。さらに「ベルギー、オランダ、デンマークといった中立国にそれぞれの国のインターナショナルの支部が強く働きかけて仲裁手続を取らせハーグ仲裁裁判所を動かすことができないものだろうか」とつけ加えるのであった(1)。

ユイスマーンスは、すでにスウェーデンとデンマークの同志の要請を受けて、九月にジュネーヴで開かれた列国議員同盟の会議の決定を実行に移そうとしているスイスの議員グループの軍縮キャンペインに同調するよう各国社会党議員に呼びかけていた(2)。ヴァイヤンもそうしたユイスマーンスの努力を多とするに吝かではなかったが、もっと即効のある行動をあきらめ切れなかった。しかし、ヴァイヤンの提案をユイスマーンス経由で知ったアードラーは、直ちに一二月一九日、電報で答えた、「オチツケ　ジ　ヨウキョウハイツモヨリアヤウクナシ」。同じ日、手紙もしたため、その中で、フランスの新聞はオーストリアをじっさいより輪をかけて愚かで挑発的な存在として描いており、ユイスマーンスやフランス人たちがその影響のもとに物事を判断していると苦情を述べ、「私の見るところでは戦争の危険はいつになく遠のいており、全く予想外のことが生じない限り、平和は確実と信ずる」と述べた。ベーベルには彼はもっと気楽に書く、「ようやくのこと事態は好転してきたようだ。やっと戦争の心配からまず当分おさらばという訳だ。ますますはっきりしていくのは、わが国では――ぼくが推測していたように――本気で戦争をするつもりだったのではなく、軍備の投入はすべて威嚇のためだったということだ」。ヴァイヤンは「あれほど分別に富んだ人物」アードラーの意見にようやく接し、またロンドン会議が中断の予測にも拘わらず続行している様子に安堵の色を見せる、「これでアードラーの嬉しい予想が実現すると思っ

ていいのだ」。だがすっかり愁眉を開いた訳では決してなかった。(3)

じっさい、翌一九一三年一月、ロンドン会議は中断され、五月中旬まで開かれなかった。その間に、オスマン帝国では一月二三日、聖地アドリアノープル(エディルネ)の喪失を惧れた青年トルコ党のエンヴェル・ベイの率いる一隊が「大宰相府襲撃」を敢行、マフムト・シェヴケト・パシャを大宰相とする新政府を樹立させた。イスタンブル第一軍司令官となったのがケマル・ベイである。二月三日、戦闘が再開された。二一日、フランスの党の常設執行委員会は、ジョレス、ゲード、ヴァイヤンの三人に、国際事務局書記局に対して事務局会議開催を要請する権限を与えた。さっそくヴァイヤンはユイスマーンスに一筆する。

「事務局にとって肝要なのは、現に危機的な状況の中で、インターナショナルが決定した反戦行動を調整し続行することであり、とくにドイツとフランスに見られる軍国主義的帝国主義の攻勢と新規の軍備に対抗して取るべき手段を見つけることです。社会主義者の輿論は、インターナショナル全支部の精力的な共同行動に期待しているので、会議召集をいまやおそしと待っているのです。全支部が好意的な反応を直ちにしてくれるだろうと思います。」

もはや時間がない、と訴えるヴァイヤンの手紙を回送されたドイツ社会民主党は、二月二五日の執行部会議で検討し、「国際事務局会議はさしあたり不必要と考える」と回答する。フランスの党とすでに直接連絡を取っており、ベルリンに来てくれた同党議員団の一人と何日かにわたって協議した結果、両国の軍拡に抗して共同行動を取ることで意見が一致した、というのがその理由だった。静養中のアードラーも「熟慮の末、事務局会議は不必要」と答える。集まったところで、新たに言うことは何もなかろうし、言いたいことがあれば何も移動しなくても言えるのだから。別に自分が静かにしていたいから言うのではないけれど。

「決定的なことは平和で、平和は進行中なのだ。そのことはパリの友人たちも、『タイムズ』や『マタン』にも拘わらず、やはり結局は信じてくれるだろう。……大国で戦争を欲している国は皆無であり、なかでも[オーストリア外相]ベルヒトルトは欲していない。」もっとも、とアードラーは言う、ドイツの軍拡とそのフランスでのはねかえりは質《たち》の悪いことだ、それに対しては各国で議会において、また意思表明を通じて闘争しなければならないし、そうなるだろう、と。ベーベルもアードラーに書いている、われわれはヴァイヤンの提案は拒否したが、独仏共同声明を提案することに決めた、ところが同じ時刻にフランス人も同じことを決めていた。「そして君も同様の考えを述べている」、違う頭に同じ考えが同時に浮かぶとは「奇妙なもんだ、いやそうでもないか[4]」。

ドイツ宰相ベートマン・ホルヴェークは、参謀総長フォン・モルトケに従って、平時兵力を八〇万台に載せるべく空前の一三万六千という大幅な増強をはかる国防法案を帝国議会に上程しようとしていたし、強面のポワンカレが大統領に選ばれたばかりのフランスでも、首相バルトゥーが兵役を一年延ばす「三年兵役《トロワ・ザン》」法案の議会通過を目論んでいた。それによって兵力はやがて七五万になる筈だった。オーストリア、ロシアもそれぞれ四七万、一四〇万を目ざして兵力増強中だった。ヨーロッパ列強は、オスマン帝国という力の一角の瓦解を見て、新たな軍拡競争に入ったのである。(5) まさにそのような時だからこそ独仏両党はこれまで以上に団結しなければならない、と一九一三年三月一日に発表された両党の共同声明は冒頭に言う。(6) ジョレスの原案にドイツ人があれこれと手を加えて成ったこの声明は、続いて、無限に続く軍拡が相互不信を増大させ、それを利用して両国人民の目を文明のための努力と自由をめざす闘いからそらそうとしている、と支配階級を糾弾する。国際紛争は仲裁裁判所で処理されるべきで、「暴力に訴えるのは野蛮であり人類の恥さらしである」。したがって社会主義者は要求する、常備軍を廃止し国土防衛のみを目的とする民主的民兵に替えよ、と。そして声明は、両国の排外主義に警鐘を鳴らし、両党は「各国民に保証された自由と独立を基盤とするインターナショナルの同じ旗のもとに、飽くことを知らぬ軍国主義と荒廃をもたらす戦争に反対し、相互理解と諸国民間の永続平和のために、いっそう力強く闘い続けるものである」と結んだ。注意を惹くのは、彼らの反対にも拘わらず新たな軍事支出が課せられることになったら、「その財政負担を有産金持階級の肩に負わせるべく闘う」という一節である。軍事法案が、それ自体としては望ましい税制改革と抱き合わせになっており、社会主義者が選択を迫られていたことを窺わせるからだ。(7) 声明は、『ユマニテ』と『フォーアヴェルツ』に同時に発表され、ヴァイヤンとフランスの党執行委員会も、それが現状で可能な最善のことであり、国際事務局会議開催の必要はなくなったと認めた。状況が変われば話は別だが、という付言を伴ってはいたが。(8)

ちょうどそのころフランスで、独仏両党の連帯の動きに水をさすように一発の「時限爆弾が炸裂した」(ロスメール)。社会党員としては要職にあったわけではないが、ソルボンヌ大学教授でドイツ語・思潮の専門家だったシャルル・アンドレールが前年末に発表していた論稿である。その中で彼は、ドイツ社会民主党の主として右派の論調を俎上に載せ、同党がナショナリスティックな、また植民地主義的な潮流に蝕まれていると断じたのである。発表当時は虚空を切るのみだったが、やがてブルジョワ新聞が注目するに至って、社会党の側も無視できなくなり、論戦となったのだった。アンドレールの主張は一方的ではあったが、火のない所に立った煙ではなかった。だが、一三年三月、ついに受けて立ったジョレスは「三年兵役」法案との闘いのまっさい中であり、その反論には鎧袖一触の趣きがあった。(9)

三月下旬、ブレストで開かれたフランス社会党第一〇回大会は、「三年兵役」法案に反対すると共に、独仏協調、国際仲裁裁判、民兵制度のために精力的かつ断固として行動する権限を執行部と議員団に委ねる決議を行なった。(10)ドイツの党とフランスの党が連帯を印象づける機会は、ほどなくして再び聖霊降臨祭に訪れる。五月一一日、ベルンで開かれた独仏協調会議である。きっかけを作ったのは、ドイツ社会民主党の帝国議会議員でもあり、バーデン邦議会議員でもあったルートヴィヒ・フランク。急進派として出発したが、バーデンで自由主義諸政党との協力路線をとるようになり、邦予算に賛成票を投ずるに至ったので、党大会では、南ドイツの「修正主義者」として手厳しく批判されていた人物である。カウツキーが、左のローザ・ルクセンブルクを切った返す刀を向けた右のバーデンの代表者だ。だがフランクは他方、その点ではカール・リープクネヒトと同じように、軍国主義の危険に対しひときわ敏感で、青年運動に取り組んでいた。ブルジョワ政党とも協力することで反戦運動を強めていこうという考え方は、あのバーゼル大会でもすでに示されていたが、それを実地に移そうと根まわし役を買って出るにはうってつけの存在だったのである。

フランクは、軍拡に反対する独仏両国の議員がどこか中立国で一堂に会することはできぬものかと訴え、両国の社会主義者の諒解を取りつけると、計画の具体化をスイスの友人に依頼した。ひとつには、「修正主義者」の彼自身が表面に出ては、成るべきものも成らない惧れがあったからであろう。任務を引き受けたのは、スイス社会民主党のベルンの若き指導者で連邦議会議員だったローベルト・グリムである。さっそく社会民主党三名、自由主義諸党七名、カトリックの保守人民党三名、計一三人の連邦議会議員から成る超党派の組織委員会が作られ、四月九日、その名前で招待状がドイツ帝国議会とフランス上院・下院の全議員に送られた。反響はフランスの方が

はるかに大きかった。(11)

じじつ、ベルンにやってきたフランスの議員は一八〇名、それに比べ、ドイツからはわずかに三四名だった。しかも、フランスの場合にはブルジョワ派の方が一一〇名と多かったのに対し、ドイツの代表団は逆に二六人までが社会民主党員だった。残る八人のうち五名が進歩人民党に属していたが、党の公式代表ではなく、ドイツ自由主義勢力の消極的反応が如実に示されていた。

当日、開会を宣言したグリムは、この会議を性格づけて言う。議員だけの、かつ党派の区別のない会議、つまり、議会において軍拡に直接反対する資格と意思をもったすべての人間の集会だ、と。続いて挨拶したのが、自由民主党員で、長年、列国議員同盟事務局を率いたことのあるアルベール・ゴバだったのも不思議ではない。彼はフランス語で、ドイツとフランスの文化の協力から成り立っているスイスにこそヨーロッパ国際家族のために仲立ちする義務があると語った。第一インターナショナルの時代からの古強者、社会民主党のヘルマン・グロイリヒも、こんどはドイツ語で、スイスが三民族の相互理解の実をあげている点を強調し(その通り！　とジョレスが叫ぶ)、現在の武装平和は中立国スイスにおいてすら防衛費の増大を耐え難いほどにしており、独仏間の戦争ともなれば全ヨーロッパに測り知れぬ禍をもたらすであろう、それは全文明に対する犯罪だ、と述べて両国の協調を強く要望するのであった。

スイス人の努力に対して感謝の辞を述べたのは、まずフランスのポール・デストゥルネル・

ド・コンスタン、ブルジョワ派上院議員だった。ノーベル平和賞受賞者であり、両院の議員五〇〇名を擁する「国際仲裁促進議員連盟」の議長でもあった彼は、フランス代表団の団長として、「文明に絶大な貢献を行なう使命を授かっている筈のフランスとドイツが、四十年以上にわたり、とどまることなき軍拡競争によって破滅しつつある」と危惧を表明し、フランス人とドイツ人が超党派で集まり軍拡競争を停止させる方法を共に考えるわけには行かぬものか、と訴えた。盛大な拍手の裡に発言を交替したベーベルも言う、この四二年間というものフランスもドイツも一時たりとも安息を得たことがない、両国民の代表が初めて一堂に会した本日は、その意味で、歴史的な日である、と。さらに進歩人民党のコンラート・ハウスマンの挨拶と、祝辞などの紹介があって、開会式は閉じられた。

そのあと、デストゥルネル、ジョレスら三名のフランス人と、ハーゼ、ハウスマン他一名のドイツ人からなる会議事務局と、さらに数名を加えた決議起草委員会とが作られた。それと共に、スイス人たちは、隣国の内部問題に干渉しているのではないかと痛くもない腹を探られたりしないために、舞台裏に退いた。決議起草委員会は、まずドイツ人とフランス人とに別れて、ついで合同して会議を開き、共同決議案を作成した。夕刻、総会が開かれたが、それはその決議案を討論ぬきで採択するだけのもので、二〇分間で終わった(12)。

決議の文面でとくに注意を惹くのは、独仏両国間の戦争に異議を申し立てる点でエルザス＝ロートリンゲンの議員たちの貢献をたたえたこと、国際仲裁裁判に多大の期待を寄せ、その関連でアメリカ合衆国の国務長官ブライアンの提案に支持を与えさえしていることであろうか。決議はさらに、この会議の議長団(デストゥルネルとハーゼ)を常設委員会とし、それに同様の会議を定期的ないし必要に応じて召集することを委託した。会議にさまざまの平和主義団体から祝福が寄せられたことからしても、(13)これは明らかに、社会主義というよりは平和主義の集会であった。そして、決議の採択に際して、討論抜きだったことは、独仏両国間の、また同一国内での、意見の相違を表に出すことなく、ともかく独仏両国の協調の第一歩を踏み出そうという願いの表われであったろう。先回りして言えば、常設委員会の設置は、ドイツのブルジョワ諸政党が協力的でなかったため難航し、国民自由党・中央党からも辛うじて人を得て実現したのは年末のことだった。翌一四年五月三〇日、バーゼルで開かれた第二回会議には、ドイツから一八人、フランスから一六人が参加し、独仏協調に向けて世論に訴えていくことで一致した。ドイツ社会民主党の代表の一人、シャイデマンは、後年、「ヴォージュ山脈の向う側とこちら側のすべての平和の友のきずながそれまでになくしっかりと結ばれたように思えた」と回想している。(14)

こうした超党派・平和主義に立つ会議に社会主義者が参加することには、インターナショナル国際事務局も支持を与えていたが、彼らはその独自の立場を忘れていたわけではない。ヴァイヤンは、独仏の社会党が事前に打ち合わせを行なう必要性を指摘しており、じっさい、ベルン会議の前日、五月一〇日、両国の社会主義者たちは彼らだけの会合を開き、共同声明を準備した。開会式で紹介されたその声明は、ブライアンの提案にこそ触れていないものの、国際仲裁裁判を重視している点では会議の決議と同様である。独仏協調に対するエルザス＝ロートリンゲンの貢献に敬意を払っている点も同じである。だが、この独仏間の争いのリンゴとも言うべき地方については論ずまい、というのが会議の事前の諒解だった。して見ると、声明がすでに取り上げていたからこそ、つまり社会主義者の要求で、エルザス＝ロートリンゲンの件が声明にも入ったのではないか。ともあれ、同地方の人びとが独仏関係に敏感だったことは、ドイツからの出席者の四分の一近くをその地方の選挙区から出た議員が占めていた（社会民主党六名、エルザス＝ロートリンゲン中央党二名）ことにも示されていると言えよう。声明が決議とはっきり異なるのは、インターナショナルへの言及と、常備軍に替えるに民兵をもってせよという主張が見られることである。さらに声明は、独仏協調からイギリスを加えた三国の提携に進むべきだという考えを示唆していた(15)。

ロシア第四ドゥーマの社会民主主義議員団が、オーストリア＝ハンガリーの友党に向けた書の中で、ロシアの農民大衆にはバルカンで手に入れたいものなど何ひとつない、と述べ、バルカン民主連邦に対する支持を表明したのも、ほぼ同じころのことである。オーストリアの党はヴィクトル・アードラーの名で、ハンガリーの党は書記長エマーヌエル［マノー］・ブーヒンゲルの名で、返書を送り共感を表わすと共に、ロシアとオーストリア＝ハンガリーの間に戦争を招来させてはならぬ、と強調した。(16) バルカンの戦争は、一か月後の五月三〇日、列強のお膳立てによるロンドン条約を交戦当事国が受け入れることで終結する。オスマン帝国はミディエ－エネズ線以西、つまりは版図のヨーロッパ部分をほとんど失った。だが講和はまさに束の間の休戦でしかなかった。イタリアとオーストリア＝ハンガリーの支持でアルバニアが独立し、それによってアドリア海への道を塞がれたセルビアは、マケドニアという戦果の分前をブルガリアと争い、翌々日の六月一日、ギリシアと同盟を結ぶ。同月末、ブルガリアが両国に攻撃をかけモンテネグロもまきこんで戦闘が再燃すると、便乗してルーマニア、オスマン帝国も三国側に立って参戦した。このいわゆる第二次バルカン戦争は、八月上旬、ブカレスト条約でブルガリアが二か月前の戦果の多くを失って終熄するが、当事国の不満はくすぶり続けた。その不満を列強はそれぞれの思惑から調整し、バルカンに平和を回復させたが、それは三国協商と中欧諸国という列強間の対立をこの地域に持ち込むことに他ならなかった。緊張の底流は、バルカン戦争の勝利者セルビアと、この南スラヴ人の国家を自らの中東政策および民族政策に対する障害と考えるオーストリア＝ハンガリーとの間でとりわけ激しく渦まいていたのである。

第二次の戦争のさなか、バルカンの社会主義者たちは、あらゆる不利な条件のもとで、自分たちの声を国内に響かせ、半島の外へ伝えようと努力していた。ルーマニアの党は、同国の寡頭支配層が喧伝する「大ブルガリアの脅威」について、それを口実に戦争を行なってどれほどの効果があろうかと反論する。静かで憎しみのない大ブルガリアの代りにやはりなお大きく、しかも敵意をもったブルガリアが現われることになるだけではないか、と。マケドニアやロシアやハンガリーに住むルーマニア人の問題については、彼らの自治を要求する。だが、ルーマニア政府が同国南部に「バルカンのエルザス＝ロートリンゲン」を作っている有様では、どれだけ説得力を持ちえようか。このように主張するルーマニアの党のスローガンは「バルカン民主連邦」であり、それはセルビアの党の改めて唱和するところであった。ブルガリアの「寛容派」も、同じ観点から共同声明を出そうと、五月に、「狭量派」とセルビアの党に改めて働きかけた、と報告する。だがセルビアの党の賛意は「狭量派」も参加するならという条件付きであり、「狭量派」は返事も寄こさなかった、と恨みを述べている。「狭量派」は独自に「バルカン共和国連邦万歳」という声明を発表した。サロニカの社会主義労働者連盟は、ギリシア軍に制圧されて以来、弾圧によって手も足も出せない、と悲痛な声を挙げた。インターナショナル事務局は、こうしたバルカン社会主義者たちの声を加盟諸党に伝える役割を忠実に果たした(17)。

ヴァイヤンは、「馬鹿げて犯罪的な」戦争がバルカンで再発したことに顔をしかめ、オーストリアとロシアの党と共に国際事務局が平和への意思を表明することを提案すると同時に、ベルン会議の決議に沿って、独仏英の協調を実現すべく、ケア・ハーディーを通じてイギリスの労働党を動かそうとした。国際事務局の協力を期待しながらヴァイヤンは、たまたま七月中旬にロンドンに行くことになっていたユイスマーンスに、いい機会ではないか、と書き送る。「国際事務局の名において労働党にぜひ頼んで頂きたい。イギリスの介入こそが、独仏協調と、さらに、平和にかくも必要なイギリス・ドイツ・フランスの同盟とにとって最上の方法であることを認め……下院とイギリス政府に働きかけてくれるように」と。この問題についてイギリスの閣僚と話し合うだけでも有効だろう、と彼は続ける。それは彼らの民主的感覚についてあなたより幻想を抱いているから言うのではなく、英独仏同盟がイギリスの利害に適うと彼らが気付いていると思えるからだ。

イギリスの社会主義者の間にも、独立労働党のラムゼイ・マクドナルドをはじめ、ベルンの独仏協調会議を歓迎した人びとがいた。おそらくはその刺戟を受けて、独立労働党は折から問題になっていた徴兵制度に反対する秋期闘争を展開するに至る。その掉尾を飾った一二月一三日、ロンドンのキングズウェイ・ホールで開かれた集会には、ジョレス、モルケンブーア、ヴァンデルヴェルデ、そして作家アナトール・フランスも顔を見せた。ジョレスは英独仏の協調によって戦争を不可能にしようと訴え、モルケンブーアはドイツの党が平和の守護者であることを請け合った。翌一四年一月、労働党大会も、これまで以上に強い調子で「海軍費の厖大な、破滅的にして不必要な増大」を非難し、英独仏の「平和連邦」のために全力を挙げるべきだと決議した。(18)

だがこれは事柄の一面であったように思われる。イギリスの社会主義者たちとドイツ社会民主党とでは、フランスの党とドイツの党との違いとは別の意味で体質に相違があった。そもそも一九〇〇年、南アフリカ戦争のさなかに、労働党の前身「労働代表委員会」が労働組合(会議議会委員会)、独立労働党・社会民主連盟・フェビアン協会の代表によって設立されたとき、その目的は労働代表を議会に送ることに置かれ、社会主義を目ざしてはいなかった。彼らのうち社会民主連盟はマルクス主義を標榜し、その限りではドイツの党に近く、第二インターナショナルにおけるイギリス代表団の中で重きをなしていた。だが、ボスニア゠ヘルツェゴヴィナ併合で緊張した一九〇八年、同連盟の指導者H・M・ハインドマンたちは、ナショナリスティックな立場から「ドイツの脅威」に警鐘を鳴らすと共に、前に述べた如く反戦行動に慎重なドイツ社会民主党の態度にあからさまな不信を表明し、ドイツの党の不興を買うに至った。イギリス国内で連盟と張り合っていた独立労働党の人びとは、思想的にはドイツの党に違和感をもっていたが、彼らが中心となって進めた労働党のインターナショナルへの加盟が、ハインドマンの反対にも拘わらず、一九〇八年の国際事務局会議で承認されたのも偶然ではない。しかし、独立労働党もドイツの党にしてみれば、何かと言うとゼネストをもち出すハーディーの党であり、厄介な存在であった。イギリス人たちが、フランス人たちと共に、戦争の危機を感じては国際事務局会議の開催を求め、その度毎にベーベルがそっけない反応を示したことは前に述べた通りである。だが、それをもってベーベルの国際主義に大きな疑問符をつけるのは早計のように思われる。ベーベルが慎重な態度を取ったのは、ひとつにはドイツ国内での力関係を慮ってのことであったろうし、また、彼がイギリス社会主義を十分に強力なものとは見ていなかったからに違いない(19)。

ベーベルも英独の協調こそ平和の前提と考えていた。では、いかにしてそれを実現するのか。意外と言うべきだろうか、ベーベルの戦術の中にはイギリス外務省に働きかけることも含まれていたのだ。保養のためにしばしば滞在したチューリヒで、彼はハインリヒ・アングストなる人物と昵懇になる。アングストはスイス人だが、妻はイギリス人、スイス政界では左右の中間に位置し、平和主義運動にも係わっていた人物で、ドイツ嫌い。チューリヒでイギリスの名誉総領事を勤めていた。なればこそ、ドイツの反体制派の領袖ベーベルに共感を覚えたのであろう。そのアングストに対し、ベーベルは或いは膝をまじえて或いは手紙で、ドイツの状勢と自分の意見をざっくばらんに明らかにしていた。それをアングストは、一九一〇年秋以来、イギリス外相グレイの私設秘書ウィリアム・ティレルに報告するのであった。この、六〇年後に初めて公表されたベーベル＝アングストの秘密裡の接触の記録が明らかにした一つは、ベーベルがドイツ社会民主党の非力にたびたび注意を促していることである。帝国議会で第一党になった一九一二年にさえ「現下の状態ではわが党には帝国議会で国外における災いを防止する力は無い」と述べているほどだ。プロイセン・ユンカーの支配を打破しない限り永続平和は期待できないと考える彼は、むしろイギリスが海上支配権を取り戻すことに期待をかける。イギリスが本気になってくれれば、ドイツは財政的に追いつけなくなるだろうから。ベーベルは、戦争を防止する道として、イギリス社会主義者との連帯よりも、イギリス政府の対独強硬策の方が現実的だと思っていたかに見える。[20]

だがそれはあくまでベーベルの私的な意見であり、公の場では彼は病軀をおして社会主義者の連帯と軍縮を説いて止まなかった。ベルンの独仏協調会議での演説が彼の最後の公的なメッセージとなった。三か月後の一九一三年八月一三日、ベーベルはパスックにおいて心臓病で七三歳の生涯を閉じた。友人に向かって、ああ、もう十歳若ければ、とか、君はまだ仕事ができる、そこが私との違いだ、とか言いながらも、政治に関心をもち続け、自伝の筆を休めず、死の前日にもカウツキーに手紙を書いていた。チューリヒの「人民の家」に安置された棺の前に進んだ人びとは五万に達したと言う。イタリアの党を代表してミラノから馳せ参じたアンジェーリカ・バラバーノフの耳に、一人の母親がわが子たちに言いきかせている声が入ってきた、「しっかり見ておくんですよ。あの方は私たちのお父さんでした。みんな孤児になってしまったんですよ」。[21]

(1) Bebel an Adler, 1912. X. 21, in: *Adler, Briefwechsel*, 552; Vaillant à Huysmans, 1912. XII. 13, XII. 14, XII. 18, *loc. cit.*, 286–288.

(2) "Rapport d'activité du secrétariat du B. S. I. pour 1913", in: Haupt, *Le Congrès manqué*, 277; Cf. *Bulletin périodique du BSI*, 4(10): 20.

(3) Adler to Huysmans, 1912. XII. 19, cit. in: Haupt, *Socialism and the Great War*, 97f.; Adler an Bebel, 1912. XII. 26, in: *Adler, Briefwechsel*, 558; Vaillant à Huysmans, 1912. XII. 24, *loc. cit.*, 289.
アードラーは、フランスの新聞『ル・タン』や『ル・マタン』がロシアのエイジェントによって買収されていたことを匂わしている。のちに明らかにされた所によれば、それは事実だった。Haupt, *Socialism and the Great War*, 97. 他方、彼は見抜いていなかったが、オーストリア＝セルビア対立には大戦争に通じる要素が多分にひそんでいた。参照、John R. Lampe, "Austro-Serbian Antagonism and the Economic Background to the Balkan Wars", in: Béla K. Király/Dimitrije Djordjevic (eds.), *East Central European Society and the Balkan Wars* (New York, 1987), 339-345.

(4) Vaillant à Huysmans, 1913. II. 21, Hermann Müller an das ISB, 1913. II. 26, Adler an Huysmans, 1913. II. 26, *Annali Feltrinelli, 1976*, 292-294; Bebel an Adler, 1913. II. 28, in: *Adler, Briefwechsel*, 562.
ベルリンに来たフランスの同志とはアルベール・トーマである。オープトは、彼が二月二四日に到着した、としているが、ベーベルの二月二八日付の手紙に従えば「火曜日」つまり二五日となる。トーマが「後に友人に述べた」ところでは、彼は「草案を採用してもらうべく四八時間にわたって奮闘しなければならなかった。ベーベルとシャイデマンが批判的で、ハーゼとベルンシュタインたちは好意的だった。ジョレスは、彼の考えの肝心な点を文面に残しえた」とトーマを褒めた」。Haupt, *Socialism and the Great War*, 102; B. W. Schaper, *Albert Thomas: trente ans de réformiste social* (Assen, 1965), 88. ただし、トーマの証言についてシャーパーはいつの話なのか示していないし、典拠も挙げていない。

(5) Cf. George W. F. Hallgarten, *Das Wettrüsten. Seine Geschichte bis zur Gegenwart* (Frankfurt am Main, 1967), 75ff.; 望田幸男『軍服を着る市民たち　ドイツ軍国主義の社会史』(有斐閣、一九八三)、二一八以下。

(6) "Manifeste germano-français contre l'accroissement des armements/Deutsch-französisches Manifest gegen das Wettrüsten", in: *Bulletin périodique du BSI*, 1914, 5(11): 1-2.

(7) 事実、ドイツ社会民主党は帝国議会における審議に際して、一九一三年国防法案そのものには従来どおり反対したが、財源法案のうち国防分担金と財産税については賛成票を投じた。同党が要求してきた直接税導入への第一歩と評価したからである。(それに異議を唱えたレーデブーアらは議員団の中で五二対三七(白票七)の少数派に留まっていた。) 投票に際してハーゼが読みあげた声明は、同党のこの方針がインターナショナルのそれと完全に一致していると述べ、ことさらに独仏両党の共同声明を引き合いに出している。むしろ、このことあるを考慮して共同声明の文章を作成したのではなかろうか。*Prot., SPD, 1913*, 146-176 ("Die Wehrvorlage von 1913"); Protokoll, Fraktionssitzung, 1913. VI. 25, in: *Die Reichstagsfraktion der deutschen Sozialdemokratie 1898 bis 1914*, bearb. v. Erich Matthias/Eberhard Pikart, 1. Teil (Düsseldorf, 1966), 300. Cf. Dieter Groh, *Negative Integration*, 433ff.; 広田司朗『ドイツ社会民主党と財政改革』(有斐閣、一九六二)、一四四以下。

(8) Vaillant à Huysmans, 1913. III. 1, *loc. cit.*, 294.

(9) Goldberg, *Jean Jaurès*, 435 ff.; Alfred Rosmer, *Le mouvement ouvrier pendant la guerre*, I (Paris, 1936), 79. 平瀬徹也「シャルル・アンドレールのドイツ社会民主党批判」『史論』一九七八(三二)、一一一一。参照、西川「第二インターナショナルと植民地問題」『歴史学研究』一九七二(二)、一八以下。

(10) Parti Socialiste (SFIO), *10e Congrès National tenu à Brest les 23, 24 et 25 Mars 1913. Compte rendu sténographique* (Paris, s. d.), 239.

(11) Alwin Hanschmidt, "Die französisch-deutschen Parlamentarierkonferenzen von Bern (1913) und Basel (1914)", *GWU*, 1975, (6): 335-359. ドイツ社会民主党はとりわけブルジョワ平和主義運動に批判的であった。それは、ひとつには、党内で平和主義者と友好的な関係にあった人々の多くが、ベルンシュタインを初め修正主義者だったことによる。Karl Holl, *Pazifismus in Deutschland* (Frankfurt am Main, 1988), 90ff. なお、平和主義運動の調整機関としての「国際平和事務局」が一八九二年以来ベルンに置かれていた。

(12) *Stenographisches Protokoll der deutsch-französischen Verständigungskonferenz abgehalten am Pfingstsonntag, den 11. Mai 1913 zu Bern* (Bern, 1913). 参加はしなかったが趣旨に賛成の意思表示をした議員の数を含めるとフランスとドイツの差はいっそう大きくなる。また、フランスからは議員の五人に一人が出席

したのに対し、ドイツの議員は一一人に一人しか出席していない。ベーベルは始め渋ったというが、ドイツ社会民主党は公式参加を決定した。代表の数は当初は一〇名の予定だった。Prot., Fraktionssitzung, 1913. IV. 14, in: *Die Reichstagsfraktion der SPD*, 292.

なおオープトが挙げているフランスからの出席者数は下院議員だけの数である。また、旧稿で示した数字は典拠自体の誤りを踏襲していた。——西川「社会主義者たち」、二八一。決議文は *Bulletin périodique du BSI*, 1914, 5(11): 2-3 にも公表されている。

(13) 祝辞を寄せた人々の中に、国際平和事務局の議長、ベルギーのアンリ・ラ・フォンテーヌや、「ドイツ平和協会」でルートヴィヒ・クヴィッデらと共に指導的な役割を果たした教育学者ヴィルヘルム・フェルスターの名が見いだされる。この時期の平和主義については、参照、Holl, *Pazifismus*, 41-102. なお、列国議員同盟(L'Union interparlementaire)は、英仏の議員が中心となって一八八九年に発足させた、国際平和を目ざす組織である。日本からは、一九一〇年、尾崎行雄ら一二名が加盟した。一九一三年当時の会員は二二か国の議員・議員経験者三三二七名。——Ralph Uhlig, *Die Interparlamentarische Union 1889-1914* (Stuttgart, 1988), 479-488, 900-903.

(14) Hanschmidt, "Parlamentarierkonferenzen", 348ff.; Philipp Scheidemann, *Memoiren eines Sozialdemokraten*, I (Dresden, 1928), 231.

(15) Haupt, *Socialism and the Great War*, 117; Vaillant à Huysmans, 1913. IV. 17, *loc. cit.*, 195-196; *Prot., Verständigungskonferenz zu Bern*, 25-26; Hanschmidt, "Parlamentarierkonferenzen", 341.

一八七一年、フランスからドイツ帝国に分離併合されたエルザス＝ロートリンゲン(アルザス＝ロレーヌ)は、一八七四年以来、帝国議会議員を選出することは出来たが、他の邦と同様に邦政府と邦議会が置かれたのは一九一一年になってからのことである。同議会の社会民主党議員は一九一三年三月、パリで開かれた軍拡反対の大衆集会に連帯の決議を送った。その中で曰く、「われわれがアルザス＝ロレーヌの敵と看なすのは、われわれに自治を拒んでいるドイツ人であり、また、全ヨーロッパの血を流させてでもわれわれに自分たちの心情を押しつけてきかねない一部のフランス人である」。*Bulletin périodique du BSI*, 5(11): 21

("Contre la guerre : En Alsace").

(16) *Ibid.*, 3-6. ロシアの文書は日付なし、オーストリアのは一九一三年四月二九日付、ハンガリーのは五月一日付。ロシア人たちが、ロシアにおける反ドイツ・反オーストリア宣伝に反撃しつつ「われわれは、ドイツ社会主義の忠実な弟子だと誇りをもって声明する」と述べていることは興味深い。

(17) "Manifest der sozialdemokratischen Partei Rumäniens, 1913. VII. 3", "SPR, Deklaration anlässlich des rumänisch-bulgarischen Krieges, 1913. VII. 11", in : ISB, Circular, Nr. 10-August 1913 ; "Bericht der sozialdemokratischen Arbeiterpartei Bulgariens, 1913. VII. 27., in : ISB, Circular, No. 11-August 1913 ; "Die sozialdemokratische Partei Serbiens an das ISB, o. D., in : Circular Nr. 12-August 1913 ; Bericht der sozialistischen Arbeiterfederation. Saloniki, 1913. VIII. 3, in : ISB, Circular Nr. 13-August 1913, Archief II. Int., IISG. セルビアの党の諸声明は *Bulletin périodique du BSI*, 5(11) : 67-69. また上記のＢＳＩの回状は、同誌同号に再録されている。

(18) Vaillant à Huysmans, 1913. VII. 9, VII. 12, *loc. cit.*, 296-298 ; Newton, *British Labour*, 309-312. ヴァイヤンはその英独仏三国協調の構想をフランス社会党ブレスト大会(一九一三)ですでに強調している。*Compte rendu, SFIO, 1913*, 242. マクドナルドはベルン独仏協調会議に労働党議員団議長の名で祝辞をよせた。*Prot., Verständigungskonferenz zu Bern*, 27.

(19) A. L. Morton/George Tate, *The British Labour Movement, 1770-1920. A History* (London, 1956), 213ff. ; Newton, *British Labour*, 187-201.

　社会民主連盟は一九〇一年に早くも労働代表委員会から離脱した。同委員会は、一九〇六年に労働党と改称されるが、独立労働党やフェビアン協会はその構成メンバーであると同時に独自の組織としても存在し続けた。ＢＳＩは労働党の加盟をカウツキー起草になる次のような理由づけで承認した。同党は「プロレタリアの階級闘争を明示的には受け入れていないが、それにも拘わらず実際にはそれを遂行しており、ブルジョワ政党から独立した組織によって、国際社会主義の基礎の上に立っている」。レーニンは同党の加盟には賛成だったが、この理由づけには異論を唱えた。*Compte rendu, BSI, 1908*, 42, 44 ; レーニン「国際社会主義ビューローの会議」『全集』第一五巻、二二八―二三六。
Cf. Helmut Bley, *Bebel und die Strategie der Kriegsverhütung 1904-1913. Eine Studie über Bebels Geheimkontakte mit der britischen Regierung und Edition der Dokumente* (Göttingen, 1975), 42-64, 126-131; Werner Jung, *August Bebel. Deutscher Patriot und internationaler Sozialist* (Pfaffenweiler, 1986), 309-314.

(20) Bley, *Bebel*, 30-41; Angst an Tyrrell, 1911. V. 1, 1912. III. 17 (Anlage), 1912. VIII. 20 (Anlage), 1913. III. 18 (Anlage), *ibid.*, 156, 202, 211, 226.

(21) Bebel an Adler, 1912. XII. 29, in: *Adler, Briefwechsel*, 560; Bebel an Kautsky, 1913. VII. 29, in: *Bebels Briefwechsel mit Kautsky*, 357; Bebel an Angst, 1913. III. 1, in: Bley, *Bebel*, 224; Helmut Hirsch, *August Bebel in Selbstzeugnissen und Bilddokumenten* (Reinbek bei Hamburg, 1973), 116; Balabanoff, *My Life*, 89. Cf. Brigitte Seebacher-Brandt, *Bebel. Künder und Kärrner im Kaiserreich* (Berlin/Bonn, 1988), 376ff.

ベーベルは、一九一〇年に妻ユーリエに先立たれ、一九一二年には夫を失った娘のフリーダがノイローゼになったことで消耗していた。自伝 *Aus meinem Leben* は、第一部が一九一〇年、第二部が一九一一年に出版され、第三部は一九一四年にカウツキーによって編集出版された。

Ⅶ　ロシアの「乱雑」

一九一三年一二月一三・一四日の両日、ロンドンで開かれた第一五回国際事務局会議は、ポルトガル・カナダ・オーストラリア・南アフリカの加盟を承認するといった、いわば通常の仕事を別にすれば、何よりも翌年に控えたウィーン大会の議題や報告担当者を決めるための会議であった。(1) だが、その件には後にまた立ち戻るとして、いっそう厄介な課題を他に抱えていた。イギリスとロシアにおける社会主義政党の統一という問題である。たしかに、さなきだに少数派の社会主義勢力が諸派に分かれいがみ合うのは賢明とは言えまい。「どの国においても、ブルジョワ諸政党に対して、プロレタリアートが一つしか存在しないのと同様に、社会主義政党もただ一つである」べし、という要請が、ドイツ社会民主党を範として決議されたのは、一九〇四年のアムステルダム大会の折である。(2) それに従って、フランス人たちは、先にも触れたように、翌年「労働者インターナショナル・フランス支部」に結集した。だが、ブルガリアやボヘミアで、統一どころか対立の激化が生じ、国際事務局を悩ましていたことも既に見た通りである。せめてインターナショナルの主要部隊だけでも統一して欲しい、と事務局が願ったとしても不思議ではない。

イギリスの諸派に対して、事務局執行委員会が統一を働きかけ始めたのは、おそらく一九一二年の秋だった。統一に原則として反対する者はいなかったが、独立労働党およびフェビアン協会と、社会民主連盟が一九一一年に姿を変えて誕生したイギリス社会党との間の溝はなまなかに埋まるものではなかった。一九一三年七月に執行委員会が行なった、ともかく労働党として一本化しては、という調停も実効なく終わった。一〇月、マクドナルドはヴァンデルヴェルデに、イギリス社会党とは協力できない、統一を無理強いしてくれるな、と書く。第一五回国際事務局会議がブリュッセルでなくロンドンで開かれたのは、たぶん、そうすることが統一の実現に有利だというケア・ハーディーの進言によるものだったろう。ロンドンはいいが、とユイスマーンスはハーディーに言う、その揚句、統一交渉が不調に終わったりしたら目も当てられないぞ、と。結果はユイスマーンスの恐れた通りになった。(3)

ロシアの場合、社会主義勢力として、おそくとも一九〇四年までにインターナショナルに加盟していたのは、ナロードニキ系の「社会革命党《エスエル》」、マルクス主義に立つ「社会民主労働党」、ユダヤ人の組織「ブント」だった。社会民主労働党は、一九〇三年にボリシェヴィキとメンシェヴィキに分かれたが、二つの政党になったわけではない。一九〇五年革命は、ロシア帝国内で活動する諸党派の統一を促す役割を果たし、一九〇七年ロンドンで開かれた同党第五回大会で選出された中央委員会は、ボリシェヴィキ、メンシェヴィキのみならず、ポーランド(王国・リトアニア)

社会民主党とラトヴィア社会民主党の代表を含むに至っていた。もっとも、ブルジョワ自由主義に対する態度、組織論、ソヴェトの評価、民族問題・農業問題に関する理論などの点で、諸派それぞれの間の喰い違いは残されたままであった。

対抗する諸派は、ロシアに限ったことではないが、競って国際的な代表権を求めようとする。インターナショナルの側としては、一国に複数の党派がある場合、どの党派をその国の代表として認めるかという簡単には決め難い問題を背負いこむことになる。じじつ、国際事務局は大会における表決権の問題に、一九〇七年、「大会及び事務局規定」という形で一応の結着をつけたが、そこに至るまでには四回の会議で多岐にわたる議論を行なわねばならなかった。その際、ロシア支部に関しては、社会民主労働党系の組織と社会革命党系の組織との二つが下位支部として同等の表決権をもつことが諒解されたように思われる。ブント、ラトヴィア社会民主党は前者に属するものとされた。他方、ポーランド社会民主党は対抗関係にあるポーランド社会党と共にポーランド支部の一員のままであった。一国二名の代表から成る国際事務局を見ても、ロシアから出ていたのは社会革命党の代表(一貫してルバノーヴィチ)と社会民主労働党の代表(プレハーノフ、一九〇八―一一年にはレーニン)であり、ローザ・ルクセンブルクはポーランド代表の一人であった。(4)

だが、こうした形式で収まりのつく問題でなかったことを端的に窺わせてくれるのが、「ロシア基金」配分問題である。この基金は、一九〇五年革命が始まるとすぐ、ルバノーヴィチや、「血の日曜日」の立役者ガポンからの訴えに応じ、ユイスマーンスが「ツァーリズムと闘う組織と犠牲者のために」募金を呼びかけた結果あつまったもので、加盟組織や個人から寄せられた金額は、一九〇七年二月までで約一三万ベルギー・フランに達した。これはほぼ同じ期間の国際事務局の経費の約三倍にも当たる。日本の社会主義者たちはあまりにも貧し過ぎたが、他にも加盟費を滞らせがちの党があったことを考えれば、この額は、いかにロシア革命に共感が寄せられたかの一つの証左となるだろう。では基金はどこに渡されたか。ここに配分問題が生じる。じっさいには一難民に旅費として二フラン支出されたというような例も少なくないし、原則が決まるまで凍結されていたのでもない。だが大筋では、国際事務局は、「ツァーリズムと闘う組織」のうち、社会民主労働党、社会革命党、ブント、ラトヴィア社会民主党、ポーランド社会党、ポーランド社会民主党の六党の権利主張を調整しながら配分率を決めていかねばならなかった。(5)

たしかに、理論の違い、民族の違い、総じて立場の違いがさまざまな党派を生み出す根源であった。事柄を金銭をめぐる争いに矮少化するつもりは毫もない。だが、自派の立場を強化しようと必死であれば、金銭に無頓着でいられようか。そのことが、これまた異なる土俵の上の争いとして現われたのが、ロシア社会民主労働党の党内抗争である。モスクワの工場経営者でありながら同党の一員として一九〇五年革命に参加したニコライ・パーヴロヴィチ・シュミットという男がいた。彼は、一九〇七年、いかなる事情でか二三歳で死んだが、遺産をボリシェヴィキに渡すようにという遺言を姉妹に伝えていた。もとより、すんなりと運ぶような話ではなかったが、最終的にパリのボリシェヴィキ中央部のもとに移された金額は二三万五〇〇〇ルーブリないし三一万五〇〇〇ルーブリと推定される。これは、フランスの党の年間予算のおよそ四—五倍に当たるから、巨額と言ってよかろう。社会民主党内の、とくにメンシェヴィキが、この資産をボリシェヴィキに独占させてなるものか、と思ったとしても驚くには当たるまい。一九一〇年一月一五日—二月五日、パリのキャフェ・ダルクールで開かれた同党中央委員会総会で議決権をもっていたのは、ボリシェヴィキ、メンシェヴィキ(各四票)、ポーランド社会民主党、ブント(各二票)、ラトヴィア社会民主党と、数か月前にボリシェヴィキからはじき出されたア・ヴェ・ルナチャルスキーらの『フペリョート(前進)』グループ(各一票)であって、ボリシェヴィキは守勢に追い込まれた。ボリシェヴィキの会計責任者に対する調査委員会が設置されるまでになり、そこでレーニンも、ドイツ社会民主党のカウツキー、クラーラ・ツェトキーン、メーリングの三人に管財人になってもらい、問題の資金を彼らのもとに移すという案に同意せざるを得なかった。どういうつもりでその役を引き受けたのか、早速ローザ・ルクセンブルクがあれこれと説明に行ったが、三人の管財人たちは事柄を十分に理解してはいなかったようだ。じっさいに彼らがロシアの問題に巻き込まれるのは翌年夏のことである(6)。

その頃、もう一つ、事柄をややこしくする要素が加わった。レーニンとヨギヘスの対立とポーランド社会民主党の分裂の進行である。同党を対外的に代表する顔がローザ・ルクセンブルクであれば、その無二の同志として組織活動に走りまわっていたのがレオ・ヨギヘスだが、彼らを中心とするベルリンの指導部に対して、すでに二年ほど前から、ロシア領ポーランドのワルシャワやウーチの活動家の間から不満の声が挙げられていた。国外でも、『ソリダルノシチ・ロボトニチャ（労働者の連帯）』という新聞が出され、党内反対派の象徴となった。反対派に言わせれば、一九〇六年、ピウスツキの派と分かれたポーランド社会党＝左派とは合同して然るべきだし、労働組合は政党から独立して活動すべきなのだが、指導部は旧来の考え方に固執して譲らないのであった。[7] 両派の対立とロシア社会民主労働党内の対立と重なったから、争いは三つ巴どころの話ではなくなる。

ボリシェヴィキとメンシェヴィキが同席した一九一〇年一月の前述の総会は、マールトフがのちに評したように、フランス大革命の折、山岳派とジロンド派の仲を取りもとうとした「ラムーレットの接吻」であり、抱擁は次の瞬間にはほどかれ、冷たい対立がいっそう激化する。ボリシェヴィキの間からさえ、レーニンが軽蔑してつけた名称を使うなら、党の分裂だけは避けたいと考える「調停派」が生まれるほどだった。そうした状況の中で、ポーランド社会民主党は、個々の論点での相違はさておいて、ずっとボリシェヴィキの側に立ち続けてきた。レーニンにとってもポーランド人たち、とくにローザ・ルクセンブルクの存在は貴重な援軍だった。一九一一年六月、パリで開かれ、結果的にメンシェヴィキは欠席することになったロシアの党の中央委員の相談会もレーニンとヨギヘスの協力で実現したもので、その席上、党大会を準備すべき「組織委員会」と共に、同党の出版・旅行などを司るべき「技術委員会」が設立された。つまり、それが党財政を掌握する正統な機関とされたのである。だが、その委員会の三人の委員の一人となったヨギヘスは、ロシアの党内で、いわば第三勢力を形成しようというかねてからの構想を実現する機会と考えたようだ。「調停派」と共に党の統一の維持を主張しながら、シュミットの遺産の均霑をポーランドの党にももたらそうという作戦だった。一一月には、レーニン派の新聞に対する支出を止めさえした。「韃靼人《だったんじん》」レーニンに向けて、手袋は投げられた。だがそのとき、ヨギヘスの足許が崩れ始める。彼のそうした動きが、ポーランド社会民主党内の反対派の批判の種をふやすことになり、同年末には、党の分裂という事態にたち至ったのだ。オーストリア領ポーランドの古都でロシア帝国領に近いクラクフが、「指導部派(ザジョンドフツィ)」と「分裂派(ロズワモフツィ)」との競合の場となった(8)。

こうしたロシアの党の一筋縄では行かぬ状況は、ドイツの管財人たちの想像を上廻るものだった。メーリングは病いのため辞任し、カウツキーとクラーラ・ツェトキーンが火中の栗を拾うことになった。それと言うのも、ロシアの諸党派にとって、ドイツ社会民主党のお墨付きを得ることは万事に有利なことであって、ボリシェヴィキもメンシェヴィキも、そしてポーランド人たちも、次々と文書を送り、それぞれのつてを通じて管財人に働きかけたからである。その点でヨギヘスは有利だった。ドイツの党でも有力なローザ・ルクセンブルクという同志がいたからだ。彼女は、前年の大衆ストライキ論争でカウツキーとは袂を分かっていたが、クラーラ・ツェトキーンは相変わらず強力な味方だった。

だが、一九一一年七月、レーニンがカウツキーの要請に従ってじっさいに資金の一部をクラーラ・ツェトキーンの住むシュトゥットガルトの銀行にようやく払い込んだとき、彼女は、これで全部なのかしら、そうだとしたら「オムレツ一皿をめぐる大騒ぎ《トウ・ド・ブリュイ・プール・ユンヌ・オムレット》」ではないか、と首をかしげた。カウツキーも「ロシアの乱雑《ザウエライ》」のおかげで休暇ももう終わりになりそうだ、とぼやいた。ベーベルはチューリヒからカウツキーに書き送る。「ロシアの金に関する乱雑のことはもう聞こえてきた。連中に十行ずつ返事してやれ。委員会に全員そろわない限り、決定は一切できぬと」。管財人たちは、一九一一年七月九日付の文書で、レーニンと「技術委員会」に対し、「狭量な派閥政治ではなく、党の統一を目ざす結集政策」を求め、すべての路線の代表から成る党中央委員会の成立を問題の金に関する裁定の条件とした。ロシアの全グループの会議を召集しようとし、公平な仲裁人として統一を促進したいと考えていた点では、カウツキーもクラーラ・ツェトキーンも一致していたのだ。(9)

ところが、一か月もしないうちに二人の間に軋みが生じる。カウツキーは妻ルイーゼに、仲裁人の間にまた仲裁人が必要になろうとは、と苦笑して見せた。不和の原因は、一つには、カウツキーがヨギヘスにうんざりすると共に、「組織委員会」「技術委員会」も一方の派閥にすぎないと不信感をつのらせていったのに対し、クラーラ・ツェトキーンはポーランド人を「客観的なグループ」と考え、両委員会の全党的性格を承認していたところにあった。もう一つは、ツェトキーンが、ローザ・ルクセンブルクのモロッコ事件に関する党幹部批判に対しカウツキーが書いた返答にすっかり腹を立ててしまったことにある。八月三〇日、彼女はカウツキーに書いた、「われわれはそもそも人間としてももはや理解し合っていません」と。数週間後、カウツキーは「これ以上、一緒にやっていくのは不可能です」「離婚《デイヴォルツン》しよう」と述べ、憮然として管財人の役から降りてしまった。カウツキーがドイツの党内で彼に楯つくポーランド人を快く思っていなかったのに対し、クラーラ・ツェトキーンは左派としてポーランド人に与していた。しかし彼女は、カウツキーの辞任の申出でに動揺し、ロシアの党の統一という観点からすべてを見よという「ポーランド人の外交」がなかったら、とうにボリシェヴィキに軍配をあげていただろうと言い、方法はともかく原則ではレーニン派が正しい、と弁明した。たしかにヨギヘスの反レーニンの立場にそのまま立っていたのではない。だが、カウツキーは、メンシェヴィキもまた大切な同志だと反論するのであった。クラーラ・ツェトキーンにも、もはや管財人の役を一人で担う気はなかった。一一月一八日、二人の管財人は連名で辞任を表明し、ロシアの党の統一が実現するまでは、基金をシュトゥットガルトの銀行に預金したままにしておく、と伝え、その後もツェトキーンはレーニンの返還要求を斥け続けた。(10)

カウツキーの雑誌『ディ・ノイエ・ツァイト(新時代)』のよき協力者グスタフ・エクシュタインは、「大逆事件」に関する片山潜の「悲痛な叫び」を逸早くヨーロッパに伝えた人物でもあり、この年の夏にも片山の論稿の校正をしたが、カウツキーに送った手紙の中で忠告する、ロシアのいざこざは所詮「コップの中の嵐」だ、そんなことにかまけるには君の能力は貴重すぎる、と。カウツキーが管財役を降りたのも、この忠告に促されるところがあったのかも知れない。だが、彼もクララ・ツェトキーンも、管財人でなくなってからもロシア問題から手を引くことはできなかった。(11)

他方レーニンは、ヨギヘスとの連携が破れ、ドイツの管財人の支持も当てにできなくなると、自派の立場を強化すべく、一九一二年一月一八—三〇日、プラハの「人民の家」で、ロシア社会民主労働党第六回全国協議会を開催する。じっさいに集まったのは、亡命革命家たちと、ロシアから偽造パスポートでようやく出国してきた活動家たち合わせて一八名で、プレハーノフ派の二名を除くと全員レーニン派のボリシェヴィキだった。そのうちの二名は、後年判明したところでは秘密警察(オフラーナ)の手先だったというのだから、全く油断も隙もあったものではない。じつは、その一人マリノーフスキーに対する嫌疑はすでに囁かれていた。だが、この年の秋レーニンを初めてクラクフに訪ねた青年エヌ・イ・ブハーリンがそのことを口にしたが、レーニンは頑として信じなかったと言う。とまれ、この協議会は、自分たちが同党のすべてを代表すると決議した。そしてレーニンは党基金の返還をクラーラ・ツェトキーンに申し入れる。(12)ドイツ社会民主党は、この年初頭の帝国議会選挙で大勝利を収め、その声望がますます上がったときだった。しかも同党は、その年の一〇月に行なわれる筈のロシアのドゥーマ(国会)選挙のために、ロシアの同志たちに資金援助を行なう用意を見せた。それだけに、ロシアの党の代表権を独占しようとするレーニンの主張に、反レーニン諸派が反発したことは言うまでもない。ペ・ベ・アクセリロートがベーベルを動かそうとすれば、トロツキーもウィーンでの友人ルードルフ・ヒルファーディングを通じて働きかける。八月、彼らはウィーンに会議を召集して、反レーニン派の連合戦線を張った(八月ブロック)。ヨギヘスは、ウィーンの会議に出るには出たが、一日限りでボイコットし、ロシアの党内での結びつきを更に失うことになる。こうした諸派間の話し合いの場を作ろうとしていたドイツ社会民主党は、しびれを切らしたか、九月、幹部会の名で「慎重に検討した末」「ロシアの諸派のすべてから信用され、金を受領し配分することを委ねられた機関」が指定されない限り援助は行なわない、と「八月ブロック」に通知した。九月にケムニッツで開かれた同党大会で来賓として祝辞を述べたアクセリロートは、ウィーンの会議にはロシアの諸派のほとんど全部が代表を送り、統一の必要を宣言したと語り拍手を浴びたが、続いてボリシェヴィキのエリ・ベ・カーメネフが登壇したことで効果が打ち消されてしまった。けっきょく、競合立候補を回避すると確約したラトヴィアの党、ローザ・ルクセンブルクのポーランド社会民主党、ポーランド社会党＝左派、ブントなど非ロシア民族の諸党だけが選挙資金の援助を受けることになったようだ。(13)

しかしレーニンは、一九一二年五月、ペテルブルクで日刊紙『プラウダ』を創刊させることに成功し、秋九月には、居をパリから、いわば前線基地たるクラクフに移していた。その地で、レーニンとポーランド社会民主党の「分裂派」の人びととの接触が生まれる。もっとも、「指導部派」にもフェリクス・ジェルジンスキのようなレーニン支持者がいたし、クラクフのポーランド人たちの二派の間には交流があったと言うから、対立を図式的にとらえてはなるまい。だが、「指導部派」なかんずくヨギヘスがロシアの党内問題で反レーニンの立場に立った以上、レーニンと「分裂派」の接近も避け難いことであった。そうなれば、ヨギヘスを牽制していたローザ・ルクセンブルクも正面に出て、レーニンとの一騎打ちになるのも時間の問題だった。(14) この二人は、一九一一年四月、ベルリンで顔を合わせている。そのときの様子をローザ・ルクセンブルクは、一五歳年下の恋人だった、クラーラ・ツェトキーンの息子コスチャに書き送った。

「昨日レーニンが来ました。今日でもう四度目です。彼と話すのは好きです。彼は頭がいいし教養があり、何ともはや不細工な面がまえなのですが見ていて好ましいのです。……［猫の］ミミが背中をこすりつけ誘うのでレーニンが近寄ろうとすると、ミミは前足でひっぱたきフーと息を出して虎のように威嚇するのでした。(15)」

だが、それからの一年余りの間に、すでに見たように、ロシアの党とその一部をなしていたポーランドの党との関係が悪化していった。

一九一二年七月、ポーランド王国・リトアニア社会民主党指導部は、インターナショナル事務局に対し、ワルシャワの小さな分裂者集団は挑発者が入り込んでいるような規律違反者の集まりで、わが党にもわが党が自治的支部となっているロシア社会民主労働党にも属していない、と通告した。レーニンは、プラハ協議会のあと頃から、それまで以上にユイスマーンスに向けて手紙や文書を送るようになっていくが、ポーランドの党の通告を国際事務局の回状で読むや、ワルシャワのグループを擁護する抗議文をしたためて事務局に送附した。その中で曰く、ポーランド王国・リトアニア社会民主党指導部には、レーニンが代表するロシアの党に誰が属するかを決める権利などありはしない、それどころか同党はいまやレーニンの中央委員会とも反対派の「いわゆる『組織委員会』」とも結びつきがない、と。事務局に代表を出していないワルシャワ委員会に代わってレーニンが提出した同委員会の反論も、ワルシャワの組織は分裂が生じているどころか、一致して指導部に反対していると述べ、指導部の前述の通告の主張を逐一斥けた。こうして論争は、国際事務局をまきこんだ舞台にひろがって行ったのである。事務局が反戦のための臨時大会開催を決定するに至る過程で、ローザ・ルクセンブルクがドイツ社会民主党指導部の消極的な態度を激しく批判したことは先に述べたが、そのバーゼル大会が近づくと、彼女はレーニンに対する反論を急がせた。ポーランド王国・リトアニア社会民主党指導部の作成した文章はあまりに激しく、ユイスマーンスが難色を示し、ルクセンブルクが手を加えたと言うが、それでも対決の姿勢は顕である。この長い文書は断じる、ポーランドの党がロシアの全体党の一員であることは一九〇六年の党大会で決まったことであり、レーニンこそポーランドの党内問題に不当に干渉している、と。レーニンは、インターナショナル・アムステルダム大会の統一の決議に反してロシアの党を分裂させ、その「頭に血がのぼった分裂狂信主義のために非良心的な活動を続け」、あろうことか今やポーランドの党の分裂を策しているのだ。(16)

バーゼル大会の議事録に参加者名簿が附いていて、ロシア社会民主労働党のところを見ると五人が〝X〟で示されている。氏名不詳かと思いきや、そうではなかった。ワルシャワ「分裂派」の五名に、カーメネフが代表資格を与えてしまったのが事の発端である。この、インターナショナルの規約に対する違反を知ってレーニンも驚いたが、ローザ・ルクセンブルクは直ちにユイスマーンスに真相を糺した。〝X〟は、彼女の主張の正当性を認めた書記長の苦肉の善後策だったのだ。(17)

その頃にはすでに、ロシアの第四ドゥーマがタヴリーダ宮殿で開幕していた。社会民主党議員団は前回とほぼ同じの一四名から成っており、六名がボリシェヴィキ、議員団議長エヌ・チヘイゼを含む七名がメンシェヴィキだった。(18)だが、そのころマルクス＝エンゲルスの書簡集出版にも係わっており、ロシアの諸党派に関する情報提供者としてカウツキーに尊重されていたデ・ベ・リャザーノフ(ゴーリデンバハ)が指摘していたように、問題は人数ではなかった。六つの工業県におかれた労働者等級《クーリエ》という一種の選挙区における「選挙だけが党にとって決定的」だったのである。結果はどうか。選出された六名は全員ボリシェヴィキだった。すべての流派から距離を置いた批判的観察者だったリャザーノフも、この結果を「革命的分子の優勢」を示すものとして歓迎している。もっとも、これで「レーニンはますます気違いじみていくだろう」と懸念を付け加えることも忘れなかった。(19)

マールトフは敗北を自覚し、レーニンは労働者が自分たちの路線の方を選択したことを確認する。(20)一九一二年一二月、ドイツ社会民主党が、ドゥーマの新しい社会民主党議員団が党統一に向かう要素となることを期待して、「統一党綱領と組織規約の作成」を目的とした会議をロシアの諸派に呼びかけたとき、限定つきながらも応じたのはウィーンの組織委員会だけで、レーニンはにべもなく拒否した。事態は、ドイツ人たちの期待をますます裏切る方向に進んだ。一九一三年夏、ボリシェヴィキは中央委員会と党活動家の会議を開き、決議の中で、メンシェヴィキの七名の議員が、「たまたま一票だけ多数であるのを利用して、ロシアの労働者の圧倒的多数を代表する」ボリシェヴィキ六名の議員の「基本的権利を侵害している」と抗議した。そして一〇月には、議員団の分裂という事態に立ち至る。(21)

一九一三年一一月、国際事務局会議がロンドンで開催されることが決まると、ローザ・ルクセンブルクは「ロシア社会民主労働党の統一回復問題」を議題とすることを提案した。ロシアにおける社会民主党唯一の統一機関たるドゥーマ議員団が「軽はずみ」にも分裂したこと、レーニンがポーランドの党にまで分裂策動をもち込んでいること、そして国際事務局のロシア社会民主党代表が今や一方の分裂組織しか代表しなくなっていること、が提案の理由であった。言うまでもなく、レーニンが納得する筈はなかったが、「統一」という大義名分のもとではロシアの党の問題がインターナショナルの場にもち出されても致し方なかった。こうして、ここでの話も、一九一三年一二月の国際事務局会議に戻ることになる。

レーニンは、事態をさして深刻に考えていなかったのか、自らは出席せず代わりにエム・エム・リトヴィーノフを送った。他方、このところそれなりにレーニン派を支持していたプレハーノフは、出席しなかったどころか、長年つとめていた社会民主労働党の代表の役から退いてしまった。ドゥーマ議員団の分裂——その責任を彼は「解党派」(メンシェヴィキ)に帰したが——によって彼が代表していた「党」がなくなったから、というのが理由である。二日目の午後を費して行なわれた議論で、のっけから主導権を取ったのは決議案を提出したカウツキーだった。決議案の要点は次の如し。「アムステルダム決議に従い、国際事務局は、仲介者の資格で喜んでロシアの同志の役に立とうとするものであり、執行委員会に、係争点について共通の見解を表明すべく、ロシア帝国の労働運動諸派の全体と話をつけることを委任する」。カウツキーは、ロシアの同志たちの間の争いほど憎悪と疑心暗鬼を生み出した例は他にない、と指摘して説明を加える、「統一はロシア自身から出てこなくてはならない。……状況をはっきりさせるために、自らを社会民主主義者と考えている総ての人びとに対して、公平な裁定者の前に出てくるよう誘いをかけるべきである。何となれば古い社会民主党は死んだからだ。召集される会議では何らかの決定を下すということはないであろう」と。ドイツ社会民主党は、一年前には挫折した調停会議構想をもう一度ここで拾い上げたのだった。それに対し、ドゥーマのメンシェヴィキを代表するチヘイゼも「八月ブロック」も、そしてポーランド社会党＝左派も賛成しようとしており、リトヴィーノフは不馴れに終始したようだ。はっきり異議を申し立てたのは、「自ら社会民主主義者と考えている人びと」という定義ではロシアの「解党派」やポーランド社会党＝左派に有利になると判断したローザ・ルクセンブルクだけだった。会議には、国際事務局に代表を送っているロシアとポーランドの社会民主党だけが出席してロシアの党の統一回復を計るべきである、だいたい「古い党は死んだ」とは何事か。しかし社会革命党のルバノーヴィチまでが、自分たちも社会民主党と和解する用意があると言い出す中での孤軍奮闘、時間切れ、ローザ・ルクセンブルクもついに折れて、決議案が僅かな修正だけで満場一致、採択された。(22)

カウツキーはアードラーに報告する、「君もハーゼもいない、ジョレス、ヴァイヤン、ヴァンデルヴェルデはロシアのことは全く分からないときている。だから、ぼくが抑え込まなかったら、ローザが統一活動を何から何まで取りしきったろう」。ローザ・ルクセンブルクの方は頭がズキズキ痛むほど参っていた。ロンドンからヨギヘスに宛てた手紙で言う、「われわれはどうやら完敗を喫しました。もっとも私の罪ではありません。プレハーノフは来ず、レーニンは来ず。ボリシェヴィキを代表したのは何とか言うどうしようもない馬鹿、メンシェヴィキの方はわんさといるのです。……私はたった一人でした」。レーニンはと言えば、ボリシェヴィキに対する非難が出なかったことでさし当たり満足し、ローザ・ルクセンブルク案よりカウツキー案の方がましだと考えた。だが、やがてカウツキーが「古い党は死んだ」と言ったと知って激怒する。じつのところ、「新しい」統一党など考えてもおらず、メンシェヴィキに対抗したローザ・ルクセンブルクの発言は、他の誰よりもレーニンの立場に近かったのだ。(23) 折から、ブントの人びとやザカフカースの社会民主主義者による「民族的文化的自治」の主張に対応を迫られていたレーニンは、民族問題について考えをまとめ始めた。その際、オットー・バウアーを批判したのは当然としても、「民族的文化的自治」の支持者でもなかったローザ・ルクセンブルクの六年前の民族問題論を引っぱり出してけなした所を見ると、ロシアの党内問題で彼女を依然として強敵と見ていたのであろう。他方、レーニンが推薦したのは、或るグルジア出身のボリシェヴィキが彼の推めによりウィーンで執筆し公表されるばかりになっていた論文だった。その筆者は、一九〇七年ロンドンで、ロシア社会民主党大会の席上、「ドイツ社会民主党を代表する」(!)ローザ・ルクセンブルクのボリシェヴィキを支持する演説を聞いて感銘を受けたものだが、いま三五歳、ロシア国内での困難な活動に従事し、ペテルブルクで『プラウダ』の編集を荷なう一人になっていた。問題の論文「民族問題と社会民主主義」を発表する時期に、彼は初めてスターリンという筆名を用いた。一九一四年二月、彼はウィーンからペテルブルクに戻って間もなく逮捕され、四年後まで獄から出ることができなかった。密告したのは、ドゥーマのボリシェヴィキ議員団の議長となっていたマリノーフスキーだったと言う。そのマリノーフスキーは、五月、議員を辞任し忽然と姿を消した。(24)

(1)　"Réunion du BSI à Londres (13 et 14 décembre 1913)", in: *Bulletin périodique du BSI*, 1914, 5(11): Supplément, 1-6.

(2)　*Prot., Int., 1904*, 32. オランダでも、社会民主労働党(SDAP)から左派「トリブーネ」派が一九〇九年に分立し、オランダ社会民主党を創立、BSIに加盟を申請するという事態が生じていた。Cf. Der Vorstand der S. D. P. und die Redaktion von《de Tribune》, An die Mitglieder des IBS, 1912. X. 26, SD-arkiv, 638/4, ABA; Ger Harmsen, *Historisch overzicht van socialisme en arbeidersbeweging in Niederland*, I (Nijmegen, 1972[?]), 54ff.

(3)　BSI, Aux membres du comité executif du BSI, 1912. X. 10, ISB to the SDP, the ILP and the Fabian

Society in London, 1913. IX. 10, ISB to Hyndman, Irving, Keir Hardie, Middleton, 1913. X. 25, Huysmans to Keir Hardie, 1913. VII. 11, IX. 23, MacDonald to Vandervelde, 1913. X. 30, Fondo Huysmans, Inghilterra, IGF.

（4） Cf. *L'Organisation socialiste & ouvrière en Europe, Amérique et Asie* par le Secrétariat Socialiste International (Bruxelles, 1904); *Compte rendu, int., 1907*, 272-273. 詳しくは、見よ、西川「社会主義・民族・代表権」。

（5） BSI, Circulaire, 1905. II. 18, III. 2, VI. 1, Rapport du secrétariat au Comité exécutif pour mois de mars 1905, Rapport du mois de février 1906, Rapport du mois de février 1907, in: *Bureau Socialiste Internationale. Comptes rendus des réunions, manifestes et circulaires*, I: *1900-1907*, Documents recueillis et présentés par Georges Haupt (Paris/La Haye, 1969), 132-133, 143-144, 223-224, 365-368, 412-423. とくに一九〇七年二月の書記局報告の中に、配分に関するロシア・ポーランド各派からの要求書が紹介されている。ＢＳＩ執行委員会がこの月に示した配分案は次の通り。ロシア社会民主党三〇％、社会革命党二五％、ブント一五％、ラトヴィア社会民主党一二％、ポーランド社会党一〇％、ポーランド社会民主党八％。（例えばローザ・ルクセンブルクは、最初の二党に二六％ずつ、残りの四党に一二％ずつ、と提案していた。）なお、寄付者の中にドイツ社会民主党が出てこないが、同党は独自に支援を行なっていたようだ。同報告の中の A. Gerisch の手紙を見よ。さらに、ルクセンブルクからヨギヘスへ（一九〇五・五・一二／一三）『手紙』第三巻、一九八―一九九。Cf. Georg W. Strobel, *Die Partei Rosa Luxemburgs. Der polnische "europäische" Internationalismus in der russischen Sozialdemokratie* (Wiesbaden, 1974), 272-276.

日本の社会主義者たちは加盟費をほとんど払えなかった――西川『万国社会党』二五。ＢＳＩの会計については、Rapport au Congrès de Stuttgart, in: Haupt, *B. S. I.*, I, 437-438.「ロシア基金」についてはいっそう丹念な研究が必要である。

（6） Dietrich Geyer, *Kautskys Russisches Dossier. Deutsche Sozialdemokraten als Treuhändler des russischen Parteivermögens 1910-1915* (Frankfurt/New York, 1981), 6, 21-24; Plenum des ZK der RSDRP:

Resolution über die Fraktionsgelder der Bolschewiki (Paris, 15. 1.–5. 2. 1910), *ibid.*, 278. この総会でヨギヘスは表決権をもつ代表だったが、レーニン、マールトフ、トロツキーは審議権のみの出席者だった。

フランス社会党の一九一二年の収入は約一六万フラン（党員数七万二千）、ドイツ社会民主党の一九一二／一九一三年の収入は約一七〇万マルク（党員数九七万）。ガイアーが挙げている数字（Ⅻページ）に従えば、当時、一〇〇ルーブリ＝二六一マルク、一〇〇フラン＝八一マルクであった。ドイツの党は収入・党員数ともに、フランスの党のほぼ一三倍ということになる。*Compte rendu, SFIO, 1913*, 17, 44; *Prot., SPD, 1913*, 10, 52. ローザ・ルクセンブルクからヨギヘスへ（一九一〇年一二月一一／一八日、一二月〔一〇日以後〕、一二月一五日）『手紙』第三巻、九三、九六―九七。

（7） Strobel, *Die Partei R. Luxemburgs*, 322ff.; Nettl, *Rosa Luxemburg*, II, 575ff.

（8） ゲツラー『マールトフ』二二四、Mitteilungen und Resolutionen einer Beratung von Mitgliedern des ZK der RSDRP in Paris (17. 6. 1911), in: Geyer, *Russisches Dossier*, 317; *ibid.*, 96ff., 151ff.; Strobel, *Die Partei R. Luxemburgs*, 344ff., 401ff., 412ff.

（9） V. I. Lenin an K. Kautsky, 1911. VI. 28, L. Jogiches an K. Kautsky, 1911. VI. 30, L. D. Trockij an K. Kautsky, 1911. VII. 5, K. Kautsky an L. Kautsky, 1911. VII. 2, K. Kautsky an Lenin, 1911. VII. 3, Agence 5 du Comptoir Nationale d'Escompte de Paris an Lenin, 1911. VII. 7, C. Zetkin an K. Kautsky, 1911. VII. 9, K. Kautsky, F. Mehring, C. Zetkin an V. I. Lenin, 1911. VII. 9, in: Geyer, *Russisches Dossier*, 333–345, 353–354, 368–369, 370, 374–375, 377, 379–380; Bebel an K. Kautsky, 1911. VIII. 30, in: *Bebels Briefwechsel mit Kautsky*, 270–271. Cf. Robert C. Williams, *The Other Bolsheviks. Lenin and His Critics, 1904–1914* (Bloomington/Indianapolis, 1986), 162ff.

（10） Martov und Dan an die Depositäre, 1911. VII. 11, K. Kautsky an die Technische Kommission und die Organisationskommission, 1911. VIII. 23–26, P. B. Aksel'rod und L. D. Trockij an die Depositäre, 1911. IX. 16, V. I. Lenin, L. B. Kamenev, G. E. Zinov'ev an die Depositäre, 1911. IX. 29, K. Kautsky und C. Zetkin an V. I. Lenin und das Auslandsbüro des ZK, 1911. XI. 18, C. Zetkin an K. Kautsky, 1911. VIII.

10, VIII. 16, VIII. 27, VIII. 30, IX. 6, IX. 27, X. 10, X. 16, K. Kautsky an C. Zetkin, 1911. VIII. 13/14, VIII. 29, IX. 4, IX. 18, X. 10, X. 18, K. Kautsky an L. Kautsky, 1911. VIII. 19, VIII. 20, H. Haase an K. Kautsky, 1911. VIII. 28, in: Geyer, *Russisches Dossier*, 391-397, 444-445, 449-452, 453-455, 462, 465-466, 468-471, 476-482, 477, 491-497, 510-512, 515-516, 524-529, 531-533, 542-551, 553-558, 574-575. 詳しくは、*ibid.*, 105 ff. Cf. Strobel, *Die Partei R. Luxemburgs*, 406-407. ガイアーもシュトローベルもクラーラ・ツェトキーンが完全にローザ・ルクセンブルクないしヨギヘスの影響下にあったように描いている。クラーラとローザとの間に密接な連絡があったことは確かだが、本文で述べたように、ツェトキーンはレーニンに対してポーランド人たちよりも高い評価をもち続けたと思われる。ローザのヨギヘス宛の或る書簡の中に、ローザがクラーラの書くべき文書の草稿を用意している、という意味の文章が見える。書簡集の編者は、この手紙を一九一一年一一月のものと推定し、註で、その草稿と思われるドイツ語の覚書を紹介している。シュトローベルはそれを根拠の一つに挙げているのだが、その内容に一致するツェトキーンの文章は見いだせない。その上、ルクセンブルクの『全書簡集』では、その手紙は一九一一年八／九月のものとされた。覚書の書かれた時期も慎重に確定する必要があろう。むしろローザは、クラーラが必ずしも言ったとおりにしない、しかし無理強いはできない、と書いている(一九一一年八／九月の別の手紙)。*Róża Luksemburg: Listy do Leona Jogichesa-Tyszki*, III: *1908-1914*, oprac. Feliks Tych (Warszawa, 1971), 248-249; Rosa Luxemburg, *Gesammelte Briefe*, IV, 109. 参照、『ヨギヘスへの手紙』第三巻、七七三番、七七五番。

　なお、シュトゥットガルトの銀行に預けられた「シュミットの遺産」は、法律問題にまで発展したが、さいごには、第一次世界大戦のどさくさの中で行方がたどれなくなった。Geyer, *Russisches Dossier*, 246.

(11)　G. Eckstein an K. Kautsky, 1911. VIII. 23, IX. 5, *ibid.*, 467, 493; 西川『万国社会党』八二。

(12)　*Ibid.*, 164ff. プラハ協議会は、ソ連邦の公式党史が「メンシェヴィキに対するボリシェヴィキの闘争の歴史的期間全体にわたる総決算をおこない、ボリシェヴィキの勝利を揺るぎないものにし」たと評価している会議である。ベ・エヌ・ポノマリョフ他編『ソヴェト連邦共産党史』上巻、早川徹訳(読売新聞社、一九七二)、二〇六。

レーニンは早速ユイスマーンスに協議会の決定を通知する。それを知るや、反レーニン諸派はただちにパリで抗議文を作成し事務局におくった。署名したのは、メンシェヴィキ、ブント、プレハーノフ派、「フペリョート」派、「プラウダ」(トロツキー)派などであった。Rapport du Citoyen Lénine (BSI, Circulaire No. 4. 1912[III. 18]), Résolution adoptée par la délibération des représentants du Comité pour l'étranger du Bounde... (Circulaire No. 5. 1912. III. 30), in: *Correspondance Lénine/Huysmans*, 104-105, 144-146.

(13) Prager Parteikonferenz: Resolution über das Parteivermögen (1912. I), Bericht über eine Konferenz von Organisationen der RSDRP in Wien, 25. 8.-2. 9. 1912, Ph. Scheidemann für den deutschen Parteivorstand an das Organisationskomitee der RSDRP, 1912. IX. 5, P. B. Axel'rod an K. Kautsky, 1912. IX. 6, L. D. Trockij an R. Hilferding, 1912. X, in: Geyer, *Russisches Dossier*, 598, 606-614, 618-619; Strobel, *Die Partei R. Luxemburgs*, 411; *Port., SPD, 1912*, 203-204. 一九一二年九月五日付シャイデマンの書簡の宛先、Organisationskomitee は「八月ブロック」の組織委員会である。前年、技術委員会とともに設立された組織委員会は Organisationskommission. 非ロシア民族組織への選挙資金援助については、ローザ・ルクセンブルクからヨギヘスへ(一九一二年一〇月一〇/一一日、一〇月初め)『手紙』第四巻、二五八—二五九、二五三—二五四、および編者による註、一四二ページ(一)プレハーノフへの手紙、二五四ページ(四)SPD幹部会からの文書。

プラハ協議会について参照、レーニン『全集』第四一巻、三〇三—三一四。

ブハーリンについては、スティーヴン・F・コーエン『ブハーリンとロシア革命　政治的伝記、一八八八—一九三八』塩川伸明訳(未来社、一九七九)、四三、Shub, *Lenin*, 146.

(14) Strobel, *Die Partei R. Luxemburgs*, 429ff.; Nettl, *Rosa Luxemburg*, II, 583ff.; Krupskaja, *Erinnerungen*, 270, ローザ・ルクセンブルクからヨギヘスへ(一九〇九・八・一〇)『手紙』四巻、六一ページ。

(15) Rosa Luxemburg an Kostja Zetkin, in: *Gesammelte Briefe*, II, 43. この手紙は、ネトルが典拠を示さずに一九一二年二月末にレーニンがベルリンに来た時の話として一部を引用し、ローザ・ルクセンブルクのヨギヘス宛書簡集の編者も、一九一二年一月の手紙につけた註で紹介した。しかし、コスチャ宛の手紙を初めて公表した彼女の『全書簡集』では日付が一九一一年四月二日と特定されている。もしそれが確かならば、この手紙を唯一の根拠として、プラハ協議会の直後の一九一二年二月にレーニンがベルリンでローザ・ルクセンブルクと会談したとするシュトローベル、ガイアーの叙述は訂正されねばならない。Nettl, II, 591; *Róża Luksemburg : Listy do Jogichesa*, III, 265 ; Strobel, 411 ; Geyer, 167.

(16) Une communication du Comité Directeur de la Socialdémokratie de Pologne et Lithuanie, 1912. VII. 2 (BSI, Circulaire No. 15. juillet 1912), N. Lenin an das ISB, 1912. VIII. 31/Warschauer Komité der Sozialdemokratie Russisch Polens und Litauens an das ISB, 1912. VII. 31 (BSI, Circulaire No. 22. septembre 1912), Der Vorstand der Sozialdemokratie Polens und Litauens an das ISB, 1912. X. (BSI, Circulaire No. 26. octobre 1912), in : *Correspondance Lénine/Huysmans*, 113-116, 147-152. レーニンの手紙の訳は、『全集』第一八巻、二八七—二八九。参照、ローザ・ルクセンブルクよりヨギヘスへ（一九一二・四・五ころ、一〇・一〇／一一）『手紙』第四巻、二三四—二三五、二五九。

一八八五年、オーストリア領ポーランドに生まれたユダヤ人で、左派の理論家・論客としてポーランドとドイツの社会民主党で活躍していたが、道義感覚に関しとかく噂が絶えなかったカロル・ソベールソン（カール・ラーデク）に対する査問が、まさにこの時期に行なわれ、ドイツの党での「ラーデク事件」にまで発展したのは、彼が「分裂派」に与したことと関係がある（レーニンはラーデクの肩をもった）。けっきょく彼は両方の党から除名されるが、ポーランドで活躍できなくなってブレーメンに移ったがゆえに、彼が「ブレーメン左派」の形成に一役演じることになったのは興味深い。Nettl, *Rosa Luxemburg*, II, 469-473, 585-591; Strobel, *Die Partei R. Luxemburgs*, 372-377. Cf. Karl-Ernst Moring, *Die Sozialdemokratische Partei in Bremen 1890-1914. Reformismus und Radikalismus in der Sozialdemokratischen Partei Deutschlands* (Hannover, 1968), 176ff.; Hansgeorg Conert, *Reformismus und Radikalismus in der bremischen Sozialdemokratie vor 1914. Die Herausbildung der "Bremer Linken" zwischen 1904 und 1914* (Bremen, 1985). ラーデクの言い分は、見よ、Karl Radek, *Meine Abrechnung* (Bremen, 1913). (63 S.)

(17) *Bulletin périodique du BSI*, 1913, 4 (10) : 16 ; Rosa Luxemburg à Huysmans, 1912. XII. 2, XII. 16,

Huysmans à Luxemburg, 1912. XII. 9, Présentation de Georges Haupt, in: *Partisans*, 1969, (45): 87f., 94–96; レーニンよりカーメネフへ(一九一二・一二・八)『全集』第四三巻、三七三。

(18) 残る一人は、ポーランド社会党＝左派のエウゲニウシ・ヤギェウォで、彼をどう扱うかが、ボリシェヴィキ、メンシェヴィキ、ポーランド社会民主党の間でまた問題になった。Geyer, *Russisches Dossier*, 210ff.

(19) K. Kautsky an L. Kautsky, 1911. VI. 24, D. Gol'denbach (Rjazanov) an K. Kautsky, 1912. IX, Mitte Okt. 1912, *ibid.*, 322, 616, 622.

リャザーノフのマルクス＝エンゲルス『書簡集』との係わりについては、Dietz an V. Adler, 1913. XII. 15, in: *Adler, Briefwechsel*, 562. この『書簡集』は、マルクス＝エンゲルスの、当時ドイツ社会民主党にとって尊敬すべき存在だったフェルディナント・ラサールやヴィルヘルム・リープクネヒトに対する率直な悪口を、けっきょくは削除して出版されたものである。リャザーノフは削除に反対したようだ。Adler an J. H. W. Dietz, 1913. V. 28, *ibid.*, 567–568. Cf. R. P. Morgan, *The German Social Democracy and the First Internatioanl, 1864–1872* (Cambridge, 1965), 248ff.

(20) ゲツラー『マールトフ』、二一九、レーニン「選挙の総括」(一九一三・一)『全集』第一八巻、五四九以下。国際事務局への報告(一九一二・一一・一二)では、レーニンは選挙結果を単に紹介しただけであった。なお、ドゥーマ選挙は間接選挙制だったが、「選挙人」選出の段階において、ワルシャワで、ポーランド社会民主党「分裂派」が「指導部派」に対し圧倒的な強みを見せた。ワルシャワ委員会は、その点を国際事務局に誇りやかに報告した。Note de Lénine au secrétariat du B. S. I., 1912. XI. 11, Warschauer Komitê an das ISB, 1912. X. 18, in: *Correspondance Lénine/Huysmans*, 120–121, 152–155. レーニンの報告の訳は、『全集』第四一巻、三三三—三三六。

(21) Geyer, *Russisches Dossier*, 185–187, 206–213; S. Ju. Semkovskij an den deutschen Parteivorstand, 1913. I. 12, *ibid.*, 626–629; レーニン「ロシア社会民主労働党中央委員会と党活動家との一九一三年夏の会議の諸決議」、「社会民主党国会議員団の内部闘争の問題の資料」『全集』第一九巻、四五二—四五三、四八九—五〇八。

(22) Rosa Luxemburg, "Zur Spaltung in der sozialdemokratischen Dumafraktion" (*Vorwärts*, 1913. XI. 21), in: *Gesammelte Werke*, III, 356-357; レーニン「ロシア社会民主党国会議員団の分裂について」(『ライプツィガー・フォルクスツァイトゥング』一九一三・一二・二四)『全集』第一九巻、五一六—五二〇; *Bulletin périodique du BSI*, 1914, 5(11): Supplément, 4-6; Geyer, *Russisches Dossier*, 204-205, 213-219; Strobel, *Die Partei R. Luxemburgs*, 441ff.; Nettl, *Rosa Luxemburg*, 592f. プレハーノフ辞任によってできた空席を埋めたのはアクセリロートだった。

(23) Kautsky an Adler, 1914. II. 13, in: *Adler, Briefwechsel*, 590; ローザ・ルクセンブルクよりヨギヘスへ(一九一三・一二・一四)『手紙』第四巻、三一七、一二月一五日付も参照。レーニン「ビューローの諸決定について」、「りっぱな決議とまずい演説」、「カウツキーの許しがたい誤りについて」『全集』第一九巻、五五六—五五八、五六九—五七二、五九一—五九三。

(24) レーニン「ロシア社会民主労働党の民族綱領について」(一九一三・一二・二八)、「民族問題についての論評」、「民族自決権について」(一九一四・六)『全集』第一九巻、五八三—五九三、第二〇巻、三—三九、四二一—四八九、スターリン「ロシア社会民主労働党ロンドン大会(一代議員の手記)」(一九〇七)、「マルクス主義と民族問題」(一九一三・三〜五)『スターリン全集』全一七巻(大月書店、一九五二—一九五三)第二巻、八〇—八一、三三三—四〇四、Isaac Deutscher, *Stalin. A Political Biography* (Penguin Books, 1966), 123-132; R. C. Elwood, *Roman Malinovsky. A Life without a Cause* (Newtonville, MA, 1977), 44ff. Cf. Nettl, *Rosa Luxemburg*, 596; Strobel, *Die Partei R. Luxemburgs*, 444f.

ネトルは、レーニンの「視野が広く、一般的な意味をもつような議論」から「後生の読者は何かその時の争点」を問題にしていると思いがちだろうが、「そうではなく」、批判の対象は「ポーランドの雑誌に出た六年前のローザ・ルクセンブルクの論文だった」と書く。確かにレーニンはルクセンブルクのその論文をこの時はじめて読んだのかも知れない。だが、彼が批判したオットー・バウアーの労作も六年前に出版されているのであって、俎上に載せたのが数年前の論文だということだけから、「その時の争点」とは無関係に、ただ論敵に打撃を与えるための議論だったとは結論できまい。その証左は、むしろ、レーニンが殊更に対立点を押し出したところに求めるべきであろう。同時に、スターリンの議論が必ずしもレーニンの主張と一致していたわけではないことにも留意すべきだろう。参照、阪東『歴史の方法と民族』、三一―三三、四一―五五、加藤一夫「民族問題の再検討」『ロシア史研究』一九八二、(三五)、二一―二二、原暉之「民族の問題(2)―ソ連のユダヤ人」倉持俊一編『等身大のソ連』(有斐閣、一九八三)、一五〇―一五二、*The National Question, Selected Writings by Rosa Luxemburg*, edited and with an Introduction by Horace B. Davis(New York/London, 1976), Introduction ; Georges Haupt/Michael Lowy/Claudie Weill, *Les marxistes et la question nationale 1848-1914* (Paris, 1974), 386ff.

VIII　開かれざる大会

話をまた一九一三年一二月の国際事務局会議に戻し、もう一つの重要議題をここで思い出さねばならない。それは半年後に控えたウィーン会議の準備である。この議題については激論もなく、まず開会日が八月二三日と決まり、さまざまな提案を調整した形で議題と報告者も次のように決定をみた。

一、物価高　バウアー、ウェッブ、フスト

二、帝国主義と仲裁裁判　ジョレス、ケア・ハーディー、ハーゼ、ヴリーヘン、デンマークより一人

三、失業　モルケンブーア、マクドナルド、ヴァイヤン

四、アルコール中毒　ヴァンデルヴェルデ、ヴルム

五、ロシアの監獄　フランシス・ド・プレサンセ

これまでの大会と比べたとき、一見して形が整っているという印象を受ける。議題がここまで整理され、あらかじめ事務局で選ばれた人物が報告を用意する、というのはそれまでにないこと

であった。個々の問題を対症療法的に取り扱うというより、初めて「帝国主義」という言葉を正面に掲げただけでなく、物価高・失業という緊急の問題を加え、資本主義の分析を志す姿勢が窺える。「アルコール中毒」問題が取り上げられたのはいささか唐突の感を免れないにしても、「ロシアの監獄」問題と共に、人道主義的な関心を示すものと言えよう。二五歳になったインターナショナルは、制度として整備され、平和と社会改革を目ざす姿を誇示しようとしていたのだ。報告者の中に、帝国主義の解明にもっとも早くから取り組んでいた左派マルクス主義者が一人も入っていないのは、力関係の反映であろう。それにしても、「戦争に対する戦争を」はバーゼルからどう引き継がれるのであろうか(1)。

果して、この会議の議事録が五か月後に公表されると、さっそくユイスマーンスのもとに訂正の申入れがあった。例の「ケア・ハーディー＝ヴァイヤン修正案」を「帝国主義と仲裁裁判」とくっつけて議題にすると決めた筈なのに、議事録に記録されていないではないか、と。言うまでもなくヴァイヤンからである。反戦の手段としてゼネストを、という彼とハーディーの主張は、コペンハーゲン大会では継続審議ということになり、ウィーン大会こそ、その結着の場となる筈であった。したがってユイスマーンスは、彼らの修正案に対する意見を、いわばアンケートの形で求めていたが、回答すら殆ど戻ってこない始末だった。国際事務局会議の議事録にその問題が記録されなかったのは、ユイスマーンスの弁解にも拘わらず、むしろその場の雰囲気に忠実だったからであろう。だが、ヴァイヤンは「戦争に対する戦争」をウィーン大会の議題とし、ゼネスト問題を討議するよう繰返し要請していたのであって、簡単に諦めるような男ではなかった。しかも、「三年兵役」法に対して反対し続けていたフランス社会党は、ジョレスを先頭に、ジョゼフ・カイヨーが率いるブルジョワ反教権派の急進社会党とも協定を結んで議会選挙戦を闘い、一九一四年四月、これまでで最大の一〇三名を当選させた。急進党の一三六名を加えるならば、議会の四割を占めることになる。フランスの選挙民は、政府の軍拡政策に黄色の信号を出したのだ。『ユマニテ』が「わが党の大勝利」と書き、他の新聞も押しなべて社会党の勝利と評したのも当然だった。しかし、共に「三年兵役」法に反対して闘った肝心の労働総同盟には、組織力にかげりが見え、「全般的な不安《マレーズ・ジェネラル》」が指摘されていた[2]。

他方、一九一三年九月、ベーベルに対する追悼をもってイェーナで開幕したドイツ社会民主党大会では、大衆ストライキがふたたび議論の対象となった。ひとつには、その年の四月ベルギーで、『青い鳥』のメーテルリンクらの応援すら得て行なわれた、普通選挙権獲得を目ざすゼネストが「半ばの勝利」(ヴァンデルヴェルデ)を収めたことが刺戟となったからである。だがそれ以上に、同党の活動に「停滞」が見えていたからである。労働組合の闘争による上昇の頭打ちはカウツキーがその『権力への道』で予想していたことだったが、その結果は期待に反して「革命的躍動力《エラン》の昂揚」に至らず、逆に「全般的な不安《アルゲマイネス・ウンベハーゲン》」、新しい道を求めての暗中模索、どうにかしなければという自覚」が広がっていたのだ。それをいいことに、とカウツキーは腹立たし気に言う、「ローザの連中が、何もしないから何も起こらないのだ、と敵意ある非難を向ける」と。じっさい、問題を表面化させまいとした党幹部会の作戦にも拘わらず、ハレ・アン・デア・ザーレ、フランクフルト・アン・マイン、ニーダーバルニム、ベルリン第四選挙区から、大衆ストライキを支持する動議が提出された。幹部会を代表したシャイデマンは、批判をつっぱねながら発言する。ベルギーの同志の場合と違って、いざというとき助けてくれる「国境の向う側の兄貴がわれわれにはいないのだ」と。「わが党の誇りは組織である」、それが革命のブレーキになるかのように言うとは何事か。われわれは「大衆ストライキは社会民主党の最後の手段だ」というベーベルの言葉を守っていくつもりである。これに対し、大衆ストライキを積極的に評価する動議を出していたローザ・ルクセンブルクが、大衆ストライキが成功するとすれば、それは大衆の中から出てくるのであって、組合や党の指導者の指令で誂《あつら》えて出来るものではない、と持論を展開すれば、労働組合活動家の側からの反発も相変わらずだった。組合でこういう演説者につけている記号を御存知か、とグスタフ・バウアーは言う、「L・S」だ、つまり「しゃべらせておけ《ラスト・シュヴェッツェン》」ということだ。ブレーキを外せば大衆の意思が支配するだと？　組織活動をバカにするにも程がある。ローザ・ルクセンブルクの動議は三三三対一四二で否決され、幹部会の決議案が反対二票のみで可決された。だが、三年前に彼女を支持した代議員が六二名だったのに比べれば、中味はさまざまであれ、党内反主流派の増大を読みとることができる。ベーベルの後を襲って議長となったエーベルトが閉会に当たって「プロイセンで自由な選挙権を得るか、然らずんば大衆ストライキか」と述べたのは、反主流派をなだめる意図からであったろう。(3)

だが急進派の多くは敗北と感じ、ローザ・ルクセンブルクは大衆ストライキが議題となったということに意義を見出し、自らを鼓舞するのであった。イェーナの帰り、フランクフルトの近くのボッケンハイムで開かれた大衆集会で演説を行ない、そこでも大衆ストライキの必要を説いた。同時に、「もしフランスの兄弟たちに対して人殺しの武器を取れと要求されたら、断固として嫌だと答えよう」と述べ大喝采を受けたと言う。二か月後、「ツァーベルン事件」が起きた。このエルザスの町に駐屯していたプロイセン部隊の或る少尉の差別発言に怒って騒ぎ出した住民を、軍部が不法な逮捕と軍事裁判に訴えて抑え込んだ「事件」である。さなきだに反独感情の生じがちなエルザス＝ロートリンゲンの人びとの神経を逆なでするようなものであった。帝国議会では、社会民主党はもとより中間政党までが軍部と政府を非難したが、憲法上、彼らの地位をおびやかすことは不可能だった。そうした状況の中で、ローザ・ルクセンブルクはボッケンハイム演説が「国家の中枢に対する暗殺計画」に他ならぬとして起訴される。一九一四年二月、フランクフルト地方裁判所は、彼女に禁錮一年の刑を申し渡した。(4)

ほぼ同じころ、その「国家の中枢」こそが「祖国なき資本」によって動かされていることが暴露されつつあった。事の発端は、一九一一年の晩秋、ドイツ最大の軍需会社クルップが陸軍省の役人に贈賄していることを示す書類が何者かを通じてカール・リープクネヒトの入手するところになったことにある。いわゆる内部告発である。もともと彼は、党創設者の一人だった父ヴィルヘルムの後継者として、しかしむしろ異端として、反軍国主義・青年運動に力を注いできていた。著書『軍国主義と反軍国主義　国際青年運動を中心として』(一九〇七)によって反逆罪に問われたほどであった。彼にしてみれば、軍国主義を攻撃するに絶好の材料を手にしたことになる。一九一三年四月、まさに国防法案を審議中の帝国議会において、カール・リープクネヒトは資料をつきつけながら、単に汚職を追及するだけでなく、ドイツの軍需会社がフランスの軍拡をひそかに煽り立てている事実を暴露した。さらにドイツの会社、オーストリアの会社、ベルギーのフランス資本の会社がカルテルを結んで相互に利益を計っている事情を明らかにし、さいごに叫んだ。

「祖国が危険に晒されている。だがその危険は外敵によるものではなく、恐るべき内部の敵、とりわけ国際軍需産業によるものなのだ。」

彼の追及はたちまち国境を越えて反響を生み、やがて『ユマニテ』編集部のアンドレ・モリゼ、独立労働党のウォールトン・ニューボールドの協力のもとに国際軍需産業に関する書物の出版が計画されるまでになった(5)。

しかし、他方では、経済の国際化の進行によって戦争が起こりにくくなっていると考え始めた社会主義者も現われていた。ウィーン大会に向けて書かれた報告の中でヴリーヘンは述べる、「今日では、一国の経済が混乱に陥れば他の多くの国にきわめて大きな損害を与えずには済まなくなっている。資本家の観点からしても、どんな戦争も国民に利益をもたらすことはできない。」……日露戦争やバルカン戦争は勢力圏争いから起こったが、「そのような利害をめぐって更にヨーロッパ戦争が行なわれるとは殆ど考えられない。諸国民が監視し、その種の利害に血をもって加担するつもりはないと政府にはっきり分からせれば、列強の会議がきっと解決を見出すだろう。」

ヴリーヘンは、いったん戦争になってしまったら、「物を言うのは理性でなく大砲であ」り、ナショナリズムの感染に対し労働者と言えどもまだ抵抗力はない、その点、自分は悲観論者だと言う。だからこそ、と彼は力説する、国際紛争は武器によってでなく仲裁裁判によって解決するよう政府に強力に働きかけることが必要だ、と。

ヴリーヘンの主張がインターナショナルの中でどれほど共感を得ていたかの判定は難しい。だが、来たるべき大会で帝国主義について報告する四人のうちの一人だったことからして、決して異端の見解だったはずがない。もう一人の担当者ハーゼの報告は短いが、そこでも英独間の対立は緩和された、残る独仏間の対立の克服が課題だ、と述べられている(6)。たしかにヨーロッパは、一九一四年の正月を平和裡に迎えた。ウィーンでは、大会の会場として音楽協会の壮大な建物が確保され(一日の借用料五〇〇クローネ)、チェコ人たちも協力を約していた。三月、大会への招待状が発送される。六月には、いま述べたヴリーヘンらの報告書もでき上がり、大判一六ページの素敵な記念冊子も用意された。(7)

六月二八日、オーストリアの皇位継承者フランツ・フェルディナント大公夫妻が、サライェヴォで暗殺される。大公はハプスブルク帝国の陸軍最高司令官として、南スラヴ人に対する示威のためにボスニアで行なわれた陸軍大演習に閲兵に赴き、帰途、このミリャチュカ川沿いのボスニア＝ヘルツェゴヴィナの首都に立ち寄ったのだった。暗殺者は二〇歳のセルビア人高校生ガヴリロ・プリンツィープ。背後にセルビア政府ありと囁《ささや》かれ、オーストリア＝ハンガリーの出方が注目されるに至った。

事件は八三歳のハプスブルク皇帝フランツ・ヨーゼフ一世に衝撃を与え、人びとの耳目を集めたが、さりとてそれが我が身に及ぶような嵐を呼ぶとはほとんど誰も考えなかった。新聞の大見出しを見た、ミュンヒェンの一少年が「じゃあ、きっと戦争だね」と叫ぶと、祖母が答えた、「馬鹿な子だね。そんなこと考えるもんじゃないよ」。バーデンの或るぶどう作りの老人が通りすがりの客人に声をかけた、「このままでゆけば、いつにない良い酒がとれます。この夏のことを人びとはきっと覚えているでしょう」。この夏が、別のことで記憶されることになろうとは！　人びとは、一抹の不安を抱きながらも、夏の旅行の準備を進めていた。なるほど憂慮の声も聞かれなかったわけではない。事件の翌日、ドイツ社会民主党幹部会はさっそく会議を開き、冒頭ハーゼが、戦争の危険が再現しており、オーストリア政府はウィーン大会に文句をつけるに違いないとの判断を示した。セルビアをはじめバルカン諸国の代表は妨害されようし、帝国主義について議論することもできなくなるであろう、と。他方エーベルトは、そんなことは杞憂に過ぎぬと主張し、他の出席者の意見も分かれたが、やはり状況を懸念したシャイデマンの提案が通り、国際事務局会議の即時の召集を書記局に求めることになった。だがそれは事態の検討のためであり、ヨーロッパ戦争に備えてではなかった。ユイスマーンスからの照会に対し、ヴィクトル・アードラーの息子でオーストリアの党の書記だったフリードリヒは、ドイツ人の心配は当たっていない、と答えたと言う(8)。

戦争の危険に対していつも敏感に対応していたヴァイヤンにすら、この時とくに危機感をつのらせた気配はない。ジョレスまた然りである。ヴァイヤンは、先に述べたように、「ケア・ハーディー＝ヴァイヤン修正案」をウィーン大会で議論の対象にさせようとしており、その意向はユイスマーンスが「意見を付さず」ドイツの党に伝えていた。ドイツでは、この問題についてすでに前年の末から党と組合の指導者の間で何度か話合いが行なわれていた。一方に組合指導者のグスタフ・バウアーのように、戦争の問題は原則の問題ではなく各国のプロレタリアートにとって利益をもたらすか否かで判断すべき戦術の問題だ、とおよそ社会主義者にはあるまじき発言があれば、他方にはそれに激昂する人びとがあり、党指導者たちが「ケア・ハーディー＝ヴァイヤン修正案」に賛成してもよい、と発言する場面もあったが、けっきょくのところ、ヴァイヤンに答えたハーゼの手紙は、はっきりと「修正案」に賛成できない、というものだった。軍需・交通労働者がいざとなったら大衆ストを打つと予告したりしたら、政府はたちまち弾圧にかかるだろうし、そもそも彼らは未組織だ、われわれも国防予算を阻止できなかったし、あなた方も「三年兵役」法を撤回させられなかった、それなのに戦争の際に大衆ストライキを行なうという信念を呼び起こすべきなのであろうか。一般的に言っても、プロレタリアートの組織が強力な方の国の社会主義者がストライキを行なわざるを得ず、みすみす攻撃してくる国を助けるだけになるのではないか。どうか、ウィーンでわれわれがあなた方の「修正案」を拒否するような破目にならないようにして欲しい、分かって下さい、とハーゼは述べる(9)。だが、フランス人たちは、あれこれの情報から、ベーベルなきあとのドイツ社会民主党は妥協的になった、今やフランスの党のインターナショナルにおける責任は大きい、と受け取った節がある。フランス社会党は、ウィーン大会を念頭に置いて、一九一四年七月一四—一六日、パリで臨時大会を開く。

その前、同党の主要下部組織の一つ、ゲード派の強いノール県連盟の大会では、インターナショナルのシュトゥットガルトおよびコペンハーゲン決議の確認がなされ、「修正案」は斥けられた。他方、もう一つの主要下部組織、セーヌ県連盟の大会では、「修正案」が可決された。では全国大会での結果は如何？　ヴィクトル・アードラーはカウツキーに告げる、「フランス人たちは［修正案に］ますます固執しつつある、われわれにとっては（多分ドイツ人にとっても）、今まで通りそれは受け容れられない。つまり、何か別の方式を、ということだ」。七九の県連盟を代表し二九〇八票の表決権を委ねられた一五八名の代議員が集まったパリの社会党大会では、「ケア・ハーディー＝ヴァイヤン修正案」の支持者が八名、反対者が七名立って発言し、激論となった。ヴァイヤンは、反戦闘争ではもう一歩進むことが必要で、さもなくば後退することになるのだ、と主張したが、反対派は果してゼネストが、しかも国際的に出来るという保障があるのか、と喰いさがった。その急先鋒ゲードは言う、ゼネストは「危険だ。……社会主義のもっとも強力な国民をそのもっとも弱い国民に売り渡すことになろうから。……ドイツの社会主義文明をロシア専制主義の津波のような軍隊に売り渡すことになろうから。だからこそ、社会主義者の大会で、意識ある社会主義者が、戦争に際してのゼネストに賛成することは、決して、決して、決してないだろう」。ハーゼの言い分と何と似通っていることか。反対派の中には、なんと、一九〇七年のシュトゥットガルト大会でゲードの対極をなした、あの「恐るべき子」エルヴェがいた。反乱を起こす気もないのに、というのが彼の反対の理由だった。甲論乙駁、結着のつきかねたところに、はっきりとゼネスト賛成派の立場に立つに至っていたジョレスが妥協案を出した。曰く、

「戦争を防止し阻止するための、また政府に仲裁裁判に訴えさせるための手段の中で、当事

国の間で同時かつ国際的に組織された労働者のゼネストと、もっとも積極的な形での煽動と大衆行動とが、とりわけ有効だと本大会は考える。」

この決議案が一六九〇票対一一七四票で可決された。これで、フランス社会党は、ウィーン大会で「ケア・ハーディー＝ヴァイヤン修正案」を支持することを正式に決めたことになる。だが、ゼネストが国際的に同時に行なわれる、という前提での賛成ではなかったか。しかも、破れたとは言え、反対派の票は四割に達していたのだ。ジョレスは言う、「ただ一国でも他国に必要な保証を与えられるほど十分に組織された勢力などあったためしが無いという声は聞いている。その通りだ、だが、われわれがここで与えるのは自慢や機械的な処方箋なのだろうか。われわれは方向を与えるのであり、御存知のように、最近の歴史はまさかのことが生じることをすでに示しているではないか」と。「まさかのこと」とはドイツの党が「ケア・ハーディー＝ヴァイヤン修正案」に対し妥協的になる、ということだったのであろうか。(10)

「まさか」二週間後に風雲急を告げるとは、ゼネスト賛成派にも反対派にも予測の範囲外にあったようだ。じっさい二〇日、カイヨー夫人に対する公判が始まると、フランスの新聞は国際危機などそっちのけでその模様を連日、大々的に報じ、『ユマニテ』もその埒外ではなかったのである。夫人は夫を醜聞にまき込み失脚させようとした『ル・フィガロ』の編集者ガストン・カルメットをこの年の三月に射殺したのだった。カイヨーと連携して選挙戦に臨んでいたジョレスは、この打撃を克服して社会党の大勝利を導いたのだから、日頃、多様な三面記事を載せていた『ユマニテ』が裁判に紙面を割いたのも無理はないが、国際危機に関する記事の無いことの理由にはなるまい。ともあれ、右翼の新聞『アクション・フランセーズ』が「プロイセン人ジョレス」の暗殺を示唆したのは、この大会直後のことであった。(11)

同じころ七月一六―一八日、ブリュッセルではロシアの党の統一問題を議する会議が開かれていた。前年末の決定に沿って国際事務局執行委員会が関係諸グループとの接触を重ねながら、ようやく六月二九日に召集を通知した会議である。(12) その間、「八月ブロック」の人びとは、執行委員会とドイツ社会民主党の心証を良くしようと働きかけていた。六月半ば、執行委員会議長のヴァンデルヴェルデが実情視察のためペテルブルクを訪れ、三日間滞在したとき、彼らが歓迎したことは想像に難くない。もっとも、不偏不党を建前とする議長を囲む宴に臨んだのはメンシェヴィキ議員団だけでなくボリシェヴィキ議員団も一緒であり、個別の意見交換も両派それぞれと行なわれたのだが、結果についてマールトフはさっそくパリのアクセリロートに伝える、「パーヴェル・ボリソーヴィチよ、……われわれは『ラテン人たち』〔ベルギー人〕の心理的準備という点で大仕事をやってのけた」と。ボリシェヴィキは例の「『アジア的』な華麗」を披露したが、おかげでヴァンデルヴェルデには、「『アジア的』方向と『ヨーロッパ的』方向」の違いを分かってもらえた。われわれが「多くの点で実際にはヨーロッパと同じ条件のもとで活動しており」、外的条件もハンガリーの場合とさして違わない、という説明にも彼はうなずいていた。『地下活動』などという話が法螺《ほら》だということも理解してくれるだろう」。たしかに、西「ヨーロッパ」人ヴァンデルヴェルデには、どちらかと言えばメンシェヴィキの方が馴染み易かったに違いない。だが、アクセリロートはこれによってあまり勇気づけられなかったらしい。七月一一日、ブリュッセル行きの列車をシュトラースブルクで待ちながら、頼みのカウツキーが来てくれるだろうかと不安にかられるのだった(13)。

他方レーニンも、執行委員会の努力に敬意を払いつつ、『『八月ブロック』や『組織委員会』がまったく実体のない存在であること……を……インターナショナルのまえに暴露する」作戦を練り続ける。まず「主義として」自分自身は出席しないと心に決めていた。しかし、「レーニン派」が分裂をもっとも煽っているが統一への道はすべての潮流の妥協にある、というのがローザ・ルクセンブルクや「解党派」の見解だが、ロシアには「分派闘争の混沌」など存在せず、ただ「解党派との闘争」あるのみなのだ、というボリシェヴィキの立場ははっきり主張しておかねばならぬ。それだけに、ブリュッセル会議に向けての報告は歴史的経過の説明から現状分析まで詳細にわたり、代理出席者に対する指示は懇切きわまるものになった。報告は、「統一」の形式的条件を一三項目挙げているが、言わんとすることは一言に尽きている——「統一が可能であるのは、解党派がその戦術全体を決定的に破棄し」た場合だけである。では誰がレーニンの代理となるのか。

ロンドンのリトヴィーノフは気後れしていた上に、この夏にはロシアからの観光団体のつき添いで生活費を稼がねばならなかった。レーニンが白羽の矢を立てたのは、一九一〇年にパリで会って以来の四歳下の親しい同志イネッサ・アルマント、パリ生まれ、ロシア育ち、いま又パリに居を移していた女性である。「ディア・フレンド！」とレーニンはそのころクラクフ南方のポロニンから、英語まじりで毎日のように彼女に書いていた手紙の中で言う、「みごとなフランス語のほかに、問題の本質の理解と分別が必要です。君のほかにはだれもいません」。承諾した彼女にレーニンは更に、「プレハーノフは……(フランス語などで)婦人の同志を『どぎまぎさせる』のが好きです。［そういうときには］私、うっとりしましたワと［いう具合に］いんぎんにひじ鉄砲を食わせることです、などと事細かに指示を与え、「自分の意見を［他のボリシェヴィキ代表と］共同で表明すること……君のするのは、ほかならぬこのこと」だけなのだ、と励ますのであった。[14]

ブリュッセルに集まったのは、非ロシア民族組織を含め、ロシアの一一グループ二二名、その中には、レーニンが支持を期待していたラトヴィア人やポーランドの「分裂派」も含まれてはいたが、ボリシェヴィキは明らかに劣勢だった。しかも「八月ブロック」の諸派からはアクセリロート、マールトフ、トロツキーらが出ており、プレハーノフもやってき、別の裁判で法廷に立ったばかりのローザ・ルクセンブルクも顔を見せた。国際事務局側の顔ぶれはカウツキー、ヴァンデルヴェルデ、ユイスマーンス、アンセール、ニェメッツ、ルバノーヴィチ。フランス人たちが来なかったのは、むろん彼らのパリ党大会のせいである。錚々たる顔触れを向うにまわして、レーニンの代理人たちはせいぜい頑張ってみたが、イネッサ・アルマントの声も小さく、大勢を動かすどころではなかった。ポーランド「分裂派」までが大勢についた。カウツキーが提案した決議案が採択されるのに対して、ラトヴィア人と共に白票を投じるのがせい一杯だった。その決議は冒頭に述べる、

「国際社会主義事務局執行委員会は、諸派の間に分裂を正当化するに足りるほどの戦術上の相違は、現在、存在しない、という結論に達した。」

そして統一の条件として挙げられた五項目の中で、すべてのグループがロシア社会民主党の現在の綱領［二派に分かれた一九〇三年党大会で採択されたもの］を受け容れること、統一党の中では少数派は多数派の決定に従うこと、ブルジョワ政党との提携を拒否すること、が明言された。決議案に、プレハーノフとローザ・ルクセンブルクの筆が入っていたと言うが、さもありなんと思える条件である。(15)

かくして、レーニン派(とラトヴィア人)を除く、これまでになく多数のグループを集めた「七月ブロック」ないし「ブリュッセル・ブロック」が形成され、統一問題のインターナショナルの場での結着は、ウィーン大会に委ねられることになった。オフラーナは、もぐり込ませていた手先の報告から、統一があるていど実現するのではないかと惧れ、以後、機会ある毎に統一が不可

能だという考え方を擁護せよと命じた。ローザ・ルクセンブルクは、珍しくアクセリロートに連絡を取ったり、ポーランドの党に関しユイスマーンスの会議報告に註文をつけたりしたが、彼女がこの会議の結果をもとに次にどうしようとしていたのかは分からない。だが、ポーランドの「指導部派」と「分裂派」、さらに社会党＝左派との間で接近が促されたことは確かなようだ。レーニンは、ポーランド「分裂派」の「裏切り」を難じ、ローザ・ルクセンブルクやプレハーノフやカウツキーに対して、やつら奴《め》と思ったが、会議の結末はむしろ予想していたことで、妥協を考えるどころか新たに闘志を燃やそうとしたように思われる。落ち込んでいたらしいイネッサ・アルマントを「君はわが党に非常に大きな貢献を果しました！　とくに君はぼくの代役をつとめてくれたのですから、なおさら感謝する次第です」と慰めた。だが、次の便りで「どうか、もっと詳しい手紙を下さい!!　そうでないと、落ち着いていられません」と書いている。七月二四日かその少し前のことである。ペテルブルクでは大規模なストライキが始まってすでに七日目に入っていたが、レーニンにできるのは、ベルリンの同志に『フォーアヴェルツ』の切り抜きを送ってもらって情報を追うこと位だった。(16)

　七月二三日、オーストリア社会民主党幹部会と議員団の合同会議が開かれた。そこでの議論に基づいて、フリードリヒ・アードラーが国際事務局に苦渋を込めた手紙を送る。「セルビアとの紛争がどういう形を取るかは、まだ予測がつかないが、緊張は間違いなく八月中旬まで続くであろう」。戦争の危険のある状況のもとではと、彼は、サライェヴォ事件の翌日ハーゼが指摘し、その時は彼自身は杞憂と判断した理由を挙げて、大会をウィーンで開くのは危険が大きい、ブリュッセルかチューリヒに場所を移した方がよくはないかと提案した。現に、党機関紙『アルバイター＝ツァイトゥング(労働者新聞)』は、かつてバーゼル大会の記事を載せて当局に没収され、今また検閲に晒されているというのが現状だった。ジョレスは、メッテルニヒが、一世紀後、彼のオーストリアでインターナショナルの大会が開かれると聞いたら、魔術だと言うだろう、と期待を語っていたが、魔術の出番はなくなった。ウィーンはやはりウィーンであり、メロディーは変わらない。オーストリア＝ハンガリーがセルビアに最後通牒をつきつけたのは、その日の午後六時ごろだった。(17)

（1）　*Bulletin périodique du BSI*, 5(11) : Supplément, 3-4 ; Haupt, *Socialism and the Great War*, 136ff. ウィーン大会の準備については、オープトに拠るところが大きい。
　ここで初めて触れる人物に簡単な説明を加えるならば、シドニー・ウェッブはフェビアン協会の中心人物の一人、フアン・フストはアルゼンチン社会党に属し、ラテン・アメリカでもっとも早いマルクス主義者、『資本論』の訳者。ウィレム・フーベルト・ヴリーヘンはオランダの社会民主労働党の指導者、エマーヌエル・ヴルムは『ディ・ノイエ・ツァイト』の編集部にいた。フランシス・ド・プレサンセはフランスの『ラ・ヴィ・ソシャリスト』の編集者で、「人権擁護連盟」議長だったが、一九一四年一月に没し、代わってカール・リープクネヒトが報告者となった。

　報告は、ブリュッセルで小冊子として印刷されたが、ジョレスとケア・ハーディーは間に合わせることができなかった。小冊子は、オープトによって復刻されている。Haupt, *Le Congrès manqué*, 125-248. マルクス主義左派の帝国主義分析の例として、Parvus, *Die Kolonialpolitik und der Zusammenbruch* (Leipzig, 1907); Karl Radek, *Der deutsche Imperialismus und die Arbeiterklasse* (Bremen, 1912). アルコール中毒問題は、じつはつとに労働運動にとって関心事であった。そのことは『ディ・ノイエ・ツァイト』の誌面からも窺われるが、ドイツでは一九〇三年に「ドイツ労働者禁酒同盟」が創立されており、その働きかけで、一九一〇年には国際社会主義禁酒事務局が創設された。Dieter Fricke, *Handbuch zur Geschichte der deutschen Arbeiterbewegung*, 2 Bde. (Berlin-DDR, 1987), II, 1034f.; J. Hanauer, "Die sozialistischen Parteien und die Alkoholfrage", *NZ*, 1910/11, 29-ii: 828ff.

（2） Vaillant à Huysmans, 1913. IX. 22, IX. 29, 1914. V. 26, *loc. cit.*, 299-302.「ケア・ハーディー＝ヴァイヤン修正案」に関し事務局執行委員会が加盟各党に意見を求めたのは一九一〇年一二月。返事を寄せた党・組合組織は一〇に留まったようだ。そのうち六つはスウェーデンの党と交通関係の組合からで、他に主要政党からの返答はない。BSI, Circulaire No. 11. juin 1912, in: *Bulletin périodique du BSI*, 1912, 3(8): 113-114; ISB, Circular Nr. 9-August 1913, Archief II. Int., IISG; Goldberg, *Jean Jaurès*, 448-453; Jean-Jacques Becker, *1914: Comment les Français sont entrés dans la guerre* (Paris, 1977), 78-79, 87ff.; Bernard Georges/Denise Tintant, *Léon Jouhaux. Cinquante ans de syndicalisme*, I (Paris, 1962), 121ff.

（3） Rosa Luxemburg, "Das belgische Experiment", in: *Gesammelte Werke*, III, 195-207; Vandervelde, *Souvenirs*, 64ff.; Claude Renard, *La conquête du suffrage universel en Belgique* (Bruxelles, 1966), 281; Karl Kautsky, *Der Weg zur Macht* (1909), hrsg. u. eingel. von Georg Fülberth (Frankfurt am Main, 1972), 84ff.; Kautsky an Adler, 1913. X. 8, in: *Adler, Briefwechsel*, 582; *Prot., SPD, 1913*, 178-195 (Anträge), 223, 228ff. (Scheidemann), 288ff. (Luxemburg), 293ff. (Bauer), 337f. (Abstimmung), 555 (Ebert); Schorske, *German Social Democracy*, 276ff.; Groh, *Negative Integration*, 493ff. ローザ・ルクセンブルク案と幹部会案との間には力点の差しかなかった。だからこそ前者がかなりの支持を得、他方、後者が最終的にほとんど満場一致で採択されたのである。なお、ニーダーバルニムの動議には、ルクセンブルク

案とそっくりの表現が見られる。ニーダーバルニムはいわば彼女の「縄張り」であり、ベルリン第四選挙区に属していた。

ショースキーは、この時の反主流派が一九一七年の独立社会民主党の構成員と一致すると見る。それが、彼の著作のキリスト教会史の出来事になぞらえた副題「大分裂」の意味である。

なお、幹部会案は、自由労働組合総務委員会の諒承も得た上で、九月四日の党協議会で賛成多数で採択されていたものである。Protokoll, Parteiausschuß, 1913. IX. 4, in : *Protokolle der Sitzungen des Parteiausschusses der SPD 1912 bis 1921.* Nachdruck hrsg. v. Dieter Dowe, 2 Bde. (Berlin/Bonn, 1980), I, 35-41. 党協議会(Parteiausschuß)とは、一九一一／一二年の党機構改革の動きの中で一九一二年に設立された、地区・邦の代表からなる機関で、党幹部会と共に全党的な重要問題を議する場とされた。見よ、Friedhelm Boll, "Zur Funktion und Bedeutung des Parteiausschusses der SPD (1912-1921)", *ibid.*, XI-XXVII ; Schorske, *German Social Democracy*, 216-220.

(4)　ローザ・ルクセンブルクよりヨギヘスへ(一九一三・九・一五)『手紙』第四巻、三〇三、Rosa Luxemburg, "Nach dem Jenaer Parteitag", *Gesammelte Werke*, III, 348 ; "Rosa Luxemburg in Bockenheim" (*Volksstimme*, 1913. IX. 27), [Anklagerede des Staatsanwalts] (*Vorwärts*, 1914. II. 24), in : IML/ZKdSED, *Rosa Luxemburg im Kampf gegen den deutschen Militarismus* (Berlin-DDR, 1960), 25-26, 40-44. ボッケンハイムでの演説の内容は上記の間接史料しかない。

ツァーベルン事件については、Hans-Ulrich Wehler, *Krisenherde des Kaiserreichs 1871-1918* (Göttingen, 1970), 65-83.

(5)　Heinz Wohlgemuth, *Karl Liebknecht. Eine Biographie* (Berlin-DDR, 1973), 130ff., 217ff.; Helmut Trotnow, *Karl Liebknecht. Eine politische Biographie* (Köln, 1980), 38-55, 163ff. ; Karl Liebknecht, "Die Internationale des Rüstungskapitals. Reden im Deutschen Reichstag in der zweiten und dritten Lesung des Reichsheeresetats", in : *Karl Liebknecht : Gesammelte Reden und Schriften*, hrsg. vom IML/ZKdSED, I-IX (Berlin-DDR, 1958-1968), VI, 259-296 ; Vorwort zum Bd. VII, 10. 計画された書物の未完

成原稿は、"Die Internationale der Rüstungsindustrie", *ibid.*, VII, 3-33. 軍需産業の「国際的」性格について、参照、Hallgarten, *Imperialismus vor 1914*, II, 390ff., 496ff.

(6) ISB, Internationaler Sozialistenkongress in Wien. Dokumente. 3. Kommission: Imperialismus und Schiedsgericht. Bericht von W. H. Vliegen (12 S.); Bericht von Haase (4 S.). 復刻は、オープトの *Congrès manqué* の独訳版 *Der Kongreß fand nicht statt* (Wien, 1967), 256ff. ヴリーヘンの報告に着目し、そこにバーゼル決議の秘かなる修正を読みとり、それをインターナショナルの方針の「転換」と解釈してみせたのはオープトである。Haupt, *Socialism and the Great War*, 134, 158ff.

前註(1)にも記したように、主としてマルクス主義左派の人びとによって帝国主義の解明が進んでいた。そこに、ヒルファーディングの『金融資本論』(一九一〇)、ローザ・ルクセンブルクの『資本蓄積論』(一九一三)を加えるべきであろう。そうした議論の中で、カウツキーは、国際カルテルに注目し、いわゆる「超帝国主義」論を一つの可能性として示唆した。ヴリーヘンの主張にそれと揆を一にしている面を指摘できよう。カウツキーの議論について、参照、松岡利道『ローザ・ルクセンブルク。方法・資本主義・戦争』(新評論、一九八八)、二八八—三三六。

(7) Notizen des Kongresskomitees, Lade 15, Mappe 14, VGA; ISB, Einladung zum Internationalen Sozialistischen Kongress zu Wien (23.-29. August 1914), Brüssel, März 1914, Archief II. Int., IISG; X. *Internationaler Sozialsiten-Kongress. Wien-1914* (Wien, [1914]), Archief II. Int., IISG. 記念冊子の編者はローベルト・ダネベルク——Robert Danneberg an: "Sehr geehrter Genosse", 1914. IV. 18, Hjalmar Brantings Arkiv, Brevsamling, vol. 7, AA.

チェコ人の協力は一九一三年末の国際事務局会議でウィーン大会開催の前提とされた。

(8) George W. F. Hallgarten, *Als die Schatten fielen. Erinnerungen vom Jahrhundertbeginn zur Jahrtausendwende* (Frankfurt am Main, 1969), 51 (参照、ハルガルテン『帝国主義と現代』西川/富永/鹿毛〔編訳〕〔未来社、新装版、一九八五〕、四四)、シュテファン・ツヴァイク『昨日の世界 一ヨーロッパ人の回想』原田義人訳、第一巻(みすず書房、一九六一)、三一八—三二二。Gustav Mayer, *Erinnerungen. Vom Jour-*

nalisten zum Historiker der deutschen Arbeiterbewegung (Zürich, 1949), 211.
　ドイツ社会民主党幹部会会議（一九一四・六・二九）については、ベルリン警視庁の記録による。こうした会議にまで警察官が臨席し記録を取っていたのである。復刻は、Jürgen Kuczynski, *Der Ausbruch des ersten Weltkrieges und die deutsche Sozialdemokratie. Chronik und Dokumente* (Berlin-DDR, 1957), 187f. なお、この復刻では、本文で「戦争の危険」と訳した部分が“Volksbrand”となっているが、グローの引用では“Weltbrand”とされている。またグローによれば、自由労働組合総務委員会のレギーンはもっとはっきりと“Weltbrand”の恐れについて語ったという。カルキンスは、クチンスキの復刻版によりつつ、ハーゼをサライェヴォ事件の「成り行きをその全射程で逸速く認識した一人だった」と評価する。一般的に言って、この事件の一か月後に世界大戦が勃発したことを知っている者には、事件直後の発言の解釈はかえって難しい。それを承知した上で、警察官の記録が正確であり、“Weltbrand”の方が正しかったとしても、なおかつハーゼにとってウィーンで大会が開けるかどうかの方が心配だったと考える。その点どちらかと言えば、オープトの判断に近い。F・アードラーの通信についてはオープトの言及に拠る。（なお、書記局への連絡を任されたのはモルケンブーアだった、とオープトは書いているが、ヘルマン・ミュラーとすべきであろう。）Groh, *Negative Integration*, 610 ; Calkins, *Haase*, 52 ; Haupt, *Socialism and the Great War*, 184.

(9)　Vaillant à Huysmans, 1914. VII. 5, *loc. cit.*, 302 ; Goldberg, *Jaurès*, 459f. ; Carlo Pinzani, *Jean Jaurès, l'Internazionale e la guerra* (Bari, 1970), 286f. ; Annie Kriegel/Jean-Jacques Becker, *1914. La guerre et le mouvement ouvrier français* (Paris, 1964), 57-59 ; Haupt, *Socialism and the Great War*, 167 ; Groh, *Negative Integration*, 603ff. ; Haase an Vaillant, 1914. V., in : *Hugo Haase : Sein Leben und Wirken. Mit einer Auswahl von Briefen, Reden und Aufsätzen*, hrsg. v. Ernst Haase (Berlin, 1929), 101f. ; Sitzung, 1914. VI. 30, in : *Prot., Parteiausschuß, SPD*, 77f.

(10)　Annie Kriegel, *Aux origines du communisme français, 1914-1920*, I (Paris/La Haye, 1964), 51 ; Becker, *1914*, 108-119 ; Adler an Kautsky, 1914. VII. 14, in : *Adler, Briefwechsel*, 595 ; “La Question de l'Impérialisme devant le Congrès Socialiste”, *L'Humanité*, 1914. VII. 17；オープトは、定説に疑義を呈し、

独仏両党が妥協にむかっていたのではないかと考え、ジョレスの決議案をその脈絡で検討している――Haupt, *Socialism and the Great War*, 172-180.

(11) ロシェットなる新興成金が贈賄容疑で、一九〇八年、ブリアン内閣のとき逮捕されたのが事の発端であった。一九一〇年、ジョレスは真相究明を要求したが、埒のあかぬまま過ぎていたところ、一九一四年、『ル・フィガロ』のカルメットがロシェット裁判を引き延ばしたのはカイヨーだと非難し始めた。確証を欠いたカルメットは、カイヨーがかつての愛人、現夫人に送った手紙を前夫人から入手して、カイヨーの脱税を暴露した。そうした手紙が更に公表されることを封じようとして、現夫人はカルメットを編集室に訪ねピストルで射殺した。それにより再び浮上したロシェット疑惑の究明にあたったのがジョレスだった。Goldberg, *Jean Jaurès*, 449ff., 462; Becker, *1914*, 131ff.

(12) 会議召集状の日付は"Большевики на Брюссельском совещании 1914г. Документы Института марксизма-ленинизма при ЦК КПСС", *Исторический архив*, 1959, 5(4): 9-38 の紹介による。ただし Haupt, *La Deuxième Internationale*, 337 のデータでは六月三〇日。シュトローベルは、六月一六日とし、それに基づいて議論を展開しているが、露暦を新暦と取り違えたのであろう。Strobel, *Die Partei R. Luxemburgs*, 446, Anm. 142.

(13) Geyer, *Russisches Dossier*, 223ff.; Martov to Axelrod, 1914. VI. 15, in: Gankin/Fisher, *The Bolsheviks*, 101-103; Aksel'rod an K. Kautsky, 1914. VII. 11, in: Geyer, 662. Cf. Abraham Ascher, *Pavel Axelrod and the Development of Menshevism* (Cambridge, MA, 1972), 297ff.

なお、「アジア」は「ヨーロッパ」が「文明」を意味するのに対して「野蛮」を想起させる言葉としてしばしば用いられ、それは植民地主義者たちの間にかぎったことではない。例えば、一八四八年革命の折、ドイツ人のフランクフルト国民議会への参加をチェコ人として拒否し、少数民族の権利を擁護したことで知られるフランティシェク・パラツキーは、他方でハプスブルク帝国自体は維持する考えだった。その理由として彼は述べる、もし帝国が存在していなかったら「ヨーロッパと人類のために急いでそれを創設しなければならなかったろう。……この国家はあらゆる種類のアジア的要素に対するヨーロッパの楯そして避難所と考えられてきた」。次は現在のドイツ連邦共和国の保守派の歴史家エルンスト・ノルテの文章から――「ナチス……が《アジア的》行為を遂行したのは、たぶん単に……自分たちこそ潜在的にか現実にか《アジア的》行為の犠牲者だと考えていたからではないのか。《収容所群島》の方が《アウシュヴィッツ》よりも元来あったものではないのか」。興味深いのは、一九一一年、リャザーノフがロシアの党の分裂状況に関してカウツキーに書いた一節である――「ポーランド人たちは……レーニン派の組織委員会に留まっている。なんとも外交的なことだが、我々アジア人にとっては巧妙にすぎる」。パラッキーの場合、「アジア」とは具体的にはオスマン帝国を指していたのだが、社会主義者もスラヴ人の多くを「歴史なき民」と蔑視し、ツァーリのロシアを「野蛮」と見て敵視していたことは既に指摘した(前註V-5)。その意識の中ではロシアと「アジア」が重なる。この数世紀におけるヨーロッパ各国語の「アジア」のイメージを分析するならば面白い結果が出てくることだろう。日本人の「脱亜」指向もその脈絡で検討されてよい。参照、エドワード・W・サイード『オリエンタリズム』板垣雄三・杉田英明監修、今沢紀子訳(平凡社、一九八六)。Palacky to the Commitee of Fifty, 1848. IV. 11, in: Frank Eyck (ed.), *The Revolutions of 1848-49* (Edinburgh, 1972), 89; Ernst Nolte, “Vergangenheit, die nicht vergehen will”, in: *Historikerstreit* (München, 1987), 45; Rjazanow an K. Kautsky, 1911. VII, in: Geyer, *Russisches Dossier*, 417.

(14)　レーニン「K・ユイスマンスへ」(一九一四・一・二)、「国際ビューローの干与にかんする組織されたマルクス主義者の見解」(一九一四・四)、「ブリュッセル会議におけるロシア社会民主労働党中央委員会の報告と中央委員会代表団の指令」『全集』第二〇巻、六五―七一、二四二―二四五、五三六―五七八、Литвинов В. И. Ленину, 1914. V. 5, in: “Неопубликованные письма М. М. Литвинова В. И. Ленину (1913-1915гг.), *Новая и новейшая история*, 1966, (4): 125%.; レーニンよりアルマントへ(一九一四・七・六以前)、(七・一三以前)、『全集』第四三巻、五〇八―五一〇、五一九―五二三。上記の報告と指令をアルマントのためにレーニンは会議の二、三日前まで必死になって書いていた。Cf. Krupskaja, *Erinnerungen*, 309.

(15)　Gankin/Fisher, *The Bolsheviks*, 104f. 一一のグループの中には、ローザ・ルクセンブルクもレーニンも反対していたポーランド社会党＝左派が含まれていた。イネッサ・アルマントの他、レーニン派の代表は、イ・エフ・ポポーフとエム・エフ・ヴラジーミルスキーだった。彼らの会議での言動については，ポポーフのレーニンへの報告(一九一四・七・一六，二二)に拠る——“Большевики на Брюссельском совещании”, 25, 31. 会議の決議は，Gankin/Fisher, *The Bolsheviks*, 131f. Cf. R. C. Elwood, “Lenin and the Brussels ‘Unity’ Conference of July 1914”, *The Russian Review*, 1980, (39), 32-49.

(16) オフラーナの報告については，Gankin/Fisher, *The Bolsheviks*, 106 ; Strobel, *Die Partei R. Luxemburgs*, 472ff.

ローザ・ルクセンブルクは，フランクフルト裁判のあとも各所で反戦演説を行ない，兵士に対する虐待を問題にしたという理由で再び起訴され，六月二九日—七月三日，ベルリンの法廷に立った。残された記録による限り，この時期，その裁判に関すること以外に彼女の発言は多くない。Rosa Luxemburg à Axelrod, 1914. VII. 24, à Huysmans, VII. 25, 27, in : Rosa Luxemburg, *Vive la lutte ! Correspondance 1891-1914*, textes réunis, traduits et annotés sous la direction de Georges Haupt par Claudie Weill, Irène Petit, Gilbert Badia (Paris, 1975), 392-395. なお，これらの手紙は，*Gesammelte Briefe*, Bd. 6 (Berlin, 1993) 197-200 にもドイツ語訳で収められた。

彼女が一九一九年，虐殺された直後，カウツキーは追悼を書き，けんか別れしたあとも時折の連携が全くなくなった訳ではなく，とくにこのブリュッセル会議での協力は注目すべきものとなった，と述べた(*Der Sozialist*, 1919, 5 (4) : 56)。だが，この全く状況の異なった段階での発言を，ネトルのように，ブリュッセル会議当時の両者の関係の証拠とするのには無理があろう。Nettl, II, 595. レーニン「ブリュッセル会議におけるポーランド反対派」，「岐路に立つポーランド社会民主党反対派」『全集』第四一巻，四一七，第二〇巻，六〇三—六〇四，レーニンよりアルマントへ(一九一四・七・一九，七・二四以前)『全集』第四三巻，五二八—五五二，レーニンよりヴェ・エム・カスパーロフへ(一九一四・七後半)，同書，五三七。Cf. R. C. Elwood, “The Congress That Never Was : Lenin’s Attempt to Call a ‘Sixth’ Party Congress in 1914”, *Soviet Studies*, 1979, 31 (3) : 343-363 ; Leopold Haimson, “The Problem of Social Stability in Urban Russia, 1905-1917”, *Slavic Review*, 1964, (23) : 619-642, 1965, (24) : 1-22 ; Haupt, “Lenin, the Bolsheviks and the

Second International", in: *Aspects of International Socialism, 1871-1914* (Cambridge, 1986), 101-131.

(17)　Friedrich Adler an das ISB, 1914. VII. 23, Lade 15, Mappe 14, VGA. オープトの *Congrès manqué*, 274-276. に復刻されている、同日付の彼の手紙は、受け取った側のユイスマーンス文書の中にあったもの（フランス語）であろうが、ここで典拠とする史料（ドイツ語）の方が遥かに長文である。*Arbeiter-Zeitung*, 1912. XI. 26, Zweite Auflage; Becker, *1914*, 117. Cf. Julius Braunthal, *Victor und Friedrich Adler. Zwei Generationen Arbeiterbewegung* (Wien, 1965), 210. 次章、一七二ページを見よ。

IX　ブリュッセル

最後通牒は、通念として主権国家たるものがおよそ受け容れることのできない条項を含んでおり、しかも四八時間の期限つきだった。はじめからセルビア政府が全面受諾をする筈ないと見越した、介入の口実を作るためだけの通牒だったのだ。通牒の内容を他の政府が知らされたのは、ドイツを除き、翌七月二四日になってからだった。ロシア外相エス・デ・サゾーノフはオーストリア外相ベルヒトルトに対し、ヨーロッパに火をつける気かと怒りを表わし、四八時間の期限を延長することを求める。イギリス外相エドワード・グレイもヨーロッパ戦争の危険を感じ、やはり期限延長を働きかけた。フランス政府は、大統領ポワンカレと首相ルネ・ヴィヴァーニがペテルブルク訪問の途中にあり、即応できる態勢になかった。オーストリアの最後通牒は、そのことを計算に入れていたのだ。

二五日。オーストリアは仲介の動きをにべもなく拒否した。セルビア政府は、散々まよった末、あえて主権国家としての矜持を捨ててオーストリアの要求に全面譲歩する。だが、オーストリアは断交をもって答えた。

二六日。グレイは、英仏伊独の調停会議を提案する。

二七日。ドイツ政府はその提案を拒否した。じつは、ドイツ外相ゴットリープ・フォン・ヤーゴは、協商国側に対して煙幕を張りつつ、オーストリア政府にセルビアに対する強硬策をけしかけていたのである。オーストリア政府の行動は、背後にドイツ政府の強力な支持があったればこそのものであった。ドイツ政府は、オーストリアがセルビアを攻撃すれば、ロシアとフランスをまき込む戦争に発展することを承知の上で動いていた。彼らにとっての問題は、イギリスの中立を確保すること、そのためにも開戦の責任をロシアに転嫁することだけにあった。

二八日。一か月前には、戦争に踏み切るなら今であり、さもなくばもう機会はない、と主戦派の先頭に立っていたヴィルヘルム二世だったが、休暇から戻り、この日はじめてセルビアの回答を見せられて、満足すると同時に、これで戦争の理由は一切なくなってしまった、と気抜けする。だが、宰相テーオバルト・フォン・ベートマン＝ホルヴェークは皇帝の「変心」を然るべく伝えようとはしなかった。ことさらに休養先に留まり続けて世間の目をごまかしていた軍部・政府の要人たちも、参謀総長ヘルムート・フォン・モルトケをはじめ、今やベルリンに次々と帰ってきた。ウィーンでは、ベルリンにせっつかれて、参謀総長フランツ・コンラート・フォン・ヘッツェンドルフも軍事行動開始の日の繰り上げに同意した。サライェヴォ事件のあとセルビアに対する戦争政策に反対していたハンガリー首相ティサ・イシュトヴァーンもすでに意見を変えていた。

一一時ごろ、オーストリアはセルビアに宣戦を布告した。

二九日。ドナウ川を越えて、オーストリア軍の砲弾が一衣帯水のベオグラードで炸裂した。ロシアは、オーストリア＝ハンガリーに対する総動員令を考える。もっとも、ヴィクトリア女王の孫であるヴィルヘルム二世と、孫の一人を妃にしたニコライ二世とはしきりと電報で協調を語り合っており、ツァーリも一時、動員の範囲を縮小しようとした(当時のイギリス国王ジョージ五世も同じく女王の孫である)。同時に、グレイは、ヨーロッパ戦争になったらイギリスが中立に留まることはない、とついに明言する。ドイツ政府の戦争構想の二つの条件がこれで崩れた。しかしなお、ベートマンは、ハーグ国際仲裁裁判所に事を委ねようというロシアの誘いを斥けた。

三〇日。ドイツ参謀本部は、ヨーロッパ戦争に乗り出す覚悟を固め、総動員令の発令を翌日正午に設定する。ベルギーの中立を侵犯することも筋書きのうちだった。だが、首相ベートマンは、開戦責任をロシアに押しつけることができるようになるまで待つべきだと頑張った。ベルリンはどうするつもりなのか、と訝ったウィーンでは、外相ベルヒトルトもロシアがドイツの威嚇を前にして引っ込んでくれることを願った。

三一日。モルトケからの要請に屈し、オーストリア＝ハンガリーは総動員令の発令を決定した。ベルリンでは、参謀本部とのがまんくらべの揚句、一一時五五分、ついに宰相ベートマンが五分の差で「正義」を獲得することに成功した。ロシアが総動員令を発したという知らせが入ったのだ。ヴィルヘルム二世は「戦争警報」、一種の戒厳令に署名する。

こうした経過は、半世紀後になって、しかも、もう一つの世界大戦を経て、ようやく歴史家たちにも分かってきたことである。ドイツが膨張政策を秘めながら戦争を挑発したことは今や明らかだ。そのドイツの参謀本部と言えども、四年も続く死闘を覚悟していたわけではない。協商国側は何とかして戦争を回避しようとしていたのであり、ドイツ政府の中にもその同調者は皆無ではなかった。列強は、のちのヒトラーのように、ヨーロッパの「文明」を賭してでも何かを得ようとしていたのではなく、セルビア人なり他の誰かなり、自分たち以外の人びとを我慢させ、それによって「平和」を維持しようとしていたのだ。それに失敗したのは、なるほどドイツの軍事優先の行動のせいだと言ってよかろう。だが、他の列強も軍拡に励んでいたのだった。イギリスを頂点とする帝国主義体制は、軍需産業ですら「国際化」が進みながら、それでいて列強各国が勢力圏のいっそうの確保を計る、という矛盾に満ちた仕組みになっていた。列強指導層は、自国のナショナリズムを煽り、他の多くの民族を抑圧し、かつその自立の要求を利用しようとした。列強は、かの「魔法使いの弟子」のように、自ら呼び出した力を抑えきれなくなり、その瞬間、彼らの「平和」は崩れ去ったのである。しかし、当時のふつうの人びとには、時々刻々の諸内閣の動きは知る術もなかった。帝国主義戦争の危険を指摘し、政府に批判的だった社会主義者も、事の真相をつかむには、政府の言葉の解釈から手探りしていくしかなかったのである。(1)

ドイツ参謀本部の軍人たちの休暇は偽装だったが、社会民主党幹部の多くは、他の人びとと同様に、それぞれ休暇を楽しんだり、私用を片付けたりしようとしていた。(2) だが、さすがにオーストリアがセルビアに最後通牒をつきつけたと知るや、カウツキー、ヴァイヤン、ローザ・ルクセンブルク、シャイデマンなど、少なくとも何人かは両国間の戦争は不可避だと考えるに至る。ユイスマーンスもその一人だった。彼は、フリードリヒ・アードラーからの提案を待つまでもなく、国際事務局会議の緊急召集が必要だと考え、七月二四日、関係者に意見を求めて打電する、「センソウダ　ジ　ムキョクショウシュウスベ　キヤ」と。反応を見て、彼は二六日、会議召集を電報で通知した。(3)

社会主義者たちは改めて反戦平和の声を高める。なるほどウィーンの『アルバイター＝ツァイトゥング』は、外交の動きを追い戦争の急迫を報じるのが精一杯で、フランスの党大会についての報道では、「ヴァイヤン＝ケア・ハーディー修正案」の部分が削除され、二五日に掲載した「労働者諸君、党員諸君！」への呼びかけも一部分白紙の有様だった。だが、ドイツ社会民主党幹部会は「世界戦争迫る！」と檄をとばし、『フォーアヴェルツ』も「世界戦争への指揮棒がふりおろされた」と書き、各地方の党機関紙も反戦を主張する。反戦集会が二七日、南ドイツ各地に拡がれば、翌二八日の日曜日、北ドイツのブレーメン、ケルン、ハンブルク等々で集会に参加した人々は、合わせて二〇万以上に達した。ベルリンでは三万人が集会を行ない、とくに第四選挙区では慎重を説く党幹部会の代表に対して激しい野次が飛ぶほどだった。フランス労働総同盟の機関紙『ラ・バタイユ・サンディカリスト(組合闘争)』も、二六日、ゼネストを示唆し、二七日、みな街頭へと呼びかけた。(4)

しかし、彼らがヨーロッパ戦争の脅威を肌で感じていたのか、となると疑わしい。なにせ諸政府の動きがつかめていなかった。二五日のドイツ社会民主党幹部会の反戦の檄にしても、「平和維持のため、ドイツ政府に対してオーストリア政府に影響力を行使することをあくまで要求する」と述べている。ジョレスが、フランス政府にロシア政府を抑えるよう求めていたように。ローザ・ルクセンブルクでさえ、「もしドイツ政府が臨戦態勢にあるかと問われるならば、当然、答えは否である」と書いていた。カウツキーも、ヴィクトル・アードラーへの手紙で、世界戦争になったら、とは言っているが、そうなるかどうかの決め手はロシアとイタリアだが、両国とも戦争に踏み切るほどの力はない、と結論する。しかも、皮肉な調子で述べていた、「こうした状況では、思うに、ケア・ハーディー＝ヴァイヤン修正案はおのずと決定的に問題外になる。なぜなら、戦争に反対するにゼネストをもってせよと言うのであれば、今こそオーストリアでそれが起こる筈の時だろう。ところが、大衆の抗議行動の気配はこれっぱかりも無いのだ(5)」。

二六・二七日、ブリュッセルでベルギー労働組合中央大会が開かれた。それに出席した独仏両国の組合の最高指導者カール・レギーンとレオン・ジュオーが、ベルギー人のなかだちで、コーヒー店でしばし会談する。相手の母語をあまり解さぬ二人の会話の内容については、ジュオーの側から自己弁護の形で、しかもその時々、やや違う表現で証言されているだけなので、あれこれと解釈されてきた。だが、いざ戦争となった時、本気でそれに立ち向かう気があるのか、について、二人の指導者はお互い相手を安心させることはなかった、ということだけは確かであろう。二七日、フランス社会党常設執行委員会の会議が、翌二八日には、ジュオーも参加して労働総同盟の中央委員会の会議が開かれ、反戦の大衆行動が始まった。大衆行動は、地方で先に動き出しており、エルヴェが「パリの社会主義者は眠っているのか」と難じたほどである。とは言え、労働総同盟は、翌二九日に由緒あるサル・ド・ワグラムで反戦大集会を呼びかけた。だが、それは街頭行動ではなく、室内集会である。反戦ゼネストは起こるのか。パリは地方待ち、地方はパリ待ち、の気配だった。ゼネストの自信を失った総同盟と、ヴァイヤンらによって尻をたたかれた社会党とは、それまでの主張の中和を求めて接近する。両者の協力路線を代表するのがジョレスであった。(6)

東奔西走、不眠不休の活動を続けていたジョレスは、二八日、ブリュッセルへと急いだ。別の列車でヴァイヤン、ゲードらもブリュッセルに向かう。会話が楽し気にはずむ中で一人ぶすっとしていたゲードが、目的地に着く寸前にわめいた、君たちはなんで戦争を惧れるのだ、戦争は革命の母ではないか。これには一同しんとして声もなかった。(7) 二九日早朝、「人民の家《メゾン・ド・プープル》」六階の一室で、非公開で始まった第一六回国際事務局会議に参集したのは、彼らフランス人をはじめ、イギリス・ドイツ・オーストリア・ボヘミア・イタリア・スペイン・ロシア・ラトヴィア・ポーランド・デンマーク・オランダ・ベルギー・スイスの代表三二名。ヨーロッパに限られ、しかもバルカン諸国が欠けていたとは言え、主だった人びとがほとんど顔を揃えていた。(8)それだけにレーニンはおろか、二週間前と異なり、その代理すら姿を見せなかったことが目立つ。もっとも、人びとがその欠席を残念に思った気配はない。(9)

すでに前日、オーストリアがセルビア攻撃を開始していた。情勢はどうなのか。まず話を求められたのがヴィクトル・アードラーだった。彼は言う、

「わが国では、セルビアをやっつけてしまおうとしている。この状況をわが党との関連で検討してみよう。われわれは危険をよけることができない。デモは不可能になった。生命の危険、投獄される惧れがある。それはまあ経験済みのことだろう。しかし、われわれの組織・全出版物が危険に晒されているのだ。三〇年間の仕事を、何の政治的効果なしに無にしてしまう瀬戸際なのだ。わが国の中のセルビア人を鼓舞するのは危険ではなかろうか。セルビア人に、オーストリアに革命が迫っていると信じさせたりしたら、たいへんな責任を負うことになるのではないか。……ストライキ等々の考えは幻想でしかない。……さいごの望みは、犠牲者がわれわれだけであるように、戦争が拡大しないように、ということのみ。……われ

われは党を救いたい。……大戦争が回避されることを信じるのは、あるいは奇蹟を信じることかもしれないが、それでもやはり希望をもとう。」

いっぺんに十も年を取ったかのように老けてしまったアードラーの発言は、人びとを納得させるどころか失望をもたらした。演説がフランス語に通訳されている間に、ローザ・ルクセンブルクはつとスペイン代表のところにやってきてハッパをかけた。こんな調子でやっていけるか、元気のいい演説、言葉を圧する事実を示してアードラーに反論しなくては、イタリア・ロシアの代表は彼らの国の反戦キャンペインについて報告しなくては、あなた方も一九〇九年七月のスペインのできごとを話して欲しい、と。(10) アードラーの次に立ったハーゼもことさらのように、ベルリンの党から受け取ったばかりと言う電文を披露する、昨日ベルリンでは、何千という労働者が、二七の集会と街頭で反戦平和の示威を行なっているぞ、と。ボヘミアのニェメッツの発言は、アードラーの悲観的見通しを裏付ける内容だったが、ほとんど何も印象づけなかったようだ。ジョレスは、アードラーに、ボスニア＝ヘルツェゴヴィナやクロアティア人の風潮はどうなのかと問う。その場をとりなすつもりでなかったとすれば余りにも悠長な質問と言う他ない。それに対してアードラーが、クロアティア人はカトリックでセルビア人は正教徒で、と説明を始める。たまりかねたか、ハーゼが言った、われわれはすぐにでも帰国しなくてはならない、宣言を出して今日中に閉会しよう、外交官たちに負けずに迅速に行動しようではないか、と。だが、ケア・ハーディーやヴァイヤンは、慌てるのはよくない、仕事を片付けるのが先決だ、と口々に叫び、会議は休憩のあと午後三時すぎに再開された。改めて立ったハーゼは、インターナショナルは生きているということを示すために、大会を開くことが肝要だ、と主張した。パリでおそくも来週末に、と。ローザ・ルクセンブルクも大会開催を重視していた。そこでまず開催地だが、ロンドンではいけないのかというケア・ハーディーの反発にも拘わらず、パリに決まった。

では、いつにするか。アンジェーリカ・バラバーノフが、今ここで緊急行動の決定ができないのか、単なる示威に終わりかねない以上、いっそ大会は延期した方がよい、と述べたところ、直ちにジョレスが反論する、最高決定機関たる「大会がわれわれには必要なのだ」と。そして、フランスの党と組合が反戦大集会を予定している八月九日に合わせてインターナショナルの大会を開催しよう、と提案した。議論の末、この日取りに決定を見たが、こぞって異議を唱えたのはイギリス人たちだった。すでに午前中に発言していたダン・アーヴィング同様、ブルース・グレイジャーが、反対の理由として急な話では参加者が少なくなることを挙げれば、ケア・ハーディーも、大会の議事日程を崩すな、と主張する。なぜなら「議事項目は長期的な重要性があるが、この戦争は過ぎ去る可能性があるからだ」。おまけにグレイジャーは言ってのけた、「何らかの直接行動でこの戦争を阻止し得ていたのなら、われわれとて「日取り変更に」反対しない。だが当事国の社会主義者たちは無力ではないか。……オーストリアの同志は『義務を果すために財産を犠牲にしよう』と言うべきだったのだ」。アードラーは、イギリスの同志は代表派遣を二週間早めることすら困難とおっしゃるが、われわれの困難はとてもそんなものではない、と一矢報いつつも、「これ以上われわれを軽蔑しないで欲しい」と訴えるのであった。グレイジャーは、その日記によれば、流石に「言い過ぎた」と思ったようだ。(11)

議事日程については、バーゼル臨時大会の再演ではないのだから予定の議事項目を変えるべきでないというトルールストラなどの意見と、戦争問題だけでせい一杯だ、のんきにアルコール中毒などについて議論する時ではない、というローザ・ルクセンブルクやカウツキーの主張とがあったが、けっきょく、予定の議事日程はそのまま残した上で新たな議題「戦争とプロレタリアート」を真先に扱う、というハーゼの提案に落ち着いた。もっとも、ハーゼがゼネスト問題の議論は避けたいと思っていたのに対し、ジョレスは党決定を背後にして、その問題は避けて通れぬ、と考えていた。(12)

では、オーストリアに関しては悲観的な話に終始したとしても、他の国の状況はどうなのか、それがお互い知りたいところだった。オーストリアとロシアの緊張関係が深刻の度を加えたことは会場にも伝えられていた。だが、その点を議論する必要はないとアクセリロートは言う、「大事なのはロシアの社会民主主義者が何らかの反戦行動をとれる状況にあるかどうかを知ることだ」。ロシアでは数日前、革命的性質のストライキがあり、それによって党組織は大きな打撃を受けたが、他方、社会主義思想の信望は著しく高まった。「戦争となれば革命が勃発するだろう、それはこのさい断言してもいい」。ルバノーヴィチも「ロシアのプロレタリアートは党より革命的である。疑いもなく、戦時には状況がさらに革命的になるだろう」と請け合った。自分たちは、オーストリアの場合と違い、組織をばらばらにされた秘密の党を成しているので、関心もおのずと異なるのだ、とも彼は述べた。ハーゼは、オーストリアの党の受身の姿勢・消極性は間違いだ、「いま戦争に反対すれば、戦後、世論を味方にできる」のだから、と苦言を呈したあと、他方ドイツでは、と続ける。ドイツ政府は、衝突が起きたとき自由な行動が取れるようにと目を閉じているが、平和を望んでいることは周知の通りだ。自由主義ブルジョワジーは好戦的だが、政府支配層と大実業家たちは戦争を嫌っており、軍部派の機関紙も戦争は望ましくないと明言している。政府が社会民主党に働きかけたなどということは無いし、われわれの行進も許されている。しかし、ロシアが攻撃に出ればドイツも介入することだけは疑いの余地がない。だから、われわれはさらにいっそう反戦の声を大きくしていくのだ。

ハーゼの保証は、しかし、ドイツ政府に対するジョレスの不信感を拭うことはできなかった。ドイツがオーストリアの動きを知らなかったなどと信じているフランス人はまずいない、とジョレスは言う。ドイツは、協商国側が譲歩すれば、戦わずして威信が高まる、と計算しているのだ。この危険に気づかぬほど諸政府は衰弱の極に達しているのだろうか。フランス政府は平和を望んでいる。ロシアを抑えようとしたし、イギリスの調停工作を支持もするだろう。他方、ドイツの反戦デモに関するハーゼの証言は、ジョレスを喜ばせた。彼は訴える、「われわれの側には戦争の下心などない。そのことを証明しよう。だからわれわれを信じて欲しい」。さいごにオッディーノ・モルガーリが、イタリアが三国同盟の忠実な友ではないこと、戦争にはゼネストで応えることを言明し、八時半、閉会する。そのあと一同は、国際反戦集会に参加すべく、目抜き通りを人混みをかき分けながら一キロほど離れた「王立曲芸館《シルク・ロワヤール》」に向かった。会場はすでに溢れんばかりだった。ローザ・ルクセンブルクはよほど疲れていたのか登壇しなかったが、ハーゼ、モルガーリ、ケア・ハーディー、ルバノーヴィチ、トルールストラ、さいごに持病の頭痛をこらえながらジョレスが立ち、こもごも反戦を訴えて熱狂に迎えられたのだった。集会後、何千という人びとが行進し、「戦争に対して戦争を」と書いたプラカードがあちこちに見られた(13)。

翌三〇日の会議は、前日の議論はフランスとドイツ偏重で、イギリスに十分な重きを置かなかった、というグレイジャーの不満の表明から始まった。ケア・ハーディーに至ってはさっさと帰国してしまっていた。だが、グレイジャーが、続けて「イギリスは平和を望んでいる。全閣僚が平和を望んでいる。労働者階級も然り」と断言し、議長のヴァンデルヴェルデがイギリスの同志は何か誤解していると応じたあと、決議文の検討に入る。そして、オーストリアとセルビアの紛争を仲裁によって結着させるために、また、ドイツがオーストリアを抑え、フランスがロシアを抑えるように、各国、とくに独仏英伊のプロレタリアートにいっそう反戦行動を強めることを求める、という決議が満場一致で採択された。さらに、ローザ・ルクセンブルクの提案で、ロシアのプロレタリアートの英雄的な反ツァーリの奮闘を世界戦争阻止のもっとも有効な保証として歓迎する旨の決議が採択され、会議は終わった。ジョレスは、ヴァンデルヴェルデと別かれ、ルネサンス前のフランドル絵画を観て時間をつぶしてからパリ行きの汽車に乗った。ローザ・ルクセンブルクは、それまであまり意見が合わないでいたユイスマーンスに晩餐によばれた。彼は、モーツァルトとシューベルトをヴァイオリンをひきながら歌い、それから駅まで送ってくれた。動き始めてようやく汽車からとび降りたユイスマーンスは、じゃあ又パリで！　と叫んだ。(14)

会議の席上、しびれを切らした議長のヴァンデルヴェルデが議論を遮って述べる場面があった、「われわれが戦争に対する戦争を組織するのに手間取っているのと同じように列強が戦争を組織するのに手間取ってくれるのであれば、われわれは平和な眠りをむさぼっていられるだろう」と。事務局会議にやってきた社会主義者たちは、まだ間に合うと信じて、それぞれ帰途についたのだった。パリでの再会を期して。

(1)　*Juli 1914. Die europäische Krise und der Ausbruch des Ersten Weltkriegs*, hrsg. v. Imanuel Geiss (München, 1980), 145ff.; フリッツ・フィッシャー『世界強国への道』村瀬興雄監訳、I(岩波書店、一九七二)、五三—一一六。Cf. George W. F. Hallgarten, *Das Schicksal des Imperialismus im 20. Jahrhundert* (Frankfurt am Main, 1969), 25-45; 江口朴郎「帝国主義時代」『著作集』第五巻(青木書店、一九七五)、一

三六—一四〇。

(2) 例えば、エーベルトはリューゲン島で、シャイデマンはアルプス山中で、ベルンシュタインはスイスで、ヴィクトル・アードラーはバート・ナウハイムで、休暇を楽しんでいたし、カウツキーも病気の妻の見舞いにローマにいくつもりだった。モルケンブーアは、七月二二日になってなお、ククスハーフェンに休養にでかけた。Haupt, *Socialism and the Great War*, 186; Groh, *Negative Integration*, 614.

(3) Kautsky an V. Adler, 1914. VII. 25, in: *Adler, Briefwechsel*, 596; Vaillant à Huysmans, 1914, VII. 26, *loc. cit.*, 307; Rosa Luxemburg à Huysmans, 1914. VII. 27, in: *Vive la lutte!*, 395; Scheidemann, *Memoiren*, I, 234. シャイデマンは、二四〇〇メートルの山頂を極めて下山したところで最後通牒のことを知り、驚愕してベルリンに戻ろうとした、と述べている。だが、後の回想であるから、それに続く「大殺戮が始まろうとしていた」という文章は当時の彼の判断とは言えぬ。ユイスマーンスの電報、それに対する反応については、Haupt, *Socialism and the Great War*, 187ff.

(4) *Arbeiter=Zeitung*, 1914. VII. 21 (2. Aufl.), 25. 同紙は、二八日にはイギリスの仲介に期待をかけ、八月一日には、ロシアが戦争を望んだ、と報じた。*ibid.*, 1914. VII. 28, VIII. 1; Kuczynski, *Ausbruch*, 51ff.; *Dokumente und Materialien zur Geschichte der deutschen Arbeiterbewegung*, hrsg. v. IML/ZKdSED, IV (Berlin-DDR, 1967), 498ff.; Karl-Heinz Klär, *Der Zusammenbruch der Zweiten Internationale* (Frankfurt/New York, 1981), 82f.; Groh, *Negative Integration*, 639; Becker/Kriegel, *1914*, 65f.; William English Walling (ed.), *The Socialists and the War. A Documentary Statement*... (New York, 1915), 146ff.; *Die Internationale und der Weltkrieg. Materialien*, gesammelt von Carl Grünberg (Leipzig, 1916), 48ff.

(5) Becker, *1914*, 214ff.; Rosa Luxemburg, "Der Friede, der Dreibund und wir" (*Sozialdemokratische Korrespondenz*, 1914. VII. 28), in: *Gesammelte Werke*, III, 477.

ポーランドの党の中で、ロシアの党問題に関しローザ・ルクセンブルクよりレーニンに近い立場を取りながら、結局、彼女の同志たり続け、ドイツの党内でもそうであり、一九一四年七月、彼女と同様、反軍活動の故に法廷に立たされたユリアン・マルフレフスキ＝カルスキですら、彼らがその年、左派の雑誌として新たに刊行し始めた『ゾツィアルデモクラーティッシェ・コレスポンデンツ』一九一四年七月二三日号で書いた、「取引所は戦争含みだが、……目下のところ本格的な戦争の危険は問題にならない」。Cit. in: Kuczynski, *Ausbruch*, 32; cf. Horst Schumacher/Felks Tych, *Julian Marchlewski-Karski. Eine Biographie* (Berlin-DDR, 1966), 226. Kautsky an V. Adler, 1914. VII. 25, *loc. cit.*

(6) Georges/Tintant, *Jouhaux*, 128ff.; Becker, *1914*, 146–234.

(7) Charles Rappoport, Mémoires, partial reproduction in English translation, in: Goldberg, *Jaurès*, 480. ラポポールは、ロシア出身、同地の革命運動に加わり、一八八八年亡命、一〇年後パリに住んでからフランスの社会主義運動の中で活躍していた。同時にロシア社会民主労働党の一員でもあり、一九一四年当時、プレハーノフ派だったと思われる。ブリュッセルへはフランス代表たちと同行したが、彼自身はなんとアルゼンチン代表として会議に出席しようとしていた。だが、会議の冒頭、代表資格が曖昧だとして参加が拒否された。アルゼンチン社会党と彼との関係は、オープトの挙げる僅かのデータも不確かで、今後の研究にまつしかないが、現地での運動と密接であったとは思えない。Cf. Richard J. Walter, *The Socialist Party of Argentina, 1890–1930* (Austin, TX, 1977).

(8) この会議の内容については、それが非公開だったこともあり、直後の、例えば『ユマニテ』の記事とか、特にバラバーノフの回想録とか、いずれにせよ会議参加者による速報か、その後の出来事を知ってからの記録に拠るしかなかったが、一九六五年になって、オープトがユイスマーンス文書の中に発見したヘンドリク・ド・マンによる議事録を公表し、初めてかなり客観的なことが分かるようになった。Haupt, *Congrès manqué*, 251–267. その後、やはりオープトがスイス代表のグリムのメモを見つけだした。両者はほぼ一致しており、異同はオープトの仕事の英語版で指摘されている。議事録は、しかし、速記録ではなく、回想録とつき合わせて真相にせまる必要がある。その点でもオープトの分析は徹底的である。*idem, Socialism and the Great War*, 196, 251–265.

出席者は、以下の通り。

イギリス　ケア・ハーディー、グレイジャー、アーヴィング

ドイツ　ハーゼ、カウツキー
オーストリア　V・アードラー、F・アードラー
ボヘミア　ブリアン、ニェメッツ
フランス　ジョレス、ヴァイヤン、ゲード、サンバ、ロンゲ
イタリア　バラバーノフ、モルガーリ
スペイン　ファブラ＝リバス、コラレス
ロシア　ルバノーヴィチ、アクセリロート
ラトヴィア　ヴィンター、ブラウン
ポーランド　ルクセンブルク、ヴァレツキ
デンマーク　スタウニング
オランダ　トルールストラ
ベルギー　ヴァンデルヴェルデ、アンセール、ベルトラン、ユイスマーンス
スイス　モーア、グリム

(9)　レーニンは、七月二八日、グラナート出版社編集部宛に「戦争は私の重荷になっていた一連の火急の政治的な仕事を停止させるようです」と述べ、マルクスについての論文の続きに取り掛かろうとしていた。『全集』第三五巻、一五四。彼が国際事務局への党代表として通知していたのはリトヴィーノフだったが、果たしてこの七月二九日の会議に出席させようとしていたのかどうかは分からない。Lénine à Huysmans, 1914. VII. 29(?), *Correspondance*, 144. ヴァンデルヴェルデは、レーニンがその名を轟かせた後で書いた回想録で、この会議に「レーニンも欠席した」と記したあと、「実を言うと、彼はあまり注目されていなかった」と述べている。Vandervelde, *Souvenirs*, 172.

なお、バートラム・W・ウルフは、レーニンが出席しなかったのは「分派闘争の脈絡で物事を考えていた」からだと言う。それ自体はそれほど誤りではなかろうが、レーニンはイネッサ・アルマントとラトヴィアのベルジン(＝ヴィンター)を派遣することで満足した、と書くなど、この会議についての彼の叙述は粗雑であ

る。Bertram W. Wolfe, *Three Who Made a Revolution. A Biographical History* (New York, 1948. Penguin Bks, 1966), 683.

エーベルトは、リューゲン島にオーストリアの対セルビア最後通牒のニュースがようやく七月二七日に届き、翌日ベルリンに戻るのがやっとであった。バロンは、プレハーノフが出席したかのように描いているが、根拠不明。Fritz Ebert, Kriegsnotizen, in: D. K. Buse, "Ebert and the Coming of World War I: A Month from His Diary", *IRSH*, 1968, 13: 440; Baron, *Plekhanov*, 321.

(10) Braunthal, *V. und F. Adler*, 211; A. Fabra-Ribas, "Jean Jaurès à Bruxelles, les 29 et 30 juillet 1914", *La Vie Socialitse*, 1931, 9(248): 12 (repr. in: *Bulletin de la Société d'études jaurésiennes*, 1968, 9(28): 1-8). ローザ・ルクセンブルクが言及したロシアの反戦運動とは、一五八ページでちょっと触れたペテルブルクのストライキであり、イタリアの反戦運動は、一九一四年六月七日、中部イタリアの港町アンコーナに始まり全土にひろがったストライキ(「赤の週間《セッティーマ・ロッサ》」と当時すでに呼ばれた)を指す。Cf. Christopher Seton-Watson, *Italy from Liberalism to Fascism, 1870-1925* (London, 1967), 393-395; De Felice, *Mussolini*, 200ff.

(11) Laurence Thompson, *The Enthusiasts. A Biography of John and Katharine Bruce Glasier* (London, 1971), 202.

(12) ケア・ハーディーやヴァイヤンは、ゼネスト問題を提起はしなかったが、彼らが予定の議事日程に固執したのは、大会でその結着をつけようと考えていたからであろう。なお、ゲードは、バラバーノフの回想録を除き、記録の限り一言も発言していない。

(13) "Le grand Meeting de Bruxelles", *L'Humanité*, 1914. VII. 30; Fabra-Ribas, "Jaurès", 12; Balabanoff, *My Life*, 117; Grünberg, *Die Internationale*, 3ff.; Huysmans an Benedikt Kautsky, 1949. III. 11, cit. in: Rosa Luxemburg, *Briefe an Freunde*, hrsg. v. Benedikt Kautsky (Hamburg, 1950), 116, Anm. 2; Thompson, *The Enthusiasts*, 202f. バラバーノフは「思い返すに、ジャン・ジョレスとローザ・ルクセンブルクが、アードラーと同様に、世界大戦が必至だと十分に分かっていた唯一の代表のように思われる」と

記す。後の体験を持ち込みすぎた「思い返し」と言う他ない。Balabanoff, 115. ドイツ語版は、シルク・ロワヤールでのジョレスの演説は労働者の弱さに対する深い絶望の表現であり、聴衆も悪夢に脅えていたなどと、一層その傾向が強い。しかもローザ・ルクセンブルクも演説し、その瞬間だけ雰囲気が変わった、と書く。そうなると、ゲードが発言したというのも、証言として採用し難くなる。*idem*, *Erinnerungen*, 56.

(14) Vandervelde, *Souvenirs*, 171 ; Rosa Luxemburg an Hans Diefenbach, 1917. VI. 28, in : *Briefe an Freunde*, 115f. ユイスマーンスのB・カウツキーへの手紙(前註)は、三五年後に書かれたものだが、ローザ・ルクセンブルクのこの手紙の陳述を裏付けている。ただし、彼女が「一〇年越しの憎み合いが一時間のうちに熱い友情にかわった」などと書いている点は、一九一七年六月、ストックホルム会議をめぐって、彼女がユイスマーンスを批判しており、この手紙でも、その脈絡で彼のことが出てきたという事情を考慮して読むべきであろう。この事務局会議におけるローザ・ルクセンブルク(およびその時期のレーニン)についてのネトルの叙述は、バラバーノフの回想やウルフの前掲書に拠るだけで、この優れた伝記にしては奇異なほど手薄である。Nettl, *Rosa Luxemburg*, 601ff.

X 城内平和

ハーゼの戻ったベルリンでは、会議での彼の断言とは裏腹の事態が、しかも膝もとで進行しつつあった。たしかに社会民主党の反戦集会は行なわれていた。だが、他方ではすでに、流行服を着た右翼の学生や若い店員たちも隊伍を組み、「ロシアが何だ」「セルビア打倒」「社会民主党くたばれ」と叫んで練り歩いていた。しかも、官憲が社会民主党の反戦集会に対して強い禁止措置に出なかったのは、ベートマン＝ホルヴェークの深慮遠謀によるところが大きい。宰相は、対外政策の次元で煙幕を張りながら内政面では反政府勢力の懐柔を策し、社会民主党幹部との個人的接触をはかっていた。その一環として、すでに七月二六日、ハーゼを内務省に呼びつけさせている(1)。ドイツ政府の平和的意図と社会民主党に対する態度とについて、ハーゼがブリュッセルで語ったことは、じつはこの会談での政府の言い分を額面通り受け取った結果の反映ではなかったか。なるほどハーゼの側が譲歩したり言質を与えたりした形跡は一切ないが、彼を言いくるめただけでもベートマンの意図はひとまず達せられたのだ。社会民主党の反戦集会に対しては、ヴィルヘルム二世は、けしからん、指導者を一網打尽にすべし、と公文書の余白に書きつけたし、軍部やブルジョワ新聞も憤激していたが、ベートマンは懐柔路線を進める。[2] 二九日、宰相官邸に呼ばれた社会民主党帝国議会議員アルベルト・ジューデクムは、会談のあと、どうにか本部に集まることのできた党幹部会のエーベルト、ブラウン、ミュラー、バルテルスにベートマンの「打ち明け話」を報告し、その日のうちに宰相「閣下」に反応を書き送った。「どのような性質のものであれ行動（ゼネスト、部分スト、サボタージュなど）は、まさに平和のためを思って、いっさい計画されておらず、その惧れすらない、と申し上げたことが確認されました。／責任を十分に自覚している党議長は、各国の好戦派に……利用されかねない、あいまいな、誤解を生むような表現を党の新聞が避ける必要を認めており、編集者たちにその見解を伝える努力をしております。」ベートマンはいたく満足し、休暇を取ってウィーンにいたヒルファーディングに対して出された退去命令を何とかして欲しいというジューデクムの「個人的な」要請に快く応じてオーストリア政府に対し手を打つのであった。陸軍省も各軍団司令部に、社会民主党がドイツ人なら当然の振舞いをするつもりでいるのは確かであるから、そのことを考慮に入れられたい、と通知した。[3]

宰相は同時に、戒厳令をちらつかせることも忘れなかったようだ。もし戒厳令となれば、事態は、逮捕予定者を記した「リストB」を懐中にする軍司令官の掌握することになる。それに加えて翌三〇日には、ドイツ動員令の報道が流れた。党幹部会の判断で、エーベルトとブラウンはスイスに逃がれて行った。三一日、党と議員団の合同会議に出席したハーゼの前には、戦時公債に対する賛成如何という問題がつきつけられていた。彼とレーデブーアは反対を主張し、エードゥアルト・ダーフィトは賛成を表明する。フランスの同志との協調の必要性を唱えたヘルマン・ミュラーは、ブリュッセル経由でパリに派遣されることになった。(4)

他方、車中で「死んだように眠って」パリに夕方五時すぎに辿り着いたジョレスを待ち受けていたのは、元気づけられるには程遠い雰囲気だった。社会党の人びとは、インターナショナルの大会がパリで開かれることになったことを既に知らされており、勇躍その準備にかかってはいたが、ロシアが動員令を発したという報道が流れ、万事休すの思いを抱いていた。おまけに、前日(二九日)に労働総同盟が呼びかけていた反戦集会は、当局によって禁止されていた。地下鉄の入口は封鎖され、なおも集まろうとした人びとは警官に蹴散らされたのだった。フランス政府も、「手帳B《カルネ・ベー》」なる、いわば「特別要視察人」のリストに基づいて活動家を逮捕する意向を覗かせていた。フランスでも、社会主義者や労働組合活動家の会議・集会には警察の手先がもぐり込み、今ではそれが唯一の史料となるほど、逐一、報告を書いていたのである。ジョレスは、北駅からまっすぐパレ・ブルボン(下院)に向かい、社会党の代表団を率いてケ・ドルセの外務省で首相ヴィヴィアーニと面会、ドイツを挑発するような行動を取らないように訴える。首相は、軍隊を国境から一〇キロ離させている、と打ち開けて相手を安心させようとした。このとき実際にはフランス政府はロシア政府に戦争となった場合の支持をすでに確約し、ただドイツに先に手を出させるべく慎重を説いていたに過ぎない。そんなことはもとより首相が喋る筈はなかった。同じ夜、社会党と労働総同盟との協議が行なわれた。その席上、社会党が八月九日の日曜日に予定している反戦集会を情勢の緊迫に合わせて一週間繰り上げては、というジュオーの提案を、ジョレスは斥ける。九日、それはインターナショナルの大会の開幕の日だったからに他なるまい。反政府のゼネストではなく、総力を挙げて政府に圧力をかけ平和路線を維持させよう、それがジョレスの構想だったのだ。彼は『ユマニテ』の事務所に戻り、翌日の「社説」を書く。「頭を冷せ《サン゠フロワ》」、それが彼の訴えたかったことだった。深夜、ジョレスは同志と共に、目と鼻の先にある行きつけの「クロワサン亭《カフェ・デュ・クロワサン》」で一休みしているうちに地下鉄の最終を逃がし、タクシーで帰宅する。その動きを、ひげ面で長いネクタイの青年が追っているとも知らずに(5)。

三一日。やはり暑い日だった。午前中、ジョレスは、訪ねてきた友人の社会学者リュシアン・レヴィ＝ブリュールに、まだ平和の希望は残っている、と語った。だが、その日の昼ごろまでに、ツァーリは総動員令を下し、カイザーは「戦争警報(Zustand der drohenden Kriegsgefahr)」に署名していた。そのことを伝え知ったジョレスは、そのドイツ語の正確な意味を知ろうと辞書を二冊ひいたと言う。そのあと、重ねて首相に会おうとするがつかまらず、夕刻、代わりに外務次官アベル・フェリに憂慮と反戦の決意をぶつける――「あなた方はイズヴォーリスキー〔駐仏ロシア大使〕とロシアの陰謀にしてやられているのだ」。『ユマニテ』に引きあげた彼は、エミール・ゾラのひそみにならって「われ弾劾す！」をこれから書こう、と語った。もう九時近かった。それにしてもともかく夕食を、と一同は「クロワサン亭」に向かう。混んでいてモンマルトル通りに面した席しかとれなかった。不審な青年がいたが、一行の一人と目が合うと、そそくさと姿を消した。食事も終わった九時四五分、突然、道路との間にかかっていたカーテンが開いた。二発の銃声が響いた。

ちょうどその頃、労働総同盟の代表者会議が開かれて、社会党との協力問題を議していた。そこに飛び込んできた男が叫んだ、「ジョレスがいましがた暗殺された！」あれこれ言っているときではないと感じた全員が社会党の反戦平和行動への合流に賛成した。ゼネストの惧れなしとすでに判断していたのであろう、政府が「手帳B」の適用を控える決定を通知したのもこの夜半のことであった。(6)

八月一日。午後四時前後、フランスとドイツで総動員令が下った。二八歳になったばかりの歴史家マルク・ブロックは、その朝、休暇を過ごしていたスイスからパリのリヨン駅に着いたとき、新聞でジョレス暗殺を知った。「悲しみと、胸を刺すような不安とのまじった気持だった。戦争は避けられそうもなかった。暴動が事の始めを汚しはしないだろうか。……」それからの数日、「パリは静かで荘厳ですらあった。……バスはなく、タクシーもなかなかこなかった。……」バスは動員兵士のために徴発されていたのである。(7)やはり一日の早朝五時、ブリュッセルのユイスマーンスは、前の日に電話で知らされていた通り、ヘルマン・ミュラーの訪問を受けた。国際事務局執行委員会の人びとと会談したあと、ミュラーは、ユイスマーンス、ヘンドリク・ド・マンと共にパリに向かう。彼らが、パレ・ブルボンで会議を開いていたフランスの社会主義者たちの前に姿を現わし、丁重に迎えられたのは午後六時半ごろだった。さっそくユイスマーンスが述べる、英独仏各支部の共同歩調を実現すべく、自分はこれからイギリスに行くつもりだ。ミュラーは言う、国際大会の開催はすでに不可能になったと思われる、自分の任務は情報収集にある、と。（じっさい国際事務局執行委員会は、この日の日付で大会の無期延期を通知している。）ドイツの情況はどうなのか、と逆にピエール・ルノーデルに聞かれたミュラーは、ドイツでは主戦派が強力だが、労働者階級は平和を望み、フランスには何の敵意も持っていない。だが、ロシア・スラヴ主義になると話は別だ、と述べる。マルセル・サンバが問う、オーストリアとセルビアの衝突だけの問題ならドイツの党の闘争に頼っていられようが、ロシアの脅威と戦わねばならぬとなれば、同党も態度を保留するのではないか、と。ミュラーは、ドイツの党の態度についてはまだ議論されていないのではっきりしたことは言えぬが、戦時公債に対しては棄権か反対かである、と断じ、フランスの同志にも同じ態度を期待できるだろうか、と問いを投げ返した。ルノーデルが、フランス政府の言う通り、ドイツのせいでフランスも対抗措置を取っているのであれば、事柄は厄介だ、と言うと、ミュラーは、事は原則の問題であり、自分たちが公債に賛成することはありえないと反論。サンバが、新しい事態が生じない限り棄権で済むことになろうと取りなしたが、アデオダ・コンペール＝モレルは、フランスが攻撃された側だということがはっきりしていれば、自分たちは公債に賛成する、それが義務だから、と警告するのであった。途中で『ユマニテ』に場所を変え一〇時すぎまで続いた意見交換は、さいごに国際連帯を約し合って終わり、訪問者たちは去って行った。(8)

同じ日、ベルリンでジョレスの死を知ったシャイデマンは、「フランスとドイツの協調のために生涯を通じて闘った」偉大な人物を惜んで弔電を打った。だが、『フォーアヴェルツ』に掲載された党幹部会声明(七月三一日付)は、行動を鼓舞するより「無分別」を戒める調子の方が強く、すでに諦観をにじませていた。

「とくに女性たちは、でき事の厳しさが二重三重にのしかかってくるだけに、この困難な時期に、社会主義の精神をもって人類の高邁な理想のために力を尽す任務をもっている。この言いようもない不幸が繰り返されないように、この戦争がさいごの戦争となるように。」

アレクサンドラ・コロンタイが、不安と焦慮を抱いてベルリンの同志たちに情況をたずねまわり、もはや「ロシア人」としか見られていないという思いを抱かされたのが、この日のことであった。六時半近く、王宮前とウンター・デン・リンデンを埋め尽した群衆を見下ろすバルコニーにカイザーが姿を現わし、大歓声に迎えられながら、演説を行なう。「いったん戦争となれば、党派はすべて消える。われわれはドイツの兄弟でしかなくなる。隣国が平和を与えてくれぬのであれば、戦いの暁にはわが良きドイツの剣が勝利を飾ることを望み祈ろうではないか」。そのころ、ペテルブルクで、ドイツの対露宣戦布告が手渡されていた。(9)

八月二日、日曜日。ロンドンのトラファルガー広場は、この何年来なかったほどの大群衆に埋め尽された。イギリスの社会主義者たちが前々日に呼びかけ、この日、全国少なくとも一六か所で行なわれた反戦集会の中心となる大集会である。イギリス全国委員会(インターナショナル支部)は、この集会を呼びかけはしたが、その直前にはインターナショナルの大会の日取り繰上げに改めて異議を立てようとしていたくらいで、ベルリンやパリに比してロンドンの雰囲気は切迫していなかったと言えるだろう。トラファルガー広場は、一世紀あまり前、ナポレオンのフランス・スペイン連合艦隊をネルソンが打ち破った戦勝記念碑が聳え立つ、いわばナショナリズムを象徴する広場だ。そこに、アーサー・ヘンダーソン、ジョージ・ランズベリ、ハインドマンらと共に現われたケア・ハーディーは群衆を前に、ジョレスの死を悼みながら訴える。「国際条約があり、そのためにわれわれも参加せざるを得ないと言うが、誰がそんな条約を作ったのか。人民はそれに何の発言権もないのだ。……ロシアとの同盟さえなければ、われわれはこんな立場にならなかった筈だ。……もし太陽の下にわれわれが合意してはならぬ相手が一国でもあるとすれば、それは反民主的ロシアの忌わしい政府である。……イタリアは中立を決めた。イギリスも同じことができない筈がない」。しかし、翌三日、下院でグレイが、イギリスにはフランスを防衛する義務とベルギーの独立を護る必要とがある、と政府の立場を表明、それを反駁しようとして立ったマクドナルドは、むき出しの敵意に囲まれていることを感じ、演説も短く切り上げてしまった。オーストリアの作家シュテファン・ツヴァイクは、オーステンデの近くで休暇を過ごしていたが、ベルギー人の友人に言ったものだ、ドイツがベルギーに侵入するなんてことありませんよ、首を賭けてもいい、と。だが、七月三〇日、ベルギーからオーストリアへの最後の国際列車となった急行が国境を越えて停まったドイツの最初の駅ヘルベスタールで、サーベルのがちゃがちゃいう響きを耳にしてツヴァイクは戦慄を覚えた。そして、翌日夕方ウィーンに戻ると、かつての享楽的で陽気な雰囲気が消え、「どの顔もめったにない思慮深さを見せ、態度に粛然たるものがあり」、ほとんど荘重でさえあるのを見出すのであった(10)。

パリでも、前夜は深更まで、数は多くなかったが若者たちが「ベルリンへ！ ヴィルヘルムをやっつけろ！ アルザスは俺たちのものだ！」などと叫びながら行進していた。フランス各地でマルセイエーズが聞かれた。動員初日、パリでは入隊の人びとが東駅や北駅に集まっており、その中には労働者はもとより労働総同盟の幹部たちもまた含まれていた(11)。午後、ワグラム会館で社会党の集会が開かれる。ブリュッセル国際事務局会議の報告を聞くというのが趣旨であった。そして、何千という参加者によって承認された決意表明は、「事情の許す限りインターナショナルとの連絡を失わないことが至上の義務である」と述べた。だが、あのヴァイヤンが演説のさいごに曰く、「侵略があれば、社会主義者はすべての義務を果すであろう。祖国のため、共和国のため、革命のために」。ロンゲも言う、「もしフランスが攻撃されたら、社会主義者こそ真先に防衛に立たないという法があろうか。革命と民主主義のフランス、百科全書派の、一七九三年の、一八四八年六月のフランス……ジョレスのフランスの防衛に」。さすがにサンバが「ジョレスであれば、戦争の只中で我を忘れない限り平和のための闘いを続ける、と言ったことであろう」と述べ、フランスと共にロシアが勝ち、ドイツの素晴しい大学をコサック騎兵が蹂躙する、などということを許してよいのか、と牽制したが、さりとて具体的方策が別にあるわけではなかった。すでに七月三一日、エルヴェは自分の新聞に載せた一文に「祖国は危機にあり《ラ・パトリ・アン・ダンジェ》」という題をつけている。大革命のときの立法議会が、そしてコミューン蜂起のさなかにオーギュスト・ブランキが用いた表現だ。人びとの胸の中で、革命フランスのイメージが俄にふくれあがったかに見える。そして、一八四八年二月の革命の折、ラマルティーヌが、赤旗は血にまみれてシャン・ド・マルスを一周しただけだが、三色旗はその襞に自由をかかえて世界を駆けめぐった、と雄弁をふるったとのことだが、半世紀あまり後、再び三色旗が赤旗を制したと言えようか。もっとも、決意表明から察するに、彼らはなおイギリスの仲介にさいごの望みを託していただけのことかも知れない。(12)

八月三日、一一時、久々のドイツ社会民主党帝国議会議員団会議が議長ハーゼの挨拶とジョレス追悼をもって始まる。戦時公債に対する態度を決めねばならぬ会議だった。前日の議員団幹部会会議では、反対を主張するハーゼの立場は四対二で少数派になっていたが、多数派を代表するダーフィトは、議員団全体の趨勢も同様であることが分かるまで安心できなかった。ハーゼとシャイデマンが宰相に招かれて中座し、午後、彼らが戻ってきてから本格的に議論が開始され、真先に発言の場を与えられたダーフィトは、今こそ従来の観念から脱却し考え方を改める時だ、と力説する。国民の気持ちに逆うことは許されないし出来もしない。ジョレス暗殺はフランスの好戦気分を示している。この戦争でドイツはフランスをロシアとの同盟から解放してやれるだろう。ロシアの敗北はツァーリズムの崩壊を意味する。このような時に自ら仲間外れになることはできぬ。公債を拒否すれば組織は破壊され壊滅するが、「賛成」は社会民主党の立場を断然強めるだろう。戦後に民主主義の大波がやってくるだろう、と。続いてハーゼが少数派の見解を擁護し、モルケンブーアが賛成の立場を表明し始めたところに、ヘルマン・ミュラーがパリから戻って来たという知らせが入った。さっそく迎えられた彼は報告して述べる、フランスでは「マルクス主義者とブランキストは［戦時公債に］賛成の立場だった。サンバの考えでは……棄権の余地も全くないわけではないとのことだった。フランス人たちは［危機の］責任はいつにかかってドイツにあると言っている」。この報告は、多数派に論拠をまた一つ与えるものだったに違いないが、それによって反対から賛成にまわった者がいたかどうかは分からない。すぐ後でレーデブーアが発言したが、あらかじめ用意した内容のままだった。ダーフィトは腹の中で毒づいた、「どうしようもない石頭、教条主義者め」と。彼にはすでに「世界史が明らかに修正主義者に加担している」という自負があった。さらに議論が続き、カウツキーは妥協案のつもりか、政府に征服は行なわないという確約を求め、容れられたら公債賛成、さもなくば反対、ではどうかと述べたが支持者は殆ど無く、ダーフィトには正気の沙汰とは思えなかった。いよいよ投票。戦時公債賛成七八票、反対一四票。「この体制には一兵一銭たりとも出すな」という結党以来の大原則がここで放棄された。さらに議会で皇帝萬歳が唱えられる際、これまでと違って退場せず、他党の議員と同様に起立することも決まった。議会での投票では少数派も多数派に従うという規律を破ろうとする者はまだいなかった。翌日の議会で読みあげる、党としての声明の起草を委ねられたダーフィトやカウツキーらが頭を悩ましていた頃、ドイツはフランスに宣戦を布告する。(13)

八月四日、早朝。虚偽の情報を流したり、ベルギー政府に難癖をつけたり「正当化」の工作をしていたドイツは、軍隊を永世中立国ベルギーに侵入させた。(14)

パリでは、午前中、首相をはじめとする閣僚、上下両院議長らのお歴々が出席してジョレスの葬儀が盛大に行なわれ、ヴァイヤン、サンバら社会党の人びとも参列した。そのような儀式に労働総同盟も参加するについては議論もあったが、けっきょくジュオーが列席し、「わが友ジョレス、君はもういない、君、平和と国際協調の使徒はもういない」と追悼の辞を述べた。その中の一節、「大殺戮に向かうに先立ち、私はこの棺の前で、恐ろしい罪悪を解き放そうとしている帝国主義と野蛮な軍国主義に対する憎しみを声を大にして表明する。戦場に行った労働者の名において、まもなく行こうとしている労働者の名において。私もその一人である」——これが馬鹿に有名になるとは本人も予期しなかったことだろう。やはり同席していた、愛国者連盟のモーリス・バレスがとくにジュオーの演説を激賞したからか。ともかく、労働総同盟もまた国土防衛の立場に帰依したことの表明と受け取られることは避けられなかった。

それと言うのも、続いて午後、似たような場面が展開したからである。舞台は下院の議場。ヴィヴァーニが大統領ポワンカレの呼びかけを読み上げる。「戦争が始まる。……フランスはそのすべての息子たちによって英雄的に防衛されるだろう。その誰一人として敵を前に神聖同盟《ユニオン・サクレ》を乱すことはないであろう」。何の討論もなく、出席していた社会主義者九八名も戦時公債に賛成を決定した。やがてジュオーは、軍隊ではなく国民援護委員会に入り、ゲードとサンバは入閣する。(15)

他方ベルリン。土砂降りの中を国会議事堂に集まってきた社会民主党の人びとは、一〇時から議員団会議を開く。声明起草委員会の人びとはあらかじめ寄り合って、ダーフィトの草案をもとに議論をたたかわせた末、一本の原案をまとめていたのだが、ダーフィトの期待に反してそれはすんなりとは通らなかった。ハーゼが、「われわれは、日頃から力説していたことをここに実行する。すなわち、困難にあっては祖国を見殺しにはしない」という一節の削除を要求するなど、率先して頑強な抵抗を示せば、リープクネヒトもフランスの同志との連帯について一言入れるべきだと主張、他からも、ドイツの政治の状態についてもっと批判を強めよ、という声があがったのだ。その上、声明はシャイデマンが読むがいい、自分は嫌だとハーゼが言い出したから大変である。先に触れたようにこの二人は前日、宰相に招かれこの四日の帝国議会の進め方についての協議に参加した。その折、シャイデマンは、ベートマンがとくに強く長く握手してくれたように感じていい気分になったり、私の良心は潔白だと演説する宰相が不眠不休で重責を全うしつつあることに思いを致して、これまで悪意をもち過ぎていたと反省したりしており、「皇帝萬歳」の儀式についても妥協的な姿勢を示した。そのシャイデマンには、ハーゼの言動は公債反対の内心をおくびにも出さずにその場をとりつくろっていると映り、腹立たしく思えるのだった。ハーゼの方は、すべてが苦々しく感じられたに違いない。もともとダーフィトは声明をシャイデマンに読ませたいと考えていたし、シャイデマンも満更ではなく思っていた。だが、ハーゼの固辞の発言は、多分、どちらかと言うと左派の人びとを中心とする猛反対を受け、ハーゼも渋々ながら議員団議長としての職責を果すことに同意せざるを得なくなった。声明に関する修正要求もさしたる効果を挙げることなく、殆ど原案通りに落ち着く。その上、カウツキーの主張で入っていた「征服戦争の試み云々」に関する一節は、外務省の横槍が入ったとの知らせで表現が弱められてしまった。

そうこうするうちに、中央党のマティーアス・エルツベルガーがやってきて、党幹部の誰かちょっと、と言う。ダーフィトが出て行って聞くに、戦敗・飢餓となった場合、社会民主党議員が議員特権を利用して反政府運動を始めはしないかと軍部筋が懸念しているとのこと。ダーフィトが心配御無用と答えると、エルツベルガーはリープクネヒトの名を挙げた。ダーフィトは、彼も武器を取る、と請け合った。

午後三時一五分、帝国議会本会議が開かれる。ヴィルヘルム二世が、三日前と同様の台詞「余は党派なるものをもはや知らぬ、いまやドイツ人あるのみ」を口にし、いわゆる「城内平和《ブルクフリーデン》」を公式に宣言した場として知られるが、じつは皇帝は、議事堂ではなく宮殿で行なわれた開会式で、すでにその演説を行なっていたのである。社会民主党議員は宮殿には招かれていない。「皇帝萬歳」を省いてやろうという政府側の配慮だったかも知れぬ。だが、皇帝の「良心に恥ずるところなく武器を取る」という言葉を引きながら、開戦がいかに止むを得ないかを説明し、ことさらに社会民主党席の方を向いて挙国一致を訴える宰相の演説に対して、ダーフィトら同党議員の何人かが拍手した。本会議の第一回が間もなく終わったあと、社会民主党議員団が集まった席で散々非難を浴びたダーフィトは、萬歳は「皇帝」だけでなく「国民・祖国」に向けられたものだと弁明に大童だった。

五時二一分、本会議が再開され、ハーゼが声明を読みあげる。それは、自分たちは帝国主義政策の結果たるこの戦争に責任はない、さいごまで反戦の努力を行なったと述べ、戦争の苦難を経て新たに多数の人びとが社会主義と国際平和の理想を支持するようになるだろうと希望を表明してはいる。だが、敵の侵入に脅されている今、戦場に赴く兄弟たち、その母親たち、食糧難におびえる女性たち子供たちのことを思えば、またロシア専制主義が勝利したときのことを考えれば、「祖国を見殺し」にはできない、というところに力点があった。民族自立の原則も自国防衛のために援用される。そしてさいごに公言する、「以上の原則に従って、われわれは要請されている戦時公債に賛成するものである」と。じじつ、社会民主党の議員たちも全員起立して賛成の意を表明し、他党の議員の中にはこれを拍手で迎える者もいるほどだった。ハーゼにはつらい一日だったに違いない。ダーフィトの方は、議員団会議でハーゼの抵抗に遭って、要するに奴には国民的感性が欠如している、奴が「勝利を熱望する」と言うのは、ドイツの勝利でなく「単に人類の」勝利のことなのだ、と密かに憤慨していただけに、これで戦争が終わったように思うほどほっとした。暮れなずむウンター・デン・リンデンを一七歳の娘と散歩しながら、興奮さめやらず泪が出そうになり、娘がそばにいてくれてよかった、つまらぬ質問をやたらにしないでくれればもっといいのに、と思うのだった(16)。

この日の演説でベートマン＝ホルヴェークは、じつは、ドイツ軍のベルギー侵攻に言及していた。だが、その何気なさに惑わされたか、考えたくなかったか、事の重大性に気付いた社会民主党議員は一人もいなかったようだ。まさにそれを口実に、イギリスがドイツに宣戦を布告する。

そのニュースをシャイデマンが聞いたのは、閉会後、仲間たちと「ヴァイエンシュテファン」でビールを飲んでいる時だった。一緒にいたルートヴィヒ・フランクは、翌日、兵役を志願、一か月後、ロートリンゲンの戦闘で仆《たお》れる。(17)

イギリスの対独宣戦に対して、翌五日に開かれた労働党執行部会議では、マクドナルドらの起草になる、グレイの外交を非難し早期平和を求める決議が八対四で支持されたが、それは決して大勢の反映ではなかった。午後、社会主義者、協同組合、労働組合、婦人組織の代表百名あまりが下院に集まり、「戦時緊急会議」なるものを開く。そこでは戦争はすでに既成事実として受け容れられ、話はさまざまな援護の問題に集中していくのであった。夕刻の労働党議員会議では、戦時公債賛成派が多数を占め、棄権を主張するマクドナルドは議長職から退くに至る。さらに政府の新兵募集運動に多くの議員が加担する中で反対を通したのは、彼とケア・ハーディーらの独立労働党の四名だけであった。八月六日、ハーディーが彼の選挙区に属するアーバーダールに赴き、前々からの約束だった演説会を開いたところ、拍手は弱く、集まった坑夫たちは「ルール・ブリタニア」や「ゴッド・セイヴ・ザ・キング」を歌って話に耳を傾けるどころではなかったと言う。(18)

(1)　会見(ブラウンが同行)のことは、社会民主党帝国議会議員団には八月三日に報告されていた。*Das Kriegstagebuch des Reichstagsabgeordneten Eduard David 1914 bis 1918*, bearbeitet von Susanne Miller (Düsseldorf, 1966), 7. しかし、もっと広い範囲にハーゼが報告したのは二年後である――*Protokoll der Reichskonferenz der Sozialdemokratie Deutschlands vom 21., 22. und 23. September 1916 in Berlin*

(Berlin, 1916), 60 ; Ebert, Kriegsnotizen, 1914. VII. 28, in : Buse, *loc. cit.*, 440. Cf. Groh, *Negative Integration*, 632f. ; Susanne Miller, *Burgfrieden und Klassenkampf. Die deutsche Sozialdemokratie im Ersten Weltkrieg* (Düsseldorf, 1974), 41. 右翼のデモについては、*Vorwärts*, 1914. VII. 26.

(2) Groh, 641. ヴィルヘルム二世のメモはニコライ二世からの七月二九日付電報の余白に記されていた。*Julikrise und Kriegsausbruch*, bearb. u. eingel. v. Imanuel Geiss, 2 Bde. (Hannover, 1963), II, 201f. ; Groh, *Negative Integration*, 641.

(3) 二九日の会見の事実はエーベルトの日記で裏打ちされるが、当時どの範囲に知らされていたかは確認できない。ジューデクムの友人・主治医アルフレート・グロートヤーンの日記では七月二八日のこととされており、日付については研究書でも両説に分かれている。もし二八日であれば、ハーゼはまだベルリンにいた筈で、オープトが、ハーゼはそのことを知らされていたのかどうか、と問題提起したのも尤もである。だが、ここでは余りこだわらずに、ハーゼの証言とジューデクムの宰相宛の手紙とエーベルトの記述に従う。それと言うのも、彼はもともと政府との係わりが深い人物であり――Groh, 114, Anm. 119――、果たして、二八日にせよ二九日にせよ、その日にだけ宰相と会ったのかどうか疑わしいからである。ベートマンがハーゼ、エーベルトにもシャイデマン、モルケンブーアにも連絡が取れなかったからジューデクムを呼んだ、という一九一六年のハーゼの陳述も伝聞に過ぎまい。二九日であれば、エーベルトとシャイデマンはベルリンにいた。それにも拘わらず、幹部会の一員でもないジューデクムを呼んだのは、決してたまたまのことではなく、むしろ彼と政府の間には、その日に限らず連絡があったのではなかろうか。少なくとも内相クレメンス・フォン・デルブリュックとすでに何度か政治的な話合いをしていたことは確かであり、二四日ないし二五日にも会談している。そもそもジューデクムと宰相との手紙は、ディーター・フリッケが一九五六年に発見・公表したものである。Ebert, Kriegsnotizen, 1914. VII. 29, in : Buse, *loc. cit.*, 442 ; *Prot., SPD, 1916*, 60 ; Haupt, *Socialism and the Great War*, 212 ; Alfred Grotjahn, *Erlebtes und Erstrebtes. Erinnerungen eines sozialistischen Arztes* (Berlin, 1932), 150 ; Dieter Fricke/Hans Radandt, "Neue Dokumente über die Rolle Albert Südekums", *ZfG*, 1956, (4) : 757-762 ; Kuczynski, *Ausbruch*, 78ff. ; Clemens von Delbrück, *Die*

wirtschaftliche Mobilmachung in Deutschland, aus dem Nachlaß hrsg., eingel. u. ergänzt v. Joachim von Delbrück (München, 1924), 105.

党機関紙の編集者への指令は実際に発せられた——Ebert, *loc. cit.*; Heinz Wohlgemuth, *Burgkrieg, nicht Burgfriede! Der Kampf Karl Liebknechts, Rosa Luxemburgs und ihrer Anhänger um die Rettung der deutschen Nation in den Jahren 1914–1916* (Berlin-DDR, 1963), 49.

(4) Ebert, Kriegsnotizen, *loc. cit.*; David, *Kriegstagebuch*, 3 (1914. VII. 31).「リストB」は、戦争状態になった時、即刻逮捕されるべき人物の名前の一覧。他方、「リストA」には、社会民主主義的ないし「反国民的」な人物全員の名が記されていた(ディーター・フリッケの教示による)。

ドイツの総動員令の報道は『ベルリーナー・ロカールアンツァイガー』が号外で流した。誤報であることはエーベルトにもその日のうちに分かっていた。「誤報」は参謀本部の意図的な仕業と考えられるが、真相は不明である。Geiss, *Juli 1914*, 270.

(5) Goldberg, *Jaurès*, 467ff.; Rosmer, *Le mouvement ouvrier*, 106ff.; Kriegel, "Jaurès, le Parti Socialiste et la C. G. T. à la fin de juillet 1914", *Bulletin de la Société d'études jaurésiennes*, 1962, 3 (7): 7–11.; Becker, *1914*, 206, 210, 226ff.; Jean Jaurès, "Sang-Froid Nécessaire", *L'Humanité*, 1914. VII. 31. (一九日号にもジョレスの "Sang-Froid" という文章が見られる)。「手帳B」は、一九世紀末に警察が作成し始めたリストで、もともとは「手帳A」が外国人を対象にしたのに対しスパイ容疑者を扱っていた。一九一四年当時、アナキストを筆頭に、労働総同盟の指導者の全員がリストに載っていた。(「特別要視察人」の「状勢一斑」は、日本の官憲が一九一一―一九年にかけて克明に作成していたものである。見よ、『社会主義沿革(一)』〔みすず書房、一九八四〕。) Jean-Jacques Becker, *Le Carnet B. Les Pouvoirs Publics et l'Anti-militarisme avant la guerre de 1914* (Paris, 1973), 110, 175ff.

労働総同盟がゼネストを引っ込めたのが、「手帳B」に基づく逮捕を恐れたからなのかどうかについては議論が分かれる。ゼネストの主張は、逮捕を覚悟の上だったし、じっさい、それまでにも逮捕の経験はいくらでもあった。それにも拘わらず、労働運動指導者が「恐怖」を感じていたのは確かである。「彼らは、労働者階級の擁護のためなら監獄に行くことも甘んじたろうが、祖国の裏切者として島流しにされる汚名には耐えられなかったのであろう」というベッケルの解釈は説得力あると思われる。Becker, *1914*, 198, 379ff.

(6) Goldberg, 470ff.; Becker, 210f., 229f.; Kriegel, *Origines*, 57, n. 3; Jean Rabaut/Bernard Cazaubon, "Sur les deux dernières journées de Jaurès", *Bulletin de la Société d'études jaurésiennes*, 1965, 6, (19): 8-13. ジョレス暗殺が社会主義者や知識人に与えた大きな衝撃についてもゴールドバーグとベッケルを参照。因みに、フランスの世論全体をとってみれば、決してジョレスに同情的でなかった(Becker, 234ff.)。犯人はランス生まれ、二九歳のラウル・ヴィラン、大戦中は投獄されていたが、戦後、釈放された。ジョレス暗殺を使嗾したのは、本文で述べたように『アクション・フランセーズ』だったが、実際の暗殺には関係なかった。Eugen Weber, *Action Française. Royalism and Reaction in Twentieth-Century France* (Stanford, 1962), 66, 90ff.

(7) Geiss, *Juli 1914*, 344ff.; Marc Bloch, *Souvenirs de guerre 1914-1915* (Paris, 1969), 9. (Cf. *idem*, *Memoirs of War, 1914-1915*, tr. and with an Introduction by Carole Fink [Ithaca, 1980], Introduction). ブロックは八月四日、アミヤンの歩兵部隊に軍曹として入隊した。

(8) Meeting of the Socialist Group (August 1, 1914, 6 pm), LSI, 3/1/i, LPA. この議事録は、一九一九年、ベルン会議の折にルノーデルが公表したものの英訳である。フランス語版は、見よ、Pierre Renaudel, *L'Internationale à Berne* (Paris, 1919), 40-43. さらにド・マンの証言(一九一五年)、ユイスマーンスの証言(一九一六年、アルネムに於けるオランダ社会民主労働党の臨時大会での発言)を見よ――Grünberg, *Die Internationale*, 40ff., 295f.; BSI, Circulaire, 1914. VIII. 1, SD-arkiv, 532/4, ABA.

(9) Scheidemann, *Der Zusammenbruch* (Berlin, 1921), 7; Kuczynski, *Ausbruch*, 81f.; David, *Kriegstagebuch*, 4f. (1914. VIII. 1); *Innenansicht eines Krieges. Bilder, Briefe, Dokumente 1914-1918*, hrsg. v. Ernst Johann (Frankfurt am Main, 1968), 14f. Cf. Miller, *Burgfrieden*, 53ff. 開戦直前のベルリンの状況については、参照、Dieter und Ruth Glatzer, *Berliner Leben 1914-1918. Eine historische Reportage aus Erinnerungen und Berichten* (Berlin-DDR, 1983), 11-64.――邦訳『ベルリン・嵐の日々 一九一四～一九

一八』安藤実／斎藤瑛子訳(有斐閣、一九八六)、二一四六。

なお、コロンタイが「ロシア人」と見なされていると感じたのはルイーゼ・ツィーツとの会話の結果だったようだが、幹部会書記だったツィーツはダーフィトの説得をはねつけ続け、ハーゼを支持した。そのことからも明らかなように国際主義派だった彼女とコロンタイとの間に違和感があったとすれば、単に国籍の違いのせいと言うよりは、既に渦中にあった者と、まだ決断を迫られていなかった者との違いによるのではなかったか。そういう意味でコロンタイは「疎外感」を抱いたのではなかろうか。ツィーツ自身、一年後、次のように書いている。「ツァーリズム反対！ 宣戦に当たって使われたこの標語はとても人気があった。人気、それは、自由のために英雄的に苦闘しているロシア人民に対する愛情と並んで、呪うべきツァーリズムに対する深い嫌悪の情を生じさせようと、何年来の宣伝を通じてあらゆる努力をしてきていたからだ」。Luise Zietz, "Die sozialdemokratischen Frauen und der Krieg", *Ergänzungshefte zur Neuen Zeit*, Nr. 21 (1915. VII. 16), 1. ツィーツについては、Jean H. Quataert, *Reluctant Feminists in German Social Democracy, 1885-1917* (Princeton, 1979), 65ff.

(10) Newton, *British Labour*, 325ff. トラファルガー広場集会の決議、その他の関連の声明は、見よ、Grünberg, *Die Internationale*, 178ff.; Stefan Zweig, "Heimfahrt nach Österreich", *Neue Freie Presse*, 1914. VIII. 1, cit. in: *idem*, *Tagebücher*, hrsg. mit Anmerkungen und einer Nachbemerkung versehen von Knut Beck (Frankfurt am Main, 1988), 511f. Cf. Tagebuch, 1914. VII. 30, 31, *ibid.*, 81. ツヴァイクは、回想録では次のように記す、「行列が街頭で組まれ、突然到る処に旗やリボンや音楽が燃えあがり、若い新兵たちが意気揚々と行進し」ていた。『昨日の世界』I、三三五—三三七。

(11) Becker, *1914*, 309ff., 338ff.

(12) *L'Humanité*, 1914. VIII. 3; Gustave Hervé, "La Patrie en danger", *La Guerre Sociale*, 1914. VII. 31, in: *La Patrie en Danger* (Paris, 1915), 35-37. Cf. Georges Lefranc, *Le mouvement socialiste sous la Troisième République (1875-1940)* (Paris, 1963), 198f. Georges Duveau, *1848. The Making of a Revolution* (New York, 1968), 61. Cf. Maurice Dommanger, *Édouard Vaillant. Un grand socialiste 1840-1915*

(Paris, 1956), 233ff. 二〇年後、人民戦線戦術の擁護にあたってフランス共産党が想起したのも大革命である——富永幸生ほか『ファシズムとコミンテルン』(東京大学出版会、一九七八)、二八七。因みに、前述(一四七ページ)のリープクネヒトの「祖国は危機にあり」("Das Vaterland ist in Gefahr.")からも同じ音色が響く。

(13) Prot., Fraktionssitzung, 1914. VIII. 3, in: *Reichstagsfraktion*, II, 3f.; David, *Kriegstagebuch*, 7ff. (1914. VIII. 3); Karl Liebknecht, *Klassenkampf gegen den Krieg!* (1915), in: *Gesammelte Reden und Schriften*, VIII, 19ff.; Wilhelm Dittmann, *Erinnerungen*, bearb. u. eingel. v. Jürgen Rojahn (Frankfurt/New York, 1995), II, 239ff. Cf. Groh, *Negative Integration*, 683ff. 公債賛成の立場を逸早く表明していたのは、南ドイツの党員と労働組合指導部だった。労働組合出身の議員は二九名いたが、八月三日の議員団会議に出席していた二五名のうち二四名が「賛成」に与した(Groh, 681f.)。反対派の一四名が誰であったかについては、記録によって多少の異同があるが、ハーゼ、レーデブーア、リープクネヒト、パウル・レンシュ、オットー・リューレがその中にいたことは確実である。見よ、*Reichstagsfraktion*, I, CLXXXVIII. なお、カウツキーは、議員ではなく、理論家として特に会議に出席していたのであって、表決には参加していない。彼は、理論家としてほしいままにしていた声望を、その後、失っていくが、後になって見れば、その発端はこの時の曖昧な態度にあった(ロヤーンの、未公刊のカウツキー家族文書などを用いた報告を参照)。彼は、目配りの効いた理論家ではあったが、決断力に富んだ政治的指導者ではなかったのだ。もっとも、そのことは、彼自身、自覚しており、V・アードラーにベーベルを失ってからの心細さを訴えている。Kautsky an V. Adler, 1914. XI. 28, in: Adler, *Briefwechsel*, 605; Jürgen Rojahn, "Kautsky im Ersten Weltkrieg", *Internationale wissenschaftliche Konferenz "Karl Kautskys Bedeutung in der sozialistischen Arbeiterbewegung"* (Bremen, 1988), 199-216. エーベルトもベルリンに戻ったのが八月四日午後のことで、この会議には出席していないが、帰国した日、シャイデマンに、自分は多数派の方に一票投じたであろうと明言した。二か月ほど後、彼はミュラーの報告を楯に自党の態度を正当化した。Ebert, Kriegsnotizen, 1914. VIII. 4, in: Buse, *loc. cit.*, 444; Sitzung, 1914. IX. 27, in: *Prot., Parteiausschuß, SPD*, 91.

帝国議会では開会式その他の折に「皇帝、国民、祖国」に萬歳を唱える習慣(Kaiser-Hoch)があったが、社会民主党議員はその反帝制の原則と、社会主義者を「祖国なき輩」と呼んで憚らず、隔離しようとしていたヴィルヘルム二世に対する反感とから、そういう際には退場していた。一九一三年、その虚をつかれて、国防法案に対する反対の機会を逸してからは、着席したままで抵抗の意思を示すことに密かに決めた。議員として宮廷によばれる行事にも参加しなかった(Hofgängerei)。右派の人びとはこうした決まりに渋々従っていたのだった。*Reichstagsfraktion*, CXLVIIf. 八月三日、ハーゼは宰相と会談、宮廷参上を拒否する代わりに起立には妥協してきた。ダーフィトは、「この点でも世界史は訂正を行なった」と満足した。

「祖国なき輩」については、見よ、Reinhard Höhn, *Die vaterlandslosen Gesellen. Die Sozialdemokratie im Lichte der Geheimberichte der preussischen Polizei* (*1878-1914*), I (Köln/Opladen, 1964), IX. 「この体制には一兵・一銭も出すな」については、見よ、富永ほか『ファシズムとコミンテルン』三三八、註(一三)。

(14) Geiss, *Juli 1914*, 347.

(15) Léon Jouhaux, Discours aux obsèques de Jean Jaurès, 1914. VIII. 4, in: Georges/Tintant, *Jouhaux*, 476-479. この演説は後に左翼反対派によって批判の対象とされるに至る。演説の背景、直後および後の評価、ジュオーの弁明については、見よ、同書、一四一—一四三、Becker, *1914*, 400ff.; Raymond Poincaré, *Au service de la France. Neuf années de souvenirs*, IV: *L'union sacré* (Paris, 1927), 546.

(16) David, *Kriegstagebuch*, 10ff. (1914. VIII. 4); Scheidemann, *Zusammenbruch*, 8ff.; Liebknecht, *Klassenkampf, loc. cit.*, 21f.; *Stenographische Berichte über die Verhandlungen des Deutschen Reichstages*, Bd. 306 (Berlin, 1916), 2 (Kaiser), 5-7 (Bethmann), 8-9 (Haase); Groh, *Negative Integration*, 695ff.; Miller, *Burgfrieden*, 61ff. 後になって、フリッツ・クーナートが、公債賛成の瞬間、自分はそっと退場していた、と述べている。

ヴィルヘルム二世の台詞("Ich kenne keine Parteien mehr, Ich kenne nur Deutsche.")が、八月一日の「共和国大統領」ポワンカレの演説の一節「この秋にあたって党派などというものはもはやなく永遠のフランスあるのみ」("A cette heure, il n'y a plus de partis, il y a la France éternelle.")と酷似しているのは偶然だろうか。Raymond Poincaré, *Messages, Discours-Allocations, Lettres et Télégrammes. 1914-1918* (Paris, 1919), 5. なお、「城内平和」とは中世都市における用語だが、一九一四年にいつ誰が使い出したかは確認できなかった。

(17) Scheidemann, *Memoiren*, I, 259. 前述(九九ページ)のように、フランクは熱心な平和主義者であり、ブルジョワ政党との提携をためらわない考え方の持ち主であった。逸早く戦時公債賛成の立場を主張した南ドイツの党員(前註13)の一人として彼が期待したのは、国難に共に当たることを通じてそれまでの「隔離」された状態を脱し、同等の立場で社会改良を進めることが出来るようになることであったと思われる。それを自ら証明しようとして志願兵になったのであろう。彼は、社会民主党が公債賛成を表明したときブルジョワ政党が拍手してくれるように工作したという。確かに拍手は起こった。しかし、ダーフィトが記すような万雷の拍手ではなく、保守派はベートマンがぎくりとするほど冷淡な態度に終始した。Groh, *Negative Integration*, 682, 701; Miller, *Burgfrieden*, 46ff., 71.

　ボルは、各地の党機関紙の検討を通じて、「城内平和」が党支持者大衆にも広く受け容れられたことを明らかにしている。その理由としては、ツァーリスト・ロシアの脅威と「世論の検閲と票決に際して社会民主党議員団が取った態度とが相俟って作り出された国民的合意」とが大きかった。だが、それも戦争勃発という特別の状況のせいであって、やがて一部には反発が生まれ、白けがひろがっていく。Friedhelm Boll, *Frieden ohne Revolution? Friedensstrategien der deutschen Sozialdemokratie vom Erfurter Programm 1891 bis zur Revolution 1918* (Bonn, 1980), 115.

(18) Newton, *British Labour*, 331ff., 341; McLean, *Keir Hardie*, 156; Kenneth O. Morgan, *Keir Hardie. Radical and Socialist* (London, 1975), 265. Cf. Keith Robbins, *The Abolition of War. The 'Peace Movement' in Britain, 1914-1919* (Cardiff, 1976), 33ff.

XI インターナショナル——復活か新生か

オーストリアの対セルビア宣戦から一週間でヨーロッパ列強は全面戦争に突入した。その一週間のうちに、インターナショナルに結集していた社会主義者たちは、ごく一部を除いて、四分の一世紀にわたって掲げ続けた反戦の旗を降ろして自国政府の戦争遂行に協力するに至った。日露戦争のとき日本とロシアの社会主義者たちが迫られた態度決定を、いま独仏英の社会主義者たちも迫られた結果は、そのようなものだったのだ。その際、彼らが自己正当化に用いた論理は、とどのつまり、ドイツの場合はツァーリの反動ロシアに攻撃されたから、であり、フランスの場合はプロイセン専制主義に攻撃されたから、であり、イギリスの場合もけっきょくはドイツの侵略に抗して、であった(1)。ドイツではもとより、フランスにおいても、自らの行動を秘し、虚偽の情報を流し、警察を通じて反体制側の動きを掌握し、何よりも暴力装置を独占する政府が、ことさらに醸成したナショナリズム。社会主義者がその抗し難いほどの力を本当に実感したときは、自分もまた免疫のないことを気付くときでもあった。

社会学者マックス・ヴェーバーは、すでに五〇歳、とうに兵役義務を免れていたが、戦地に赴くことができないということが「痛切な苦しみ」だった。三三歳のツヴァイクは、ドイツ軍がベルギーの中立を侵犯したニュースを、雷に打たれた思いで読み、日記に書いた、「天才か狂気か――いまだかつて世界がこうも狂暴だったことはない。早くも感じるのだが、この最低、最悪の行為に比べれば、人類が体験してきた一切は児戯に等しい。全世界を向うにまわして勝てるとはとても思えぬ――眠れさえできたら……。わが生涯でこれほど恐しい思いの日はなかった」と。その彼にして三日後には、ドイツ軍がリエージュを落としたことを「いいニュース」「英雄的行為」と言い、そのあとも、ドイツ軍は連戦連勝なのにオーストリア軍は何をしているのだと苛立つのだった。だが、それだけに嫌気もさし、アルトゥル・シュニッツラーとの会話に慰めを見出していた彼は、九月八日、「異国の友たちへ」と題する一文を書き始め、尊敬する旧知のロマン・ロランに手紙を送る。やがてツヴァイクは日記に記した、「殺戮は身の毛がよだつ。止めろ、と要求する人間が今こそ必要だろう。ロマン・ロランとぼくがいま文通で試みていることは、模範となり得るだろう」。同じころ、ロランは「乱闘を越えて」を書く。その西ヨーロッパのロランに対して、ドイツの固有の精神を擁護して論陣を張ることになるのが作家トーマス・マンであった。(2)

では、あらゆる社会主義者の憎悪の的であり、英仏政府と言えども開戦の正当化に当たってそれとの同盟関係については口を濁したロシアはどうだったのか。そこでも、開戦と同時に情勢は一変した。一週間前までストライキの労働者に埋められていた街頭をいま占拠しているのは「愛国主義者」たちだった。異分子、とくにユダヤ人に対する迫害が始まった。そうした状況の中で、ドゥーマの社会主義議員たちは、ボリシェヴィキもメンシェヴィキも、戦時公債の票決に当たり、退場して抗議の意を表する。だが、亡命社会主義者の間でさえもその態度は人気がなかった。むしろ、義勇兵としてフランス軍の隊伍に加わる者も珍しくなかったほどである。とは言え、大勢に抗して国際主義を捨てなかった少数派がいなかったわけではない。そしてその中に主だった指導者たちの多くが見出された。アクセリロートも、マールトフも。ほとんど唯一の例外がプレハーノフだった。(3)彼とてドゥーマの同志の行動に敬意を表することを忘れはしなかった。しかし、ロンドンでジョレスの死を知り、悄然としてパリに向かった彼は、フランスの同志たちに共感を覚えたようだ。尊敬していただけに、ドイツ社会民主党に対する失望が大きかったせいもあろう。彼は、連合国側の勝利を望む立場を表明するに至る。日露戦争に際して日本の勝利の方を選んだのと同様、「より小さな悪」と思ったのではあるまいか。(4)他方、ウィーンにいたトロツキーは、オーストリアとロシアの関係が緊張の度を加える中、ヴィクトル・アードラーの示唆に従って、八月三日、さし当たりチューリヒを目ざして旅立つ。ブハーリンも同じ汽車に乗っていた。両国開戦後もクラクフ南方の山荘に腰を据えていたレーニンは、八日、逮捕され、やはりアードラーの口ききで釈放される一九日まで獄中にあった。オーストリア当局は、彼が反ツァーリ分子と知って出獄させたのかも知れない。レーニンとクループスカヤがチューリヒに逃れたのは九月五日の

ことであった。そしてスターリンは西シベリアで配所の月を見ていた。(5)

ドイツの軍事行動に対し、誰よりも強く許し難い気持を抱いたのは、他ならぬインターナショナル事務局の所在地ベルギーの社会主義者たちだった。ブリュッセルで七月の夜空に反戦の叫びが響きわたってから四日後の八月二日、ベルギー労働党総務会は、なかんずく街頭での示威の中止と戦時公債賛成の態度を決定した。ドイツ軍侵入の四日、党首ヴァンデルヴェルデは国王の名において国務大臣に任命されると、二つ返事で引き受ける。一週間後、彼はドゥーマ議員のチヘイゼに電報を送って述べた、「不運にして、わが小国ベルギーが押し潰され、フランスとイギリスが打ち破られ、ドイツ軍国主義が勝利を収めるようなことになったら、わが国での社会主義の正常な発展は何年にもわたって駄目になるでしょう」。「あなたのツァーリズムに対する感情は重々分かっております。しかし……ヨーロッパ社会民主主義の状況全体を見て頂きたい。ジョレスもきっとそのようにお願いしたことでしょう……。われわれの行なっているのは独立戦争なのです」。ヴァンデルヴェルデには、ロランの「乱闘を越えて」は、後々になっても「ひんしゅくの種《スカンダール》」としか思えなかった。(6) 九月六日には、「ドイツ帝国主義の暴虐な侵略」に対し「独立と自治」を護る決意を示す共同声明が、フランスとベルギーの国際事務局代表の名で発表された。(7)

ドイツ社会民主党は、ドイツの評判の悪いことを気にして、八月下旬、シャイデマンをオランダに送ったのをはじめ、中立国に人を派遣して友党に理解を求めようとした。(8) その動きとは別に、リエージュに学んでいた、妻ゾフィーの弟の身を案じて、カール・リープクネヒトがベルギーを訪れたのは九月四日のことだった。ブリュッセルでユイスマーンスらベルギー労働党の人びとに会った彼は、ドイツの党の議員団内の情況を「客観的に」説明し、「ドイツによる併合は、遥かに進んだ社会立法の観点からすれば、ベルギー労働者階級にとって文句なしに有利たり得るだろう」とさえ語ったと言う。しかし、いろいろ見聞きするうちに彼は愕然とし、別れ際、自分は義務を果たす、とユイスマーンスに述べた(9)。アムステルダムでオランダの社会民主労働党のヴリーヘンらとも会ってから帰独したリープクネヒトは直ちに、スウェーデン社会民主労働党の指導者ヤルマル・ブランティングに書簡を送り、その中で、ドイツ社会民主党の取った行為を「堕罪」と表現し、「気狂いじみた大量殺戮に終止符を打つ」ためには僅かの可能性でもすべて試みなければならない、従って「全中立国による共同の外交措置」それも「全交戦国に対して同時に」ということは考えられないだろうか、と強く訴えた(10)。

そのころ既にローザ・ルクセンブルクは反対派の結集に動き出していた。彼女は、ブリュッセルから浮かぬ顔で戻ってきたが、戦争勃発が現実となり、何よりも、ドイツの党が戦時公債に賛成の決定をしたと知って、怒りと絶望の泪にくれ、死にたくなるほどの思いにかられた。議員団の中に反対の少数派がいた、などという事実は、世間にはおろか一般党員にも全く知らされていなかったのだ(11)。だが、コスチャ・ツェトキーンが党から「脱ける」と口にしたとき、ローザ・ルクセンブルクは、この一時期の恋人に答えた、「大きな坊やちゃん、人間からも『脱ける』つもりとでも言いたいのかしら」。彼女は、党のすべてが失われた今こそ、その「名誉」だけでも救い出さねばと思っていたのだ。八月四日夜、彼女の住居で、メーリング、マルフレフスキらが鳩首協議し、抗議声明を作成する。もっとも、何人かに同調を求めたが、リープクネヒトは署名を断り、クラーラ・ツェトキーンは孤立無援をさらけ出すことになるだけではないか、と忠告してくる有様だった。(12) 状況が多少とも変わってきたのは、開戦後一か月、当初の興奮がやや醒めた頃で、党員の集会で公債賛成に対する批判の声がちらほら聞かれるようになった。(13) 九月中旬、ローザ・ルクセンブルクは、シュトゥットガルトに赴く。一一日、クラーラ・ツェトキーンの家で会合を開き、一週間後には、彼女の弁護士でそのころ最も親しい間柄にあったパウル・レーヴィの住むフランクフルトに場所を変えて協議を続けた。多分八月末、彼女との間にようやく同志としての協力関係が芽生えていたリープクネヒトも、ベルギーから帰国して休む暇もなく南下して、この会合に参加する。さらに一週間後の二五日、大ベルリン党指導部の召集した集会で、多数派の一人の記録に拠れば、リープクネヒトは四五分も喋り、「そのロシア＝ポーランド出の女の相棒がいらいらした教師のような調子で」補足の弁をぶった。(14)

明らかにその頃、リープクネヒトは、ドイツの党の態度決定を「誤り」だったと確信するに至っていた。それがなければ、ゲードやサンバの入閣もなかったろう、と。ローザ・ルクセンブルクも、やがて紹介するトルールストラ宛の手紙からも知れるように、フランスの同志の言動には理解を示し、自らの属するドイツの党の指導部に批判を集中していた。(15) そして彼らは、一〇月一二日、インターナショナル再建の糸口を探りながら、スウェーデンのブランティング、オランダのウィボウト、スイスのグリムに書面と資料を送る。資料の一つは、おそらくはローザ・ルクセンブルクが八月四日に考えつき、フランス・ベルギーの共同声明にドイツの党が反論した九月一〇日に文章となり、さらに手直しを加えてなった「声明」だった。それは、党指導部への抗議の意味をこめて九月一〇日の日付を残しているが、公表されたのは、このとき、つまり一〇月半ばになってからのことだったのである。「声明」は、ジューデクムらが国外で撒き散らしていた見解を斥け、意見を異にする者の存在を明らかにすることだけを意図しており、ローザ・ルクセンブルクの筆で、リープクネヒト、彼女、メーリング、ツェトキーンの署名が付されていた。ルクセンブルクもようやく自分を取り戻し、机に向かう気になった。その彼女にとって、毎日リープクネヒトに引き廻されるのは閉口の限りだった。(16)

他方で彼女は、八月末日ごろ、トルールストラに、おそらくは初めて、しかも固苦しくない「友よ」に始まる手紙を書いた。すぐあとに述べるように、トルールストラはそれなりの判断からインターナショナルの今後のことを考え、彼女にも書簡を送っていたが、それに対して、「国境を越えての友情の握手」のできたことを心から喜んでの返事だった。曰く「ジョレスの死の打撃は、決して癒されることがないでしょう。でも、ふと、私達が平和の理想・文化について一番大切にしていることが、こんな風に崩れ去ったことを目の当たりにしないで済んでよかったと羨ましく思うことがあります。それに、今日、彼がジュール［・ゲード］の側に立っていたであろうこと疑いなしです。あの人たちはほんとうに恐しい、他にどうしようもない状況に追い込まれていたのであり今もそうなのです。ですから『誰も彼もが同じように他にどうしようもない状況』にあったという貴方の意見には同意できません。……すべてが失われ、残ったのは名誉のみ《トゥテ・ペルデュ・ソフ・オナール》……名誉だけが人類と諸国民の未来にとって唯一確実な保証だというのが私の深い深い信念です」。つまり、この時点のローザ・ルクセンブルクは、すでに言及したように、ドイツの党の責任だけをとくに問題にしていたのだ。

他方、トルールストラは、どの国であれ、国難に際しては内輪争いは止めて当然と考えていたし、もともとドイツの党に親近感をもっていたが、それだけに、オランダの中立を守ることには賛成であり、インターナショナルの今後に関しても中立を標榜したのだった。彼に言わせれば、インターナショナルはまだ十分に強力でなかっただけで、「死んだ」のではなく、大切なのは、戦争が終わったとき、たとえば外交官たちの講和会議と並行して会議を開き、国際仲裁裁判・軍備縮小といったプロレタリアートの平和綱領を表明できるよう、準備おさおさ怠らぬことだった。それには、インターナショナルに生じたひび割れをさっそく埋めねばならぬ。ところがブリュッセルの国際事務局の人びとは連合国側についてしまい、戦争状態にあってその機能も果たせなくなっている。オランダの党が代わりにその仕事を引き受けよう、そして社会主義者の国際会議を開こうではないか。このようなトルールストラの意を体した使者が、九月二〇日ごろ、ブリュッセルで開かれたベルギーの党の総務委員会に出席して、オランダの党の提案を伝える。それに対し、「インターナショナルを殺した」ドイツ人とは同席できぬと言ったユイスマーンスをはじめ、ベルギー人は強い反撥を示した。だが、妥協は成り、事務局を「一時的に中立国、たとえばオランダに移管する」ことについてどう思うか、加盟各党にオランダの党が問い合わせることになった。それは、一〇月二日付、ヴリーヘン、トルールストラ、ヴァン・コルの名による書簡となって実現する。(17)

その頃までに、インターナショナルの千切れた糸を紡ぎ直そうとする動きが他にも起こっていた。アメリカ社会党の呼びかけ(九月二四日)であり、スイス人とイタリア人のルガーノ会議(九月二七日)であり、まもなくストックホルムで一堂に会する、ブランティングやデンマーク社会民主連盟のトールヴァル・スタウニングらスカンディナヴィア諸国の人びとの努力である。(18)

大西洋を隔てたアメリカの提案は実感に乏しい。ローザ・ルクセンブルクとリープクネヒトの一〇月一二日付の書簡が、ブランティング、ウィボウト、グリム宛だったのは決して偶然ではなかったのだ。しかもその段階になると、二人は、ドイツの党はもとよりだが、他の党も義務を果たさなかったのだ、という見解に達していた。そうなると、ドイツの党に寛容で、従来のインターナショナルの「復活」を目ざすトルールストラにはいっそう批判的にならざるを得ない。他方グリムだが、彼にしても開戦直後には、内輪争いを止めることに賛成し、プロレタリアの生活苦を緩和するための「緊急事態対策委員会」に参加したほどだが、まもなく階級対立の原点に立ち帰った。アクセリロートやレーニンとの接触も始まった。ローザ・ルクセンブルクとリープクネヒトは、前述の一〇月一二日付の手紙の宛先の一人がグリムであったように、スイスの同志を今や重視していたのだった。スイスのカール・モーアに対し、同じ一〇月一二日に送った書簡で、ローザ・ルクセンブルクはいかにも彼女らしく強調する、「健全かつ確かな基礎が出来るまでは、人工的にインターナショナルをくっつける試み」はやめた方がいい、と。なぜなら、今そんなことをすれば、お互いに責任をなすりつけ合ってインターナショナルの崩壊をみじめにも証拠だてるか、さもなくばもっと悪いことに、お互い許し合って、その偽善のもとに自ら墓穴を掘るかでしかないのですから。(19) トルールストラがインターナショナルの復活を考えていたのに対し、彼らはその新生を目ざしていたのだ。

一〇月末には、クラーラ・ツェトキーンが社会主義女性インターナショナル書記長として、スイス・イタリアの同志と連絡を取ろうとスイスに赴き、ルガーノでアンジェーリカ・バラバーノフと会い、ベルンでグリムと会談する。その頃、レーニンはベルンに居を定めていた。ツェトキーンが彼とも接触したかどうかは分からないが、確かなのは、彼がインターナショナルの指導者の態度に怒り狂っていたということだ。「トルールストラ＋ドイツ社会民主党幹部会の機会主義者の一団が、万事をごまかすために陰謀を企んでいる」と、レーニンはストックホルムに居る同志に警告する。「ゲード、プレハーノフ、ヴァンデルヴェルデ、カウツキーにいたるほとんどすべての指導者が裏切った」のだ。[20]彼は、ドイツの党の八月四日の行動を伝える『フォーアヴェルツ』を手にしたとき、偽物に違いないと叫んだと言う。それだけ信頼していた反動であろう、レーニンはドイツの党、そして誰よりもカウツキーに矛先を向けるのであった。同じころ、父ヴィクトルが、ドイツの党の多数派と共同歩調を取っていることに与することができず、深刻な悩みを抱えていたのがフリードリヒ・アードラーだった。[21]

もはや、戦争をいかにして阻止するかの段階は過ぎた。戦争がそこにあった。さてどうするか。自国の勝利まで政府とつき合うのか。早期講和を目ざして政府に働きかけるのか。そんなことより革命こそが大事なのか。各国の社会主義者の多数派は第一の立場を取る。少数反対派は後者の二つの方向の間で揺れ動いていた。インターナショナルについても、復活か新生か、新生にしても、いついかにして古いインターナショナルと手を切るのか。[22]その点で、もっとも徹底した見解に逸早く達した人びとが出たのは、レーニンやトロツキー、[23]ロシアの亡命革命家たちの間からだった。自国のナショナリズムからもっとも遠いところに身を置いていたからこそであろう。だが、カール・リープクネヒトも、党指導部の圧力に抗して、一九一四年末、ついに戦事公債に反対の一票を投じた。年が明けて二月、ローザ・ルクセンブルクは投獄された。

木の葉の落ちる頃には凱旋できるつもりで、歓呼の声に送られて戦場に赴いた兵士たちは、塹壕の中で冬を越した。フライブルク出身の一学徒兵が、故郷に寄せた手紙の中で書いている、「腹の中には一物も入っていなくて、ぐうぐう鳴っている。胸に小さい赤いしみがにじんでいる若いフランス兵の背嚢に入っていた素敵な白パンで激しい空腹をかろうじてしずめた。その時、紫色のよい香のする小さい紙の束が僕の手に落ちた。『愛しき人よ！……』」さらに一年後の夏、彼は二一歳の命をソンム河畔で散らした。[24]

(1) Cf. Marc Ferro, *The Great War, 1914-1918* (London, 1973), 34-38, 247ff. イギリスの場合、ドイツの攻撃が直接およんだわけではないから、参戦の根拠はその分だけ弱いと言える。だが、イギリスがもし中立を保ったとしたら、それは、ドイツの思う壺だった。この次元でものを考える限り、フランスの場合と本質的な差はない。
なお、オーストリア＝ハンガリーでは、政府は開戦にあたって議会を開かなかった。そのため、オーストリア社会民主党もハンガリー社会民主党も戦時公債に対する態度を幸か不幸か公的に表明する機会すら与えられなかった。他方セルビア社会民主党のラプチェヴィチは、七月三一日の議会(スクープシティナ)における演説で、「オーストリア＝ハンガリーの諸民族とセルビア民族の間に戦争はあってはならぬ」、「セルビアは列強の道具たることを止め、バルカン連邦を目的とするバルカン政策の道を歩まねばならない」と述べ、もう一人しかいない同志と共に反戦の立場を貫いた——Grünberg, *Die Internationale*, 210-213. セルボ－クロアティア語の原文は、Историјско одељење централног комитета КПЈ, *Историјски архив Комунистич-*

ке *Партије Југославије*, III (Београд, 1950), 283-287. 二人の議員の意思表示は、やがて国外でも注目されるようになるが、セルビアの党を代表するものではなかったと思われる。参照、Ivan Avakumovic, *History of the Communist Party of Yugoslavia* (Aberdeen, 1964), 13-16.

（2）　マリアンネ・ウェーバー『マックス・ウェーバー』大久保和郎訳、第二巻（みすず書房、一九六五）、三九四、Zweig, *Tagebücher*, 84 (1914. VIII. 4), 86f., (VIII. 7, 8), 92 (VIII. 25), 97 (IX. 7, 8), 110 (X. 17); *idem*, "An die Freunde in Fremdland," *Berliner Tageblatt*, 1914. IX. 19. ツヴァイクが平和主義者となり、スイスに移住するまでになるのには、ロマン・ロランの影響が大きい。それまでには、シュニッツラーが戦況に無関心なのを奇異に感じたり、志願して陸軍情報局で働いたりしていた。「回想」の文章は違った印象を与えるが。*Tagebücher*, 103 (1914. IX. 19), 120 (XII. 1), 629ff. (Nachbemerkung des Herausgebers),『昨日の世界』第二巻、三五八以下、Romain Rolland, "Au-dessus de la mêlée", *Journal de Genève*, 1914. IX. 22, 23, in: *Au-dessus de la mêlée* (Paris, 1915), 21-38——邦訳『ロマン・ロラン全集』第一八巻（みすず書房、一九八二）、二二一三二、トーマス・マン『非政治的人間の考察』前田敬作／山口知三訳、全三巻（筑摩書房、一九六八—一九七一）。ミッツマンは戦争がウェーバーに「肉体の政治」に対する目を開かせたと言う。Arthur Mitzman, *The Iron Cage. A Historical Interpretation of Max Weber* (New York, 1970), 211f. Cf. Jost Dülffer/Karl Holl (Hg.), *Bereit zum Krieg. Kriegsmentalität im wilhelminischen Deutschland 1890-1914* (Göttingen, 1986).

（3）　Julius Martov, *Geschichte der russischen Sozialdemokratie*. Mit einem Nachtrag von Th. Dan: *Die Sozialdemokratie Rußlands nach dem Jahre 1908*. Autorisierte Uebersetzung von Alexander Stein (Berlin, 1926. Repr.; Erlangen, 1973), 273ff.; Grünberg, *Die Internationale*, 188f.; Ascher, *Axelrod*, 309; ゲツラー『マールトフ』、二二四以下。

（4）　高橋馨「プレハーノフと第一次世界大戦」『ロシア史研究』一九八〇、（三八）、二一一七。Baron, *Plekhanov*, 322. アンジェーリカ・バラバーノフによれば、プレハーノフは、ジュネーヴの自宅に彼女をよびつけて、イタリアの党が反戦の態度を取っていることを批判したという。それが彼との訣別となった、と。高橋は、行論の中で、「感情的」なバラバーノフの証言によりかかって論じ、もっと大事な史料を無視している、とバロンを批判する。さらに付け加えれば、バロンは、ヘルマン・ミュラーがジョレスの葬儀の際にドイツの党の態度について話したかのように、根拠を示さずに書いている(根拠がある筈がないが)。また、バラバーノフはイタリアが連合国側に立って参戦したという後の事実をプレハーノフとの会見に重ね合わせてしまったのではないか。Barabanoff, *My Life*, 120f.; *idem*, *Erinnerungen*, 63-65. バロンが依拠したのは前者だが、会見そのものについては後者の方が詳しい。前者には他の脈絡ではあるがプレハーノフにたいする好意的な叙述が見いだされる。日露戦争期のプレハーノフについては、西川『万国社会党』四四。イタリアの参戦については、参照、豊下楢彦「イタリア参戦決定過程をめぐる一考察」『法学論叢』一九七一、九〇(一/二/三)、一九四―二七五。

なお、第二インターナショナルが一八九六年ロンドン大会で排除し、官憲が社会主義者より危険視していた「アナキスト」の、バクーニン亡きあとの指導的存在であり、幸徳秋水にも影響を与えたピョートル・クロポトキンは、当時七二歳、ロンドンに亡命中だったが、彼も連合国側に立って戦争を支持した。George Woodcock/Ivan Avacumović, *The Anarchist Prince. A Biographical Study of Peter Kropotkin* (1950. New York, 1971), 373ff. 見よ、西川「第二インターナショナル」四五七、四八三。

(5) ドイッチャー『トロツキー』二三五、コーエン『ブハーリン』三八(ブハーリンのウィーン脱出の事情については両書の間に多少の違いがある)。Shub, *Lenin*, 157f.; Krupskaja, *Erinnerungen*, 318f. レーニンよりヴィクトル・アードラーへ(一九一四・九・七)『全集』第三六巻、三二〇。ロシア社会主義者の大戦に対する態度について、参照、和田『ニコライ・ラッセル』下、二八二。

(6) Grünberg, *Die Internationale*, 163f.; Vandervelde, *Souvenirs*, 178ff.; Vandervelde à Tchkheidzé, 1914. VIII. 11, cit., *ibid*., 185f. ヴァンデルヴェルデは、戦時中の論稿・演説を戦後に一書にまとめたとき、ロランの「乱闘を越えて」に対抗して「乱闘の中で」という題を付した――Vandervelde, *Dans la mêlée* (Nancy-Paris-Strasbourg, 1919). なお、その回想では、この書物の発行年が一九一六年とされているが、一九一六年版があるようには思われない。ジョレスが生きていたら、反戦を貫いたか、それとも「神聖同盟」

に参加したかは、すでに大戦中、反主流派が自己表現を始めた時から論争の対象となり、いまだに議論が続いている。政治的効果はともかく歴史学の次元では「もし」に答えはない。だが、あえて、次のように言っておこう。悲劇がなかったとしても戦争はやはり起こったであろう、そしてジョレスも戦時公債に賛成したかも知れないが、それでもインターナショナルの再生は別の形をとった可能性がある——多分、良い方に、インターナショナルが追求していた理想の観点から見て。Cf. Becker, *1914*, 231ff.

(7) "Manifeste des Partis Socialistes Belge et Français à l'Internationale" (1914. IX. 6), in: *Pendant la Guerre. Le Parti Socialiste, la Guerre et la Paix. Toutes les résolutions et tous les documents du Parti Socialiste, de Juillet 1914 à fin 1917* (Paris, 1918), 113-115.

(8) Sitzung, 1914. IX. 27, in: *Prot., Parteiausschuß, SPD*, 92 (Ebert), 100 (Haase); David, *Kriegstagebuch*, 22 (VIII. 23), 26 (1914. IX. 26); Agnes Blänsdorf, *Die Zweite Internationale und der Krieg* (Stuttgart, 1979), 56ff. ドイツによるベルギー侵略は、ハーゼはもとより、日々ドイツの戦果を追っていたダーフィトにも「理解し難く無責任な」ことに思えた。

(9) Wohlgemuth, *Liebknecht*, 249ff.; Trotnow, *Liebknecht*, 190; Rojahn, "Rosa Luxemburg contra Troelstra", 39ff. 開戦後のインターナショナルをめぐる動きについては、このロヤーンの、徹底的な史料分析に基づく論文に多くを負っている。

(10) Karl Liebknecht an Hjalmar Branting, [1914. IX. 23], Brantings Arkiv, 7, AA.

(11) Rojahn, "Rosa Luxemburg contra Troelstra", 18f.

(12) Rosa Luxemburg an Kostja Zetkin, 1914. VIII. 2, in: *Gesammelte Briefe*, V, 7; Brief Clara Zetkins, 1914. VIII. 5, cit. in: Kuczynski, *Ausbruch*, 97f. ツェトキーンのこの手紙の宛先は不明だが、ローザ・ルクセンブルクらの動きに対する反応と見てよいと思われる。その中で、彼女も「すべては失われ、残るは名誉のみ」と書いている。この言い回しは、一五二五年、パヴィーアの戦いで破れたフランソワ一世の言葉として知られる。

(13) Bericht des Polizeipräsidenten, 1914. IX. 10, in: *Dokumente aus geheimen Archiven*, Bd. IV: *Berichte*

des Berliner Polizeipräsidenten zur Stimmung und Lage der Bevölkerung in Berlin 1914-1918, bearbeitet von Ingo Materna/Hans-Joachim Schreckenbach (Weimar, 1987), 9.

(14) Rojahn, "Rosa Luxemburg contra Troelstra", 21, 58f.; Liebknecht, "Betrachtungen und Erinnerungen", in: *Gesammelte Reden und Schriften*, IX, 277; Tagebücher Otto Brauns, 1914. X. 4, cit. in: Rojahn, 61f. リープクネヒトは、八月末にローザ・ルクセンブルクを訪れ、二人だけでも前進しようということになった、と回想する。そのころ彼が少数反対派の存在を明らかにしようとするに至っていたことは、九月三日に『ブレーマー・ビュルガー＝ツァイトゥング』に送った文章から確かである(*Klassenkampf*, *loc. cit.*, 25)。しかし、抗議声明に署名する気になったとは彼も記していない。ルクセンブルクとの協力は、彼がベルギー体験を経てからのことではなかったか。いずれにせよ、二人のLの協力が、もともとか、八月四日にすぐに始まったとかいうのは、二人が一九一九年に共に虐殺されてからの神話である。

　オットー・ブラウンの記録に拠れば、ベルンシュタインは、東プロイセンでロシア人がドイツ軍によって潰滅させられたという事を「戦時公債に賛成した時もし知っていたら！」と「イギリスの浸礼派の牧師のように叫び」ローザやリープクネヒトの喝采を浴びた。ダーフィトもL-L-L(リープクネヒト、ルクセンブルク、レーデブーア)の拍手を受けたと記す。David, *Kriegstagebuch*, 43 (1914. IX. 25). ただし、レーデブーアは、リープクネヒトの説得にも拘わらず、頑として抗議声明に署名しようとはしなかった。Liebknecht, "Betrachtungen", *loc. cit.*, 278. レーデブーアについては、参照、Ursula Ratz, *Georg Ledebour. Weg und Wirken eines sozialistischen Politikers* (Berlin, 1969), 152.

(15) Brief Karl Liebknechts, 1914. IX. 26, Brantings Arkiv, 7, AA. この手紙は、リープクネヒト自身も後に公表している(*Klassenkampf*, *loc. cit.*, 26ff.)。『全集』の編者は宛先不明と註を付けているが、ヴォールゲムートはそれより前、「外国の一同志へ」の書簡として紹介した。トロートノは、それに拠ると言いつつ、それをグリムに宛てたものにしてしまっている(ヴォールゲムートがそれをグリム宛としたのは、後のリープクネヒト伝においてなのだが)。いずれにせよ、こうした見解に疑義を呈したのはロヤーンの功績である。だが、それは九月二七日・二八日に開かれた反対派の会合を頭においての手紙だったという彼の推測も必ずしも説得的ではない。文中にインターナショナルな諸勢力への言及があるからだ。とまれ、この手紙が、一〇月一二日付の書簡の添付資料として外国の同志に送られたことだけは確かである。Wohlgemuth, *Burgkrieg*, 210; *idem*, *Liebknecht*, 253; Trotnow, *Liebknecht*, 187; Rojahn, *loc. cit.*, 60.

(16)　Liebknecht an Branting, 1914. X. 12, Brantings Arkiv, 7, AA; Rojahn, *loc. cit.*, 70ff.; Rosa Luxemburg an Kostja Zetkin, 1914. X. 11(?), in: *Gesammelte Briefe*, V, 13. リープクネヒトのブランティング宛、九月二三日、一〇月一二日付の手紙は、ロヤーンの論文の付録に克明な注釈を添えて発表されている。

(17)　Rosa Luxemburg an Troelstra, o. D., in: Rojahn, *loc. cit.*, 137f.; Conseil Général: Bureau. Procès-Verbal de la séance du 30-9-1914; Circulaire aux Partis affiliés, Septembre 1914, Les matériaux provenant du B. S. I. 1914-1920. Sur microfilm, 3, IISG; An die dem I. S. B. angeschlossenen Parteien, Vliegen, Troelstra, van Kol, 1914. X. 2, SD-arkiv, 532/4, ABA. ベルギーの党の総務委員会議事録の日付は誤り。その点およびその他の詳細について、見よ、Rojahn, *loc. cit.*, 25ff., 46ff.

(18)　Call for International Socialist Peace Congress (The Socialist Party of the United States), 1914. IX. 24, matériaux, B. S. I., film, 3, IISG. Cf. Austin van der Slice, *International Labor, Diplomacy, and Peace, 1914-1919* (Philadelphia, 1941), 209. なお、しばしば引用される、ウォーリングの史料集に収録されているアメリカ社会党の呼びかけの文面は、ここで典拠とするBSIアルヒーフの中の文書と必ずしも一致しない。William English Walling (ed.), *The Socialists and the War. A Documentary Statement* ... (New York, 1915), 406f.

ルガーノ会議については、参照、*Die Zimmerwalderbewegung. Protokolle und Korrespondenz*, hrsg. v. Horst Lademacher, 2 Bde. (The Hague/Paris, 1967), XLIIIff.; Martin Graß, *Friedensaktivität und Neutralität. Die skandinavische Sozialdemokratie und die neutrale Zusammenarbeit im Krieg, August 1914 bis Februar 1917* (Bonn/Bad-Godesberg, 1975), 77ff.; Blänsdorf, *Die Zweite Internationale*, 77; 黒沼凱夫「第一次世界大戦下の社会主義運動——ツィンメルワルト運動の成立史によせて——」『経済学』一九

七七、三九、(一)、三一－四四、(二)、七九－九五。スカンディナヴィアについては、Graß, 82ff.; 山内昭人「ストックホルム会議とツィンメルヴァルト運動」『史林』一九七八、六一(五)、九三－一二九。

(19) Christian Voigt, *Robert Grimm. Kämpfer, Arbeiterführer, Parlamentarier. Eine politische Biographie* (Bern, 1980), 102ff.; Markus Bolliger, *Die Basler Arbeiterbewegung im Zeitalter des Ersten Weltkrieges und der Spaltung der Sozialdemokratischen Partei. Ein Beitrag zur Geschichte der schweizerischen Arbeiterbewegung* (Basel, 1970), 37ff.; Rosa Luxemburg an Carl Moor, 1914. X. 12, in: *Gesammelte Briefe*, V, 14ff. Cf. Leonhard Haas, *Carl Vital Moor 1852-1932. Ein Leben für Marx und Lenin* (Zürich, 1970), 126ff.; Ernest Hueting/Frits de Jong Edz./Rob Neij, *Troelstra en het model van de nieuwe staat* (Assen, 1980).

(20) Rojahn, "Rosa Luxemburg contra Troelstra", 93f.; Balabanoff, *My Life*, 130; Rosa Luxemburg à Huysmans, 1914. XI. 10, in: *J'étais, je suis, je serai! Correspondance 1914-1919.* Textes réunis, traduits et annotés sous la direction de Georges Haupt par Gilbert Badia, Irène Petit, Claudie Weill (Paris, 1977), 59ff.; Willi Gautschi, *Lenin als Emigrant in der Schweiz* (Zürich, 1973), 95ff. レーニンよりア・シュリャープニコフへ(一九一四・一〇・二七)『全集』第三五巻、一六九。

(21) Shub, *Lenin*, 157; Braunthal, *V. und F. Adler*, 215ff.

(22) 各国で「城内平和」に反対する少数派が分立し始める。その全般的な様相については、見よ、David Kirby, *War, Peace and Revolution. International Socialism at the Crossroad, 1914-1918* (Aldershot, Hants, 1986), 69ff.; ドイツについて、Manfred Scharrer, *Die Spaltung der deutschen Arbeiterbewegung* (Stuttgart, 1985).

(23) ドイッチャー『トロツキー』二三六以下。

(24) バーバラ・W・タックマン『八月の砲声』上下、山室まりや訳(筑摩書房、一九六五)、上、一三六以下、ヴィットコップ編『ドイツ戦没学生の手紙』高橋健二訳(岩波書店、一九三八)、一二二－一二三。

エピローグ

一千万の戦死者を出して、一九一八年末、戦争は、中欧諸国の屈服をもって終わった。翌年二月ベルンで「労働者・社会主義者会議」が開催される。二年前にロシア革命が勃発してから「封印列車」で帰国し、ついに政権を掌握したレーニンは、このベルン会議開催の動きに対抗して、すでに第三インターナショナル(コミンテルン)の創立を呼びかけていた。(1) 従って、ロシアのボリシェヴィキはもとより、それを支持するスイス社会民主党、イタリア社会党左派もベルン会議をボイコットしたし、どうしてもドイツ人と同席する気になれなかったベルギー労働党、経済問題に議論を限ろうとする労働組合の立場から、勢い込んで乗り込もうとしていたが、思うように事が運ばないのでつむじを曲げたサミュエル・ゴンパーズの率いるアメリカ労働総同盟も姿を見せなかった。だが、それ以外の、二六国の諸党からの一〇三名と、国際事務局の代表としてのユイスマーンスが出席し、ブランティングを議長として、会議は二月三日に開幕する。(2) そこまでに漕ぎつけた主役はヘンダーソンであり、中心となったのはイギリスの労働党とフランスの社会党だった。アメリカ合衆国大統領ウッドロー・ウィルソンの有名な「一四か条」は、ソヴェト政権の

「無併合・無償金・民族自決、等々」の国際政策に対抗する意図でまとめられたものだが、ベルン会議の主導者たちは、ウィルソンに多大の期待を抱いていた。「自由を求めるすべての国民は、閣下を頼もしく賢明な友と思っております」と、イギリスの労働組合会議と労働党が熱烈な書簡を送ったほどだ。彼らは、パリ講和会議に並行して会議をパリで開き、自分たちの意見を政府の会議に反映させようとしていたのである。開戦直後にトルールストラが描いた構想に他ならぬ。だが、政府側の方針で、場所は中立国スイスのベルンにせざるを得なかった。それにしても、交戦する両陣営に分かれていた、イギリス・フランスとドイツ・オーストリアの社会主義者たちが、四年余りの年月を経て一堂に会し、再び団結の力を示そうというのであった(3)。

会議の準備過程で活躍していた、イギリスの独立労働党のエセル・スノーデンは、ベルンでドイツ社会民主党多数派の人びとを目にして痛ましさを禁じ得なかった。「かつては大柄でがっしりしていたヘルマン・ミュラーが、今や何と、背は高いが痩せしぼんで、長い間の食糧不足のせいか、洋服が気の毒なほどだぶだぶで」。少数派のベルンシュタインもその点、変わりなかった。「腰が曲がり、老け込み」「かつての彼の幽霊」を見る思いだった。こうした感慨はともかく、目ざすのは恩讐を越えることであった。ところが、のっけから、トーマをはじめとするフランス人たちが、ドイツの党の多数派の戦争責任を追及し始める。反論に立ったのはオットー・ヴェルスだが、トーマも入閣したではないか、ジョレスにしてもロシアの危険を強調していたではないか、我々は正しかった、今や革命を遂行したではないか、と一歩も譲ろうとしない。はらはらするような雰囲気を救ったのは、二週間後、ミュンヒェン革命の中で暗殺されることになるクルト・アイスナーだった。私はドイツの責任を告白する。私はドイツで唯一のジョレス主義者であり、すべての国の愛国者たりたい、と彼は訴えた。カウツキーも和解の理論を展開する。彼が、ジョレス、プレハーノフ、ヴィクトル・アードラー、ケア・ハーディーを悼み、さらに、自分はそのやり方を厳しく批判した相手ではあるが、と言いつつ、二週間余り前に虐殺されたカール・リープクネヒトとローザ・ルクセンブルクについて、彼らは社会主義の大義のために死んだと述べると、一同、起立するのであった(4)。

けっきょく、戦争責任問題の判断は延期され、会議が本来めざした議事項目についてあれこれと議論が行なわれて、一〇日、閉幕した。項目は、その戦責問題の他に、五つあった――㈠国際連盟、㈡領土問題、㈢労働憲章、㈣民主主義と独裁、㈤捕虜送還問題。その中で、もっとも建設的な方向を含んでいたのは、国際連盟の構想であり、それと密接に関連する労働憲章であった。ベルンに集まった社会主義者たちは、ウィルソンの提唱した国際連盟を、マクドナルドの言を借りれば、政府のではなく議会代表の連盟にしようとしていたのだ。領土問題については、アルザス゠ロレーヌはもとより、インドや朝鮮からも、さまざまな要求ないし訴えが寄せられていたが、それが、あるべき姿の国際連盟に委ねられることになったとすれば、捕虜問題も同様だったとしても不思議はない。「民主主義と独裁」の問題は、ルバノーヴィチ、アクセリロートらの体験に基づくボリシェヴィキ批判によってもっとも鋭く提起され、会議の大勢も、再びマクドナルドに拠れば、「自由を確立しない革命は社会主義を目ざす革命ではない」という意見に異存なかった。異論を唱えたのは、戦争中、思いつめた末、オーストリア首相カール・シュテュルクを暗殺し、いったんは死刑を宣告されたフリードリヒ・アードラーだった。彼は言う、この会議の討論は、国際連帯の精神の復活が未だしであることを如実に示している、大切なのは自国の帝国主義者と闘うことではないのか、と。ロシア人の主張にしても、一方の側しか聞いていないし、イタリアとスイスの党もここにはいない。そのような状況で、「プロレタリアートの一路線全体」に烙印を押すようなことは慎しむべきだ。(5)

ベルン会議多数派の願望は、すでにヘンダーソンもマクドナルドも議会選挙で落選していただけでなく、政府の側でデイヴィド・ロイド・ジョージとジョルジュ・クレマンソーが主導権を握る、という情勢のもとであえなく潰えた。ウィルソンも、必ずしも初志貫徹できぬまま帰国し、おまけに、国際連盟構想すら上院で否決され失意のうちに晩年を迎える。しかも、ボリシェヴィキの影響はハンガリーにおけるクン・ベーラの政権樹立をはじめ、中部ヨーロッパに及びつつあった。なるほどそれも翌二〇年にはヴィスワ川で阻止されたが、第三インターナショナルは自信をもって活動を開始していた。他方、「第二」インターナショナルは、その年七月、ジュネーヴで開いた大会をもってその歴史を閉じる。その狭間にあって、何とか社会主義者の国際的な統一を実現しようと、フリードリヒ・アードラーは、ウィーンで「社会主義政党国際協働体」――「第三」の側からの蔑称では「第二半」インターナショナル――を結成した。一九二二年四月、三つのインターナショナルの間で協議が開かれたが、意見が一致せず、翌年、ハンブルクで「社会主義労働者インターナショナル」が発足し、「第二半」インターナショナルもそちらに合流、コミンテルンと競合、と言うよりは対立し合うことになった(6)。

二つのインターナショナルの代表者たちが顔を合わせたのは、十年以上経た一九三四年一〇月一五日、ヒトラーの政権掌握によって生じた事態に対して、協力の可能性を探ろうとしてであった。この日、そのためにブリュッセルに集まったのは、「社会主義労働者インターナショナル」からヴァンデルヴェルデ、フリードリヒ・アードラー、そしてコミンテルンを代表するフランス共産党の、ずっと若い三四歳のモーリス・トレーズらであった。

アードラーは言う、「われわれのインターナショナルの状況は、あなた方の場合よりいくらか民主的なのです」。トレーズは答える、「われわれだって相談します。ただ、おおむね同意見になるのです」。アードラー「あなた方の場合にはあらかじめ決められた調和があるのです」(笑い)(7)。

(1) 西川「レーニンの封印列車」江口朴郎編『世界の名著 レーニン』(中央公論社、一九七九)、月報、『コミンテルン資料集』村田陽一編訳、第一巻(大月書店、一九七八)、一七以下。

(2) Gompers to Bowerman, 1918. XII/1919. I, LSI, 3/158, LPA ; BERN, FEBRUARY, 3-10, 1919, Textes of Delegates' Speeches in their original languages, LSI, 6, LPA. Cf. Arno J. Mayer, *Politics and Diplomacy of Peacemaking. Containment and Counterrevolution at Versailles, 1918-1919* (New York, 1969), 373ff. 日本からも参加希望が寄せられたと言うが、それは堺利彦・北原龍雄だったと思われる。西川『万国社会党』九五。

(3) To His Excellency, Dr. Woodrow Wilson (from the TUC and LP), n. d., LSI, 3/123, LPA. メイア『ウィルソン対レーニン─新外交の政治的起源　一九一七─一九一八年』第二巻、斉藤孝／木畑洋一訳(岩波書店、一九八三)、一四三以下。

(4) Mrs. Philip Snowden, "Socialist Personalities at Berne, *Labour Leader*, 1919. II. 27 ; *Prot., Bern, 1919*. このベルン会議の議事録および関連資料は、リッターによって公刊された。それに拠るなら、*Die II. Internationale 1918/1919. Protokolle, Memoranden, Berichte und Korrespondenzen*, hrsg. v. Gerhard A. Ritter, 2 Bde. (Berlin/Bonn, 1980), I, 201ff. (Thomas), 210ff. (Wels), 230ff. (Eisner), 254ff. (Kautsky). Cf. Robert F. Wheeler, "The Failure of 'Truth and Clarity' at Berne : Kurt Eisner, the Opposition and the Reconstruction of the International", *IRSH*, 1973, 18 : 173-201.

(5) Ritter, *II. Internationale*, 309ff., 508ff. (MacDonald), 524ff. (Axelrod), 527ff. (Adler), 537ff. (Rubanovitsch). Cf. Braunthal, *V. und F. Adler*, 225ff. カウツキーは一九一八年、『プロレタリアートの独裁』を書き、それを読んだレーニンは、ついに彼に「背教者《レネガート》」の烙印を押した。Kautsky, *Die Diktatur des Proletariats* (Wien, 1918); レーニン『プロレタリア革命と背教者カウツキー』(モスクワ、一九一八)『全集』第二八巻、二三九─三四八。

(6) 「共産主義インターナショナル第二回大会」『コミンテルン資料集』第一巻、一七一以下、*Bericht vom zehnten Internationalen Sozialistenkongress in Genf. 31. Juli bis 5. August 1920*, hrsg. v. Sekretariat der Sozialisten- und Arbeiter-Internationale (Brüssel, 1921); *Protokoll der Internationalen Sozialistischen Konferenz in Wien vom 22. bis 27. Feburuar 1921* (Wien, 1921); *Protokoll der internationalen Konfe-*

renz der drei internationalen Exekutiv-Komitees in Berlin vom 2. bis 5. April 1922, hrsg v. Neuner Komitee der Konferenz (Wien, 1922); *Protokoll des Internationalen Arbeiterkongresses in Hamburg 21. bis 25. Mai 1923* (Berlin, 1924). Cf. Robert Siegel, *Die Geschichte der Zweiten Internationale 1918–1923* (Frankfurt/New York, 1986).

（7） 富永ほか『ファシズム』二六二。

付記 第一二章で扱った主題の一九一五年以降の展開と、「エピローグ」で簡単に触れたベルン会議については、本書刊行後いっそう詳細な叙述をまとめたので、合わせてお読み頂ければ幸いである。西川／松村高夫／石原俊時『もう一つの選択肢――社会民主主義の苦渋の歴史』（平凡社、一九九五）、一五一―九〇。

略号表

BSI	国際社会主義事務局
CGT	(フランス)労働総同盟
Int.	インターナショナル
ILP	(イギリス)独立労働党
LP	(イギリス)労働党
PSI	イタリア社会党
RSDRP	ロシア社会民主労働党
SDAP	(オランダ)社会民主労働党
SDKPiL	ポーランド王国・リトアニア社会民主党
SFIO	労働者インターナショナル・フランス支部(フランス社会党)
SPD	ドイツ社会民主党
SPÖ	オーストリア社会民主労働党

あとがき

この叢書の一冊として「第一次世界大戦と社会主義」と題する書物を書くように、という話があったのは、もう一四年も前のことである。『岩波講座　世界歴史』に「第一次世界大戦前夜の社会主義者たち」を書いたあとだった。まもなく、私は一年間ドイツのボーフムに滞在する機会を得た。その折、アムステルダムの社会史国際研究所をはじめ、ヨーロッパ各地のアルヒーフを訪ね歩いたが、ようやくにして、これぞ恰好の題材と雀躍りして史料を集めるに至ったのは、第一次世界大戦中および大戦後のインターナショナル史であった。当時は、このテーマについての研究はまだ無きに等しかったのである。

もっとも、行く先々のアルヒーフで、同じ史料を先に見た人々の名前に出くわした。悪い予感がした。果して一九八〇年には、せっかく集め苦労して読んだ、一九一八／一九年の第二インターナショナルに関する史料がゲーアハルト・A・リッターによって公刊されてしまう。解説・注釈つきで刊行されれば、それだけ研究はし易くなる、と頭では分かっていても、未刊行の史料を見つけ使ってみたいという、言ってみればケチな根性による意気込みが奪われるのを如何ともし難かった。

気を取り直し、改めて史料に取り組んだものの、一方で社会主義の非神話化が進行し、他方でいわゆる社会史研究が徐々に成果をあげていく中で、視点を定めるのはいっそう難しいことであった。だが、すでに便々として十年余。背水の陣をしいて書き始めた。ところが、どういうわけか、書くほどに興がのり、第一次世界大戦勃発前後までで四〇〇枚を越えてしまった。差し当たり、そこで筆を擱くことにして出来たのが本書である。新たに集めた史料を用いて書くつもりだった第一次世界大戦中および大戦後の時期については、先送りにせざるを得なくなった。ぐずぐずしていたお蔭で、本書の刊行が、第二インターナショナル「創立」百周年を記念する形になったのは、怪我の功名とでも言おうか。第一次世界大戦中については、重要な史料(オットー・ブラウンの日記、カウツキー家族文書など)がこれから公刊される予定で、書くのはそれを見てからでも遅くはあるまい。

本書を書くにあたっては、日本の同学の士、ヨーロッパの研究者・文書館員の何人もの方々に大変お世話になった。なかでも、社会史国際研究所の Daisy Devreese 夫人の、職責を越えた助力には感謝の言葉もない。昨年から今年にかけて、本書執筆の最終段階で、実質的に大学や学界での任務を肩代わりし、更にブレーメンで四か月半にわたる研究生活を送ることを可能にして下さった、東京大学教養学部歴史学教室の同僚諸氏、青山学院大学文学部の伊藤定良氏、東京大学教養学部の木畑洋一氏にも厚く御礼申しあげる。また、海外にいたせいもあって、索引の作成では、小沢弘明氏の手を煩わした。記して感謝の意を表したい(もとより、責任は著者にある)。妻、純子は一読者の立場から草稿を読み注文をつけてくれた。

それにしても、この十年間、おどしたりすかしたり、岩波書店編集部、松嶋秀三氏の執拗な攻撃なくしては、本書を書き終えることはできなかったであろう。謝意を捧げるとともに、ご健康を祈る。

一九八九年七月一四日

西川正雄

付記　本書の初版が出た一九八九年の一一月、ベルリンの壁が開放された。むろん、そのようなことが起こると予期していたのではないが、ソ連・東欧の社会主義圏の実状を冷静に判断しないと足をすくわれる、とは、ヨーロッパ滞在中の見聞から実感していた。そこで、本書を書くに当たっては、それまで以上に、その時々の政治路線からは出来るだけ距離を置き、歴史学の方法に徹しようと試みた。したがって、ベルリンの壁が開放されるという事態が生じたからといって、本書の叙述を書き換える必要はなかった。

しかし、あれよあれよという間に一九九一年、ソ連邦の解体にまで事態は進んでしまった。そうなれば、社会主義とは何であったのか、と考え直さざるを得ない。だからと言って、資本主義社会の勝利を謳って「歴史の終わり」なる凱歌に唱和するのは、あまりにも早計であろう。著者は、社会主義の再検討は、ソ連・東欧という、言わば「一国史」の次元ではなく、世界史の観点から行なうべきだと考えている。フランス大革命や産業革命について、犠牲が大き過ぎたとか、たいした変化ではなかったとかの、それなりに無視できない新しい見解が出てきているが、それは、フランスないしイギリスという「一国史」の枠で論じているからではないか、と思うからである。そのような意味での社会主義の再検討が出来たならば、本書の構想も変わらざるを得ないかも知れぬ。

しかし、現時点では、本書は、主題に関する限り、どのような観点に立とうとも、基礎的な素材を提供していると信じ、それで満足するしかない。したがって、今回の重版では、誤植および勘違いの訂正と、この十年間に出た新しい史料・文献も参照して、多少の手直しとを行なっただけである。社会主義運動・労働運動の歴史研究が、アカデミズムの世界で「市民権」をようやくにして得たのは、世界的に一九六〇年代だった。それが今や、やはりどこでも「人気」のない分野になってしまった。そのような状況の中で、本書の二回目の重版が出るとは嬉しいことだ。なお、この重版と同じころ、ブレーメンの出版社からドイツ語版も出版されることになった。

参照　西川「社会民主主義」歴史学研究会(編)『講座　世界史』第一一巻(東京大学出版会、一九九六)、一三五—一六三、同「二〇世紀とは何であったか」『人民の歴史学』一四〇号(一九九九年六月)、一—一二。

(一九九九年七月一五日)

V. 30	第2回独仏協調会議(バーゼル)	
VI. 28		サライェヴォ事件
VII. 14-16	SFIO臨時大会(パリ)	
16-18	RSDRP諸派「統一会議」(ブリュッセル)	
23	SPÖ幹部会・議員団合同会議	墺,セルビアに最後通牒
28		墺,対セルビア宣戦布告
27/28	各地で反戦デモ	
29-30	BSI第16回会議(ブリュッセル)	
30	SFIO・CGT合同会議	
31	SPD党幹部・議員団合同会議	ドイツ,「戦争警報」
	ジョレス暗殺	
VIII. 1		ポワンカレ,「神聖同盟」演説
		独・仏,総動員令
	ヘルマン・ミュラー,パリへ	ドイツ対露宣戦
2	ロンドンで反戦集会	
3	SPD議員団会議	ドイツ対仏宣戦
4	ジョレスの葬儀	ドイツ,ベルギー侵入
	SPD戦時公債に賛成	ドイツ皇帝,「城内平和」演説
		イギリス対独宣戦
IX. 27	ルガーノ会議	
X. 2	SDAP, BSI移転呼びかけ	
12	ローザ・ルクセンブルクらの態度表明	

■岩波オンデマンドブックス■

第一次世界大戦と社会主義者たち

1989年7月24日　世界歴史叢書版第1刷発行
1999年9月22日　世界歴史叢書版第3刷発行
2013年10月24日　人文書セレクション版第1刷発行
2018年7月10日　オンデマンド版発行

著　者　西川正雄《にしかわまさお》

発行者　岡本　厚

発行所　株式会社　岩波書店
〒101-8002　東京都千代田区一ツ橋2-5-5
電話案内　03-5210-4000
http://www.iwanami.co.jp/

印刷／製本・法令印刷

ISBN 978-4-00-730783-6　　Printed in Japan

人名索引

ア行

アイスナー Kurt Eisner *1867-1919* 50, 231
アーヴィング Dan Irving *1854-1924* 134, 177, 183
アクセリロート Павел Борисович Аксельрод *1850-1928* 125, 135, 137, 140, 154-156, 158, 164, 166, 178, 184, 213, 220, 232
アッニーニ Gregorio Agnini *1856-1945* 86
アードラー(ヴィクトル) Victor Adler *1852-1918* 5, 29, 33, 35, 39, 46, 48, 53, 72-76, 81, 83, 85, 88, 89, 91, 93, 94, 96, 103, 109, 110, 114, 132, 139, 140, 150, 152, 160, 163, 173, 175, 176, 178, 182-185, 208, 213, 221, 224, 231
アードラー(フリードリヒ) Friedrich Adler *1879-1960* 53, 150, 158, 163, 167, 172, 184, 221, 232, 233
アルマント Инесса (Елизавета Фёдоровна) Арманд *1874-1920* 1, 17, 156-158, 165, 166, 184
アングスト Heinrich Angst *1847-1922* 108, 114
アンセール Édouard Anseele *1856-1938* 79, 80, 156, 184
アンドレール Charles Andler *1866-1933* 98
イグレシアス Pablo Iglesias Posse *1850-1925* 46
イズヴォーリスキー Александр Петрович Извольский *1856-1919* 190
ヴァイヤン Édouard Vaillant *1840-1915* 22, 24, 25, 27, 28, 30, 32, 36, 39, 42, 44-46, 51, 52, 56, 70, 71, 75-77, 86, 88, 91, 93-96, 98, 102, 105, 106, 109-113, 132, 142-144, 150-153, 160, 163, 172-174, 177, 182, 184, 185, 196, 198
ヴァルダーゼー Alfred Graf von Waldersee *1832-1904* 6
ヴァルデック＝ルソー Pierre-Marie-René Waldeck-Rousseau *1846-1904* 31, 34
ヴァレツキ Henryk Walecki *1877-1938?* 184
ヴァン・コル Hendrik Hubert van Kol *1851-1925* 69, 219, 227
ヴァンデルヴェルデ Émile Vandervelde *1866-1938* vii, 26, 29, 33, 35, 38, 41, 44, 51, 76, 77, 79, 80, 106, 116, 132, 134, 142, 144, 154-156, 160, 180, 181, 184, 186, 214, 221, 224, 233
ヴィヴァーニ René Viviani

1863-1925　168, 189, 199
ヴィクトリア女王　Queen Victoria *1819-1901*　170
ウィボウト　Florentinus Marinus Wibaut *1859-1936*　217, 219
ヴィラン　Raoul Villain　206
ウィルソン　Woodrow Wilson *1856-1924*　229-232, 234
ヴィルヘルム2世　Wilhelm II. *1859-1941*　21, 169-171, 187, 193, 195, 201, 204, 209
ヴィンター　P. Winter →ベルジン
ウエッブ　Sidney James Webb *1859-1947*　142, 159
ヴェーバー　Max Weber *1864-1920*　211, 223
ヴェルス　Otto Wels *1873-1939*　230
ヴラジーミルスキー　Мнхаил Фёдорович Владимирский(Камский) *1874-1951*　166
ヴリーヘン　Willem Hubert Vliegen *1862-1947*　142, 148, 149, 159, 162, 215, 219, 227
ヴルシュレーガー　Eugen Wullschleger *1862-1931*　80
ヴルム　Emanuel Wurm *1857-1920*　67, 142, 159
エクシュタイン　Gustav Eckstein *1875-1916*　124, 136
エーベルト　Friedrich Ebert *1871-1925*　70, 87, 146, 150, 182, 185, 188, 204, 205, 208
エルヴェ　Gustave Hervé *1871-1944*　21, 23-27, 29, 37, 152, 174, 196, 207
エルツベルガー　Matthias Erzberger *1875-1921*　200, 201
エンヴェル・ベイ　Enver Bey (Paşa) *1881-1922*　64, 95
エンゲルス　Friedrich Engels *1820-1895*　v, 5, 24, 80, 89, 129, 139
オグレイディ　James O'Grady *1866-1934*　79
尾崎行雄 *1859-1954*　112

カ行

カイヨー　Joseph Caillaux *1863-1944*　144, 153, 164
カウツキー(カール)　Karl Kautsky *1854-1938*　5, 9, 11, 14-17, 19, 34, 49, 50, 53, 54, 58, 60, 62, 66, 67, 76, 77, 87, 89-92, 99, 109, 113, 114, 119, 121-124, 129, 131, 132, 135-137, 139, 140, 144, 145, 152, 155-158, 160, 162-166, 172, 173, 178, 182-184, 198, 200, 208, 221, 231, 234
カウツキー(ベネディクト)　Benedikt Kautsky *1894-1960*　53, 185, 186
カウツキー(ルイーゼ)　Luise Kautsky-Ronsperger *1864-1944*　123, 135, 136, 139
カスパーロフ　Владислав Минасович Каспаров *1884-1917*

166
片山潜 *1860–1933* vii, 7, 8, 35, 52, 124
加藤時次郎 *1858–1930* vii
ガポン Георгий Аполлонович Гапон *1870–1906* 118
カーメネフ Лев Борисович Каменев (Розенфельд) *1883–1936* 91, 92, 126, 128, 135, 139
ガリフェ Gaston Alexandre Auguste de Galliffet *1830–1909* 32
カルメット Gaston Calmette *1858–1914* 153, 164
北原龍雄 *1892–* 234
クヴィッデ Ludwig Quidde *1858–1941* 112
クェルチ Harry Quelch *1858–1913* 46, 56
クーナート Fritz Kunert *1850–1931* 209
グラムシ Antonio Gramsci *1891–1937* 65
クリショーフ Anna Kuliscioff *1854–1925* 65
グリム Robert Grimm *1881–1958* 99, 100, 183, 184, 217, 219, 220, 226
クループスカヤ Надежда Константиновна Крупская *1869–1939* 1, 14, 17, 19, 20, 137, 165, 213, 224
グレイ Edward Grey *1862–1933* 108, 168–170, 195, 203
グレイジャー John Bruce Glasier *1859–1920* 39, 177, 178, 180, 183
クレマンソー Georges Clemenceau *1841–1929* 232
グロイリヒ Hermann Greulich *1842–1925* 81, 100
グロートヤーン Alfred Grotjahn *1869–1931* 204
クロポトキン Пётр Алексеевич Кропотокин *1842–1921* 224
クン Kun Béla *1886–1937* 232
ゲード Jules Guesde *1845–1922* 10, 22, 23, 31–33, 36, 95, 151, 152, 174, 184–186, 199, 216, 218, 221
ケマル・ベイ Mustafa Kemal Bey (Atatürk) *1881–1938* 64, 95
ゲリシュ Karl Alwin Gerisch (A. Gerisch) *1857–1922* 134
幸徳秋水 *1871–1911* 224
コシチューシコ Tadeusz Andrzej Bonawentura Kosciuszko *1746–1817* 15
コスタ Andrea Costa *1851–1910* 58, 65
ゴバ Albert Gobat *1843–1914* 100
コラレス Emilio Corrales 184
ゴールドストーン Frank Walter Goldstone *1870–1955* 76
コロンタイ Александра Михаиловна Коллонтай *1872–1952* 1, 2, 17, 193, 207

ゴンパーズ　Samuel Gompers *1850-1924*　229, 234
コンペール=モレル　Adéodat Constant Adolf Compère-Morel *1872-1941*　193
コンラート・フォン・ヘッツェンドルフ　Franz Conrad von Hötzendorf *1852-1925*　169

サ行

堺利彦 *1870-1933*　234
サカゾフ　Янко Иванов Саказов *1860-1941*　61, 66, 67, 86
サゾーノフ　Сергей Дмитриевич Сазонов *1860-1927*　168
サンバ　Marcel Sembat *1862-1922*　184, 192, 193, 196-199, 216
シェヴケト・パシャ　Mahmut Şevket Paşa *1856-1913*　95
ジェルジンスキ　Feliks Dzierżyński *1877-1926*　126
ジノーヴィエフ　Григорий Евсеевич Зиновьев *1883-1936*　135
シャイデマン　Philipp Scheidemann *1865-1939*　79, 87, 102, 110, 137, 145, 150, 172, 182, 193, 197, 200, 203, 204, 206, 208, 209, 214
ジューデクム　Albert Südekum *1871-1944*　188, 204, 217
ジュオー　Léon Jouhaux *1879-1954*　173, 174, 190, 198, 199, 209
シュトュルク　Karl Stürgkh *1859-1916*　232
シュニッツラー　Arthur Schnitzler *1862-1931*　212, 223
シュミット　Николай Павлович Шмит *1883-1907*　118, 121, 136
シュリャープニコフ　А. Г. Шляпников *1885-1937*　228
ジョリッティ　Giovanni Giolitti *1842-1928*　56
ジョレス　Jean Jaurès *1859-1914*　3, 6, 7, 22, 24, 26-36, 38, 39, 45, 52, 57, 58, 75-77, 79, 82, 83, 85, 86, 90, 95, 97, 98, 100, 101, 106, 110, 132, 142, 144, 150, 152-154, 159, 164, 173, 174, 176-181, 184-186, 189-191, 193, 194, 196-198, 205, 206, 213, 214, 217, 224, 225, 230, 231
ジンガー　Paul Singer *1844-1911*　29, 87
スターリン　Иосиф Виссарионович Сталин(Джугашвили) *1879-1953*　91, 133, 140, 141, 214
スタウニング　Thorvald Stauning *1873-1942*　184, 219
ストルイピン　Пётр Аркадьевич Столыпин *1862-1911*　16
スノーデン(エセル)　Ethel Snowden (Mrs. Philip Snowden)　230, 234
セムコーフスキー　Семен Юльевич Семковский *1882-?*　139
ソウクップ　František Soukup

1871-1940　85
ゾラ　Émile Zola *1840-1902*　190, 191

タ行

ダネベルク　Robert Danneberg *1885-1942*　162
ダーフィト　Eduard David *1863-1930*　49, 189, 197-202, 205-210, 225, 226
ダン　Фёдор Ильич Дан *1871-1947*　135
チヘイゼ　Николай Семёнович Чхеидзе *1864-1926*　131, 214, 224
チャーチル　Winston Churchill *1874-1965*　42
ツィーツ　Luise Zietz *1865-1922*　2, 207
ツヴァイク　Stefan Zweig *1881-1942*　162, 195, 207, 212, 223
ツェトキーン(クラーラ)　Clara Zetkin *1857-1933*　2, 18, 27, 37, 48, 86, 119, 121-126, 135, 136, 216, 217, 220, 221, 225
ツェトキーン(コスチャ)　Kostja (Konstantin) Zetkin *1885-1980*　53, 126, 137, 215, 225, 226
ティサ　Tisza István *1861-1918*　169
ディーツ　Johann Heinrich Wilhelm Dietz *1843-1922*　139
ディーフェンバハ　Hans Diefenbach *1884-1917*　186
ディ・リーアン　Daniel De Leon *1852-1914*　35, 38
ティレル　William George Tyrell *1866-1947*　108, 114
デストゥルネル　Paul B., baron d'Estournelles de Constant *1852-1924*　100-102
デルブリュック　Clemens von Delbrück *1856-1921*　204
トゥツォヴィチ　Dimitrije Tucovič *1881-1914*　62, 66, 67
トゥラーティ　Filippo Turati *1857-1932*　58, 65
トーマ　Albert Thomas *1878-1932*　110, 230
ド・マン　Hendrik de Man *1885-1953*　183, 192, 206
ドーメラー・ニーウェンハイス　Ferdinand Domela Nieuwenhuis *1846-1919*　4, 5, 23, 27
トリアッティ　Palmiro Togliatti *1893-1964*　65
トルールストラ　Pieter Jelles Troelstra *1860-1930*　54, 69, 76, 85, 178, 180, 184, 217-221, 227, 230
トレーズ　Maurice Thorez *1900-1964*　233
トロツキー　Лев Давидович Троцкий(Бронштейн) *1879-1940*　16, 18, 19, 27, 92, 125, 135, 137, 156, 213, 221

ナ行

ナーフム　Saul Nahum　65, 77

ナポレオン　Napoléon I *1769-1821*　3, 64, 194

ニェメッツ　Antonín Němec *1858-1926*　72, 156, 176, 184

ニコライ2世　Николай II *1868-1917*　170, 204

ニューボールド　J. T. Walton Newbold *1883-1943*　147

ネルソン　Horatio Nelson *1758-1805*　194

ネンニ　Pietro Nenni *1891-1980*　64

ハ行

ハインドマン　Henry Mayers Hyndman *1842-1921*　107, 134, 194

バウアー(オットー)　Otto Bauer *1881-1938*　72, 89, 132, 140, 142

バウアー(グスタフ)　Gustav Bauer *1870-1944*　145, 150

バウアーマン　C. W. Bowerman　234

ハウスマン　Conrad Haußmann *1857-1922*　101

バクーニン　Михаил Бакунин *1814-1876*　224

ハーゼ　Hugo Haase *1863-1919*　2, 70, 75, 76, 81, 85, 87, 101, 102, 110, 111, 136, 142, 148, 150-152, 159, 163, 176-180, 184, 187, 188, 196, 197, 199-204, 207-209, 225

ハーディー　James Keir Hardie *1856-1915*　3, 42-44, 46, 52, 70, 81, 83, 85, 105, 107, 116, 134, 142, 143, 150-153, 159, 160, 172, 173, 176, 177, 180, 183, 185, 194, 203, 231

パラツキー　František Palacký *1798-1876*　164, 165

バラバーノフ　Angelica Balabanoff *1878-1965*　65, 68, 86, 91, 92, 109, 114, 177, 183-186, 220, 223, 224, 228

パルヴス　Parvus (Alexander Helphand) *1867-1924*　18, 160

バルテルス　Friedrich Bartels *1871-1931*　188

バルトゥー　Jean Louis Barthou *1862-1934*　96

バレス　Maurice Barrès *1862-1923*　199

ピウスツキ　Józef Piłsudski *1867-1935*　14, 120

ビスマルク　Otto Fürst von Bismarck (Schönhausen) *1815-1898*　4, 5, 12

ビッソラーティ　Leonida Bissolati *1857-1920*　58, 64

ヒトラー　Adolf Hitler *1889-1945*　171, 233

ヒルファーディング　Rudolf Hilferding *1877-1941*　125, 137, 162, 188

ファブラ＝リバス　Antoni Fabra i Ribas *1879-1958*　184, 185
フェリ　Abel Ferry *1881-1918*　190
フェルスター　Friedrich Wilhelm Foerster *1869-1966*　112
フォルマル　Georg von Vollmar *1850-1922*　25, 26, 32, 33
フスト　Juan Bautista Justo *1865-1928*　142, 159
ブハーリン　Николай Иванович Бухарин *1888-1938*　125, 137, 213, 224
ブーヒンゲル　Buchinger Manó (Emanuel) *1875-1953*　103
ブライアン　William Jennings Bryan *1860-1925*　102, 103
ブラウン〔ドイツ〕　Otto Braun *1872-1955*　87, 188, 203, 226
ブラウン〔ラトヴィア〕　O. Braun *1872-1917*　184
ブラゴエフ　Димитар Благоев(Николов) *1856-1924*　61, 67
ブランキ　Louis Auguste Blanqui *1805-1881*　196
フランク　Ludwig Frank *1874-1914*　79, 99, 203, 210
フランス　Anatole France *1844-1924*　106
フランツ・フェルディナント　Franz Ferdinand *1863-1914*　149
フランツ・ヨーゼフ　Franz Joseph I. *1830-1916*　149
ブランティング　Karl Hjalmar Branting *1860-1925*　215, 217, 219, 225, 227, 229
ブリアン(アリスティド)　Aristide Briand *1862-1932*　164
ブリアン(エドムンド)　Edmund Burian *1878-1935*　184
プリンツィープ　Gavrilo Princip *1894-1918*　149
ブルケール　Louis de Broukère *1870-1951*　39
プレサンセ　Francis de Pressensé *1853-1914*　142, 159
プレハーノフ　Георгий Плеханов *1856-1918*　5, 8, 10, 13, 14, 27, 51, 72, 83, 91, 117, 124, 130, 132, 137, 140, 156-158, 183, 185, 213, 221, 223, 224, 231
ブロック　Marc Bloch *1886-1944*　191, 206
ベートマン・ホルヴェーク　Theobald von Bethmann Hollweg *1856-1921*　96, 169, 170, 187, 188, 200, 202, 204, 210
ベーベル　August Bebel *1840-1913*　4, 5, 11, 12, 16, 23-26, 28-30, 32-38, 46, 48, 49, 51, 53, 54, 56, 57, 66, 74, 76, 80, 83, 86-89, 91, 93, 94, 96, 101, 107-110, 112, 114, 122, 125, 135, 144-146, 151, 208
ベーメルブルク　Theodor Bömelburg *1862-1912*　12, 13
ベルジン　Ян Антонович Берзин *1881-1938*　184
ベルトラン　Louis Bertrand *1856-1943*　184

ペルナーストルファー　Engelbert Pernerstorfer *1850-1918*　79
ベルヒトルト　Leopold Graf von Berchtold *1863-1942*　96, 168, 170
ベルンシュタイン　Eduard Bernstein *1850-1932*　32, 48, 49, 92, 110, 111, 182, 226, 230
ヘンダーソン　Arthur Henderson *1863-1935*　194, 229, 232
ボノーミ　Ivanoe Bonomi *1873-1952*　58, 64
ポポヴィチ　Dušan Popović *1884-1918*　67
ポポーフ　Иван Ф. Попов *1886-1957*　166
ポワンカレ　Raymond Poincaré *1860-1934*　75, 90, 96, 168, 199, 209, 210

マ行

マクドナルド　James Ramsay MacDonald *1866-1937*　56, 79, 106, 113, 116, 134, 142, 195, 203, 231, 232
マラテスタ　Errico Malatesta *1854-1932*　58
マリノーフスキー　Роман Вадлавович Малиновский *1876-1918*　125, 133
マルクス　Karl Marx *1818-1883*　v, 10, 24, 50, 80, 129, 139, 184
マルタン・デュ・ガール　Roger Martin du Gard *1881-1958*　viii
マールトフ　Л. Мартов(Юлий Осипович Цедербаум) *1873-1923*　14, 16, 28, 120, 129, 135, 154, 156, 164, 213, 223
マルフレフスキ　Julian Marchlewski(Karski) *1866-1925*　182, 216
マン　Thomas Mann *1875-1955*　212, 223
ミドルトン　James Smith Middleton *1878-1962*　46, 134
ミュラー　Hermann Müller *1876-1931*　110, 163, 188, 189, 192, 197, 208, 224, 230
ミルラン　Alexandre Millerand *1859-1943*　31, 32, 34, 35
ムッソリーニ　Benito Mussolini *1883-1945*　64, 65
メッテルニヒ　Klemens Wenzel Nepomek Lothar Fürst von Metternich *1773-1859*　159
メーテルリンク　Maurice Maeterlink *1862-1949*　144
メーリング　Franz Mehring *1846-1919*　119, 121, 135, 216, 217
モーア　Carl Moor *1853-1932*　184, 220, 228
モリゼ　André Morizet　9, 147
モルガーリ　Oddino Morgari *1860-1929*　180, 184
モルケンブーア　Hermann Molkenbuhr *1851-1927*　39, 46-48, 51, 54, 70, 76, 106, 142, 163,

182, 197, 204
モルトケ　Helmuth von Moltke *1848-1916*　96, 169, 170

ヤ行

ヤギェウォ　Eugeniusz Jagiełło *1873-1947*　139
ヤーゴ　Gottlieb von Jagow *1863-1936*　169
ユイスマーンス　Camille Huysmans *1871-1968*　vii, 45-47, 50, 69-71, 73, 74, 79, 80, 83, 88, 91, 93-95, 106, 109-113, 116, 118, 127, 128, 134, 137-139, 143, 150, 156, 158, 160, 163, 166, 172, 181, 182, 184-186, 191, 192, 206, 215, 219, 228, 229
ヨギヘス　Leo Jogiches (Jan Tyszka) *1867-1919*　13, 19, 20, 38, 120-126, 132, 134-138, 140, 161, 166

ラ行

ラコフスキ　Krastju (Christian) Georgiev Rakovski *1873-1941*　60, 61, 66, 67, 74
ラサール　Ferdinand Lassalle *1825-1864*　80, 139
ラッザリ　Constantino Lazzari *1857-1928*　65, 68
ラーデク　Karl Berngardovich Radek (Sobelson) *1885-1939*　13, 41, 138, 160
ラ・フォンテーヌ　Henri La Fontaine *1854-1943*　112
ラプチェヴィチ　Dragiša Lapčević *1864-1939*　65, 222
ラブリオーラ　Antonio Labriola *1843-1904*　58
ラポポール　Charles Rappoport *1865-1941*　183
ラマルティーヌ　Alphonse Marie Louis de Part de Lamartine *1790-1869*　196
ランズベリ　George Lansbury *1859-1940*　194
リード　John Reed *1887-1920*　91
リトヴィーノフ　Максим Максимович Литвинов *1876-1951*　130, 131, 156, 165, 184
リープクネヒト(ヴィルヘルム) Wilhelm Liebknecht *1826-1900*　23, 139, 147
リープクネヒト(カール) Karl Liebknecht *1871-1919*　48-50, 99, 147, 159, 161, 200, 201, 208, 209, 215-217, 219, 220, 222, 225-227, 231
リープクネヒト(ゾフィー) Sophie (Sonja) Liebknecht *1884-1964*　215
リャザーノフ　Давид Борисович Рязанов (Гольдендах) *1870-1938*　129, 139, 165
リューレ　Otto Rühle *1874-1943*　208
ルクセンブルク　Rosa Luxemburg (Róża Luksemburg) *1871-*

1919　7, 8, 13-16, 18-21, 26-30, 35, 38, 40, 41, 47-54, 73, 75, 76, 90, 99, 117, 119-123, 126, 128, 130-141, 145, 146, 155-158, 160-162, 165, 166, 172, 173, 176-178, 180-182, 184-186, 215-220, 222, 225-228, 231

ルナチャルスキー　Анатолий Васильевич Луначарский *1875-1933*　119

ルノーデル　Pierre Renaudel *1871-1935*　192, 206

ルバノーヴィチ　Илья Адольфович Рубанович *1860-1920*　10, 27, 29, 79, 83, 91, 92, 117, 118, 131, 156, 179, 180, 184, 232

レーヴィ　Paul Levi *1883-1930*　216

レヴィ=ブリュール　Lucian Lévy-Bruhl *1857-1939*　190

レギーン　Carl Legien *1861-1920*　163, 173

レーデブーア　Georg Ledebour *1850-1947*　41, 43, 44, 48, 50, 111, 189, 197, 208, 226

レナー　Karl Renner *1870-1950*　43, 63, 79

レーニン　Владимир Ильич Ленин (Ульянов) *1870-1924*　1, 10, 13-19, 21, 27-29, 37, 40, 50, 52, 54, 73, 91, 113, 117, 119-130, 132, 133, 135-141, 155-158, 165, 166, 175, 182, 184, 186, 213, 220, 221, 224, 228, 229, 234

レンシュ　Paul Lensch *1873-1926*　208

ロイド・ジョージ　David Lloyd George *1863-1945*　46, 232

ロシェット　Henri Rochette　164

ロスメール　Alfred Rosmer *1877-1964*　98, 111, 205

ロラン　Romain Rolland *1866-1944*　212, 214, 223, 224

ローラーント　Lőránt Réti *1870/71?-1944*　17

ローラント・ホルスト　Henriette Roland Holst van der Schalk *1869-1952*　11, 18

ロンゲ　Jean Longuet *1876-1938*　8, 79, 184, 196

組織名索引

インターナショナル

国際社会主義事務局 Bureau Socialiste International vii, 26, 39, 44-48, 51-53, 55-58, 61, 64, 66-68, 74, 75, 77, 79, 80, 83, 87, 90, 95, 96, 98, 102, 105-107, 110, 113, 115-118, 127, 128, 130, 131, 133, 134, 137-139, 142, 143, 150, 156, 158, 162, 167, 172, 175, 181, 195, 206, 214, 219, 227, 229

国際社会主義事務局執行委員会 Comité exécutif du B. S. I. vii, 55, 56, 58, 61, 62, 65, 69, 74, 78, 83, 116, 131, 134, 154, 155, 157, 160, 192

アメリカ

アメリカ社会党 Socialist Party of the United States 219, 227

アメリカ社会労働党 Socialist Labor Party of the United States 35

アメリカ労働総同盟 American Federation of Labor 229

アルゼンチン

アルゼンチン社会党 Partido socialista argentino 159, 183

イギリス

イギリス社会党 British Socialist Party 116, 133

イギリス社会民主連盟 Social Democratic Federation of Great Britain 46, 56, 107, 113, 116

イギリス全国委員会(インターナショナル支部) British National Committee 194

イギリス労働党 Labour Party of Great Britain(LP) 46, 78, 90, 105-107, 113, 116, 203, 229, 230, 234

独立労働党 Independent Labour Party(ILP) 39, 42, 56, 106, 107, 113, 116, 133, 147, 203, 230

フェビアン協会 Fabian Society 107, 113, 116, 133, 134, 159

労働組合会議 Trade Union Congress 230, 234

労働組合会議議会委員会 Parliamentary Committee, Trade Union Congress 107

労働代表委員会 Labour Representation Committee 107, 113

イタリア

イタリア社会党 Partito Socialis-

ta Italiano 56, 58, 64, 86, 109, 223, 229, 232

オーストリア

オーストリア社会民主党 Sozialdemokratische Arbeiterpartei in Österreich 5, 71
オーストリア‐ドイツ社会民主党 Deutsche Sozialdemokratische Arbeiterpartei in Österreich 43, 103, 105, 150, 158, 179, 222
全国労働組合委員会 Reichsgewerkschaftskommission (Reichskommission der Gewerkschaften Österreichs) 72

オランダ

オランダ社会民主党 Sociaal-Democratische Partij in Nederland 133
社会民主同盟 Sociaal-Democratische Bond 4
オランダ社会民主労働党 Sociaal-Democratische Arbeider-Partij in Nederland (SDAP) 11, 133, 159, 206, 215, 219

サロニカ

サロニカ社会主義労働者連盟 Fédération socialiste ouvrière de Salonique 56, 65, 77, 105

スイス

スイス社会民主党 Sozialdemokratische Partei der Schweiz/Parti socialiste suisse 81, 99, 100, 229, 232

スウェーデン

スウェーデン社会民主労働党 Sveriges Socialdemokratiska Arbetarepartis 160, 215

セルビア

セルビア社会民主党 Srpska Socijal-Demokratska Stranka 60–62, 65, 67, 105, 113, 222, 223

デンマーク

デンマーク社会民主連盟 Socialdemokratisk Forbund i Danmark 219

ドイツ

ドイツ社会民主党 Sozialdemokratische Partei Deutschlands (SPD) vi, 1, 2, 4, 7, 11, 15, 18, 25–27, 29–33, 37, 41, 47–51, 58, 63, 69, 73, 78, 85, 87, 88, 90, 95, 97–99, 102, 103, 106–108, 110–112, 115, 119, 121–123, 125, 128, 129, 131, 133–135, 138, 139, 144, 150, 151, 154, 163, 164, 172, 173, 182, 187, 188, 196, 197, 199, 201–203, 208–210, 213–221, 224, 230
自由労働組合 Freie Gewerk-

schaften (Gewerkschaften Deutschlands)　12, 30, 31, 161, 163

ハンガリー
ハンガリー社会民主党　Magyarországi Szociáldemokrata Párt　103, 222

フランス
フランス共産党　Parti communiste française　208, 233
仏国社会党　Parti socialiste de France　10, 18, 32, 33
フランス社会党　Parti socialiste française　6, 9, 18, 22, 25, 30, 32
社会党(労働者インターナショナル・フランス支部)　Parti socialiste (Section française de l'Internationale ouvrière) (SFIO)　21, 36, 38, 44, 45, 51, 86, 95, 97, 98, 107, 111, 113, 115, 119, 135, 144, 151-153, 164, 174, 189-191, 195, 198, 229
労働総同盟　Confédération Générale du Travail (CGT)　30, 31, 144, 173, 174, 189-191, 195, 198, 199, 205

ブルガリア
ブルガリア社会民主党(「寛容派」)　Българска работническа социалдемократическа партия(широки)　60-62, 66, 67, 105
ブルガリア社会民主党(「狭量派」)　Българска работническа социалдемократическа партия(тесняки)　60-62, 66, 67, 105

ベルギー
ベルギー労働党　Parti Ouvrier Belge / Belgische Werkliedenpartij (POB)　vii, 26, 214, 215, 219, 227, 229

ボヘミア
チェコスラヴ社会民主党　Českoslovanská sociálně demokratická strana dělnická　72, 73, 85

ポーランド
ポーランド王国・リトアニア社会民主党　Socjaldemocracja Królestwa Polskiego i Litwy　14, 41, 47, 73, 116-121, 126-128, 130, 131, 134, 138, 139, 158, 182
ポーランド社会党　Polska Partja Socjalistyczna　14, 15, 117, 118, 134
ポーランド社会党＝左派　Polska Partja Socjalistyczna-Lewica　120, 126, 131, 139, 158, 165

ラトヴィア
ラトヴィア社会民主党　Social-démocratie lettone　117-

119, 126, 134

ルーマニア

ルーマニア社会民主党　Partitudul Social-Democrat al Muncitorilor din România　61, 104, 105

ロシア

社会主義者＝革命家党(エスエル)　Партия Социалистов-Революционерпв России　10, 27, 92, 116-118, 131, 134

『フペリョート(前進)』グループ　“Вперёд”　119, 137

ブント　Бунд　13, 27, 116-119, 126, 132, 134, 137

ロシア社会民主労働党　Российская Социал-Демократическая Рабочая Партия　13, 27, 91, 105, 116-121, 124, 127-135, 137, 157, 165, 182, 183

ボリシェヴィキ　Большевики　1, 14, 16, 73, 92, 116, 119, 120, 122-124, 126, 129, 130, 132, 133, 136, 139, 154-156, 213, 229, 232

メンシェヴィキ　Меньшевики　1, 14, 16, 73, 116, 119-123, 129-132, 136, 137, 139, 154, 155, 213

主要地名索引

アベルダール　Aberdare　203
アミヤン　Amiens　31, 206
アムステルダム　Amsterdam　8, 14, 31, 33, 35, 60, 79, 115, 128, 131, 215
アルトナ　Altona　79
アルネム　Arnhem　206
イェーナ　Jena　11, 13, 27, 48, 50, 51, 144, 146
イスタンブル　İstanbul　74, 95
インスブルック　Innsbruck　73
ウィーン　Wien　16, 57, 63, 69, 71, 72, 76, 77, 79, 90, 115, 125, 129, 133, 143, 144, 148, 150, 151, 153, 157, 159, 162, 163, 169, 170, 172, 188, 195, 213, 224, 233
ウーチ　Łódź　120
キール　Kiel　78
クオッカラ　Koukkala (Репино)　13, 15
クラクフ　Kraków　1, 121, 125, 126, 156, 213
クリスティアニア(オスロー)　Kristiania (Oslo)　79
ケムニッツ(カール＝マルクス＝シュタット)　Chemnitz (Karl-Marx-Stadt)　70, 76, 77, 87, 125
ケルン　Köln　12, 172
コペンハーゲン　København　40, 42, 51, 61-63, 66, 72, 79, 88, 143, 151
サライェヴォ　Sarajevo　149, 159, 163, 169
サロニカ(テッサロニキ)　Salonica (Θεσσαλονίκη)　64
シドニー　Sydney　64
シュトゥットガルト　Stuttgart　21, 29, 30, 36, 39-43, 51, 60, 78, 83, 122, 124, 136, 151, 152, 216
シュトラースブルク(ストラスブール)　Straßburg (Strasbourg)　79, 155
ジュネーヴ　Genève　15, 17, 94, 223, 232
ストックホルム　Stockholm　64, 79, 186, 219, 221
ソフィア　София　63
チューリヒ　Zürich　vi, 4, 13, 51, 54, 55, 74, 108, 109, 122, 159, 213
トリーア　Trier　50
トリーノ　Torino　65
ドルトムント　Dortmund　78
ドレースデン　Dresden　32, 33, 35, 38
ナント　Nantes　75, 90
ニーダーバルニム　→ベルリン
ハインフェルト　Hainfeld　71
バーゼル　Basel　3, 69, 76, 78-

80, 91, 92, 99, 102, 128, 143, 159, 162, 178
パリ　Paris　v, vii, 6-8, 34, 46, 47, 64, 79, 96, 112, 119, 121, 126, 137, 151, 152, 154, 156, 157, 174, 177, 181, 183, 189, 191, 192, 194, 195, 197, 198, 213, 230
ハレ・アン・デア・ザーレ　Halle an der Saale　145
バレンシア　Valencia　47
ハンブルク　Hamburg　78, 172, 233
フォルリ　Forlì　64
ブカレスト　București　61, 63, 74, 104
ブダペシュト　Budapest　79
プラハ　Praha　72, 79, 124, 127, 136-138
フランクフルト・アン・マイン　Frankfurt am Main　145, 146, 164, 166, 216
ブリュッセル　Brussel (Bruxelles)　vi, vii, 3, 13, 29, 39, 46, 74, 116, 154-157, 159, 166, 168, 173, 174, 183, 187, 189, 191, 195, 214, 215, 218, 219, 233
ブレスト　Brest　98, 113
ブレーメン　Bremen　54, 90, 138, 172
ベオグラード　Beograd　59-61, 63, 74, 170
ペテルブルク(レニングラート)　Санкт-Петербург(Ленинград)　14-16, 126, 133, 154, 158, 168, 185, 194
ベルリン　Berlin　1, 7, 46, 47, 78, 79, 95, 110, 120, 126, 137, 138, 145, 158, 161, 163, 166, 169, 170, 172, 176, 182, 185, 187, 193-195, 199, 204, 206, 208, 216
ベルン　Bern　93, 98-100, 102, 105, 106, 109, 111, 113, 206, 220, 229-232, 234
ボッケンハイム　Bockenheim　146, 161
ポロニン　Poronin　156
マドリード　Madrid　79
マルセーユ　Marseille　79
マンハイム　Mannheim　12, 16, 29, 31
ミュンヒェン　München　149, 231
ミラノ　Milano　79, 109
モスクワ　Москва　65, 118
ランス　Reims　33
リヨン　Lyon　79
ルガーノ　Lugano　219, 220, 227
レッジョ=エミーリア　Réggio nell' Emilia　64
ローマ　Roma　79
ロンドン　London　vi, 13, 79, 93-95, 104, 106, 115, 116, 130, 132, 133, 156, 177, 194, 213, 224
ワルシャワ　Warszawa　13, 14, 120, 127, 128, 139

文献目録

I　未刊行文書

Arbejderbevaegelsens Bibliotek og Arkiv, Kϕbenhavn (ABA)
SD-Arkiv
Arbetarrörelsens Arkiv, Stockholm (AA)
Brantings Arkiv, Brevsamling
Internationaal Instituut voor Sociale Geschiedenis, Amsterdam (IISG)
Archief II. Internationale
Les matériaux provenant du B. S. I. 1914-1920. Sur microfilm
Istituto Giangiacomo Feltrinelli, Milano (IGF)
Fondo Huysmans
Labor Party Archives, London (LAP)
Labor and Socialist International
Staatsarchiv Bremen (StA Bremen)
Bestand 4, 14/1 Polizeidirektion, XII. Politische Polizei (1848-1933)
Verein für Geschichte der Arbeiterbewegung, Wien (VGA)
Lade 15, Mappe 14, 2. Internationale/10. Kongreß 1914

II　刊行史料

1) インターナショナル

Congrès international ouvrier socialiste tenu à Bruxelles du 16 au 23 août 1891. Rapport (Bruxelles, 1893).
Protokoll des Internationalen Sozialistischen Arbeiterkongresses in der Tonhalle Zürich vom 6. bis 12. August 1893 (Zürich, 1893).
Compte rendu sténographique non officiel de la version française du cinquième congrès socialiste international tenu à Paris du 23 au 27 septembre 1900 (Paris, 1900).
Internationaler Sozialisten-Kongress zu Paris, 23. bis 27. September 1900 (Berlin, 1900).
Sixième congrès socialiste international tenu à Amsterdam du 14 au 20 août 1904. Compte rendu analytique (Bruxelles, 1904).
Internationaler Sozialisten-Kongreß zu Amsterdam, 14. bis 20. August 1904 (Berlin, 1904).
VIIe Congrès socialiste international tenu à Stuttgart du 18 au 24 août 1907. Compte rendu analytique (Bruxelles, 1908).
Internationaler Sozialisten-Kongreß zu Stuttgart, 18. bis 24. August 1907 (Ber-

lin, 1907).
Huitième congrès socialiste international tenu à Conpenhague du 3 août au septembre 1910. Compte rendu analytique (Gand, 1911).
Internationaler Sozialisten-Kongreß zu Kopenhagen, 28. August bis 3. September 1910 (Berlin, 1910).
"Compte rendu analytique du Congrès Socialiste International Extraordinaire tenu à Bâle les 24 et 25 novembre 1912", *Bulletin périodique du Bureau Socialiste International*, 1913, 4 (11) : 2-19.
Außerordentlicher Internationaler Sozialisten-Kongreß zu Basel am 24. und 25. November 1912 (Berlin, 1912).

Bureau Socialiste International. Comptes rendus des réunions, manifestes et circulaires, I : *1900-1907*. Documents recueillis et présentés par Georges Haupt (Paris/La Haye, 1969).
Compte-rendu officiel A) de la 2me réunion des Journalistes Socialistes (10 octobre 1908) B) de la 10me séance du Bureau Socialiste International (11 octobre 1908) C) de la 3me conférence de la Commission Interparlementaire (12 octobre 1908) (Gand, 1909).
"Bureau Socialiste International. Dimanches 7 novembre 1909", *Bulletin périodique du Bureau Socialiste International*, 1910, 1 (2) : 33-43.
"Le conférence de Zurich", *ibid.*, 1912, 3 (8) : 127-128.
"Le Bureau Socialiste International provoque un Congrès contre la guerre", *Le Peuple*, 1912. X. 29, 30.
"Réunion du BSI à Londres (13 et 14 décembre 1913)", *Bulletin périodique du Bureau Socialiste International*, 1914, 5 (11) : Supplément, 1-6.
"Compte rendu du réunion du BSI à Bruxelles les 29 et 30 juillet 1914", in : Georges Haupt, *Congrès manqué* (Paris, 1965), 251-267.
BSI, *L'Organisation socialiste & ouvrière en Europe, Amérique et Asie* par le Secrétariat Socialiste International (Bruxelles, 1904).

Von 1907 bis 1910. Bericht über die Arbeiter- und Sozialistische Bewegung, dem Internationalen Sozialistischen Bureau vorg elegt von den angeschlossenen Parteien (Brüssel, o. J.).
ISB, Internationaler Sozialistenkongress in Wien. Dokumente. 3. Kommission : Imperialismus und Schiedsgericht. Bericht von H. Vliegen ; Bericht von Hugo Haase.

Stenographisches Protokoll der deutsch-französischen Verständigungskonferenz abgehalten am Pfingstsonntag, den 11. Mai 1913 zu Bern (Bern, 1913).

Gankin, Olga Hess/H. H. Fisher, *The Bolsheviks and the World War. The Origin of the Third International* (Stanford, 1940).
Die Internationale und der Weltkrieg. Materialien, gesammelt von Carl

Grünberg (Leipzig, 1916).
Walling, William English (ed.), *The Socialists and the War. A Documentary Statement…* (New York, 1915).
Die Zimmerwalderbewegung. Protokolle und Korrespondenz, hrsg. von Horst Landemacher, 2 Bde. (The Hague/Paris, 1967).
『コミンテルン資料集』村田陽一(編訳), 第1巻(大月書店, 1978).
Die II. Internationale 1918/1919. Protokolle, Memoranden, Berichte und Korrespondenz, hrsg. von Gerhard A. Ritter, 2 Bde. (Berlin/Bonn, 1980).
Bericht vom zehnten Internationalen Sozialistenkongress in Genf. 31. Juli bis 5. August 1920, hrsg. vom Sekretariat der Sozialisten- und Arbeiter-Internationale (Brüssel, 1921).
Protokoll der Internationalen Sozialistischen Konferenz in Wien vom 22. bis 27. Februar 1921 (Wien, 1921).
Protokoll der internationalen Konferenz der drei internationalen Exekutiv-Komitees in Berlin vom 2. bis 5. April 1922 (Wien, 1922).
Protokoll des Internationalen Arbeiterkongresses in Hamburg 21. bis 25. Mai 1923 (Berlin, 1924).

2) 各政党・組合

Protokoll über die Verhandlungen des Parteitages der Sozialdemokratischen Partei Deutschlands. Abgehalten zu Dresden vom 13. bis 20. September 1903 (Berlin, 1903).
Protokoll über die Verhandlungen des Parteitages der Sozialdemokratischen Partei Deutschlands. Abgehalten zu Jena vom 17. bis 23. September 1905 (Berlin, 1905).
Protokoll über die Verhandlungen des Parteitages der Sozialdemokratischen Partei Deutschlands. Abgehalten in Jena vom 10. bis 16. September 1911 (Berlin, 1911).
Protokoll über die Verhandlungen des Parteitages der Sozialdemokratischen Partei Deutschlands. Abgehalten in Chemnitz vom 15. bis 21. September 1912 (Berlin, 1912).
Protokoll über die Verhandlungen des Parteitages der Sozialdemokratischen Partei Deutschlands. Abgehalten in Jena vom 14. bis 20. September 1913 (Berlin, 1913).
Protokoll der Reichskonferenz der Sozialdemokratie Deutschlands vom 21., 22. und 23. September 1916 in Berlin (Berlin, 1916).
Die Reichstagsfraktion der deutschen Sozialdemokratie 1898 bis 1914, bearbeitet von Erich Matthias/Eberhard Pikart, 2 Teile (Düsseldorf, 1966).
Protokolle der Sitzungen des Parteiausschusses der SPD 1912 bis 1921. Nachdruck hrsg. von Dieter Dowe, 2 Bde. (Berlin/Bonn, 1980).

Protokoll der Verhandlungen des fünften Kongresses der Gewerkschaften Deutsch-

lands abgehalten zu Köln a. Rh. vom 22. bis 27. Mai 1905 (Berlin, o. J.).

Drittes General-Register des Inhalts der Jahrgänge 1908 bis 1912 der Neuen Zeit..., bearbeitet von Emanuel Wurm (Stuttgart, 1914).

Protokoll über die Verhandlungen der deutschen sozialdemokratischen Arbeiterpartei in Oesterreich. Abgehalten in Innsbruck vom 29. Oktober bis 2. November 1911 (Wien, 1911).

Parti Socialiste (SFIO), 10ᵉ Congrès National tenu à Brest les 23, 24 et 25 Mars 1913. Compte rendu sténographique (Paris, s. d.).

Pendant la Guerre. Le Parti Socialiste, la Guerre et la Paix. Toutes les résolutions et tous les documents du Parti Socialiste, de Juillet 1914 à fin 1917 (Paris, 1918).

Историјско одељење централног комитета КПЈ, *Историјски архив Комунистичке Партије Југославије,* Том III: *Социјалистички покрет у Србији 1900–1919* (Београд, 1950).

『社会主義沿革(一)』《続・現代史資料 (1)》(みすず書房, 1984).

3) その他の記録

Höhn, Reinhard, *Die vaterlandslosen Gesellen. Die Sozialdemokratie im Lichte der Geheimberichte der preussischen Polizei (1878–1914)*, I (Köln/Opladen, 1964).

Geyer, Dietrich, *Kautskys Russisches Dossier. Deutsche Sozialdemokraten als Treuhändler des russischen Parteivermögens 1910–1915* (Frankfurt/New York, 1981).

Dokumente aus geheimen Archiven, Bd. IV : *Berichte der Berliner Polizeipräsidenten zur Stimmung und Lage der Bevölkerung in Berlin 1914–1918*, bearbeitet von Ingo Materna/Hans-Joachim Schreckenbach (Weimar, 1987).

Dokumente und Materialien zur Geschichte der deutschen Arbeiterbewegung, hrsg. vom IML/ZKdSED, IV (Berlin, 1967).

Fricke, Dieter/Hans Radant, "Neue Dokumente über die Rolle Albert Südekums", *ZfG*, 1956, (4) : 757–762.

IML/ZKdSED, *Rosa Luxemburg im Kampf gegen den deutschen Militarismus* (Berlin-DDR, 1960).

Glatzer, Dieter und Ruth, *Berliner Leben 1914–1918. Eine historische Reportage aus Erinnerungen und Berichten* (Berlin-DDR, 1983).
『ベルリン嵐の日々　1914–1918』安藤実/斎藤瑛子 (訳) (有斐閣, 1986).

Innenansicht eines Krieges. Bilder, Briefe, Dokumente 1914–1918, hrsg. von Ernst Johann (Frankfurt am Main, 1968).

Juli 1914. Die europäische Krise und der Ausbruch des Ersten Weltkrieges, hrsg. von Imanuel Geiss (München, 1983).
Julikrise und Kriegsausbruch, bearbeitet und eingeleitet von Imanuel Geiss, 2 Bde. (Hannover, 1963).

Stenographische Berichte über die Verhandlungen des Deutschen Reichstags, Bd. 306 (Berlin, 1916).
Eyke, Frank (ed.), *The Revolutions of 1848-49* (Edinburgh, 1972).

4) 日記・書簡

Bloch, Marc, *Souvenirs de guerre 1914-1915* (Paris, 1969).
Memoirs of War, 1914-1915, tr. with an Introduction by Carole Fink (Ithaca, 1980).
Das Kriegstagebuch des Reichstagsabgeordneten Eduard David 1914 bis 1918, bearbeitet von Susanne Miller (Düsseldorf, 1966).
Buse, D. K., "Ebert and the Coming of World War I : A Month from His Diary", *IRSH*, 13, 1968 : 430-448.
Kollontai, Alexandra, *Ich habe viele Leben gelebt* ... (Berlin-DDR, 1980).
Zweig, Stefan, *Tagebücher*, hrsg. mit Anmerkungen und einer Nachbemerkung versehen von Knut Beck (Frankfurt am Main, 1988).

Victor Adler : Briefwechsel mit August Bebel und Karl Kautsky, gesammelt und erläutert von Friedrich Adler, hrsg. vom Parteivorstand der SPÖ (Wien, 1954).
August Bebels Briefwechsel mit Karl Kautsky, hrsg. von Benedikt Kautsky (Assen, 1971).
Hugo Haase : Sein Leben und Wirken. Mit einer Auswahl von Briefen, Reden und Aufsätzen, hrsg. von Ernst Haase (Berlin, 1929).
Karl Kautsky und die Sozialdemokratie Südosteuropas. Korrespondenz 1883-1938, hrsg. von Georges Haupte *et al*. (Frankfurt am Main, 1986).
Correspondance entre Lénine et Camille Huysmans 1905-1914, documents recueillis et présentés par Georges Haupt (Paris/La Haye, 1963).
"Неопубликованные письма М. М. Литвинова В. И. Ленину(1913-1915гг.)", *Новая и новейшая история,* 1966, (4): 120-128.
Rosa Luxemburg : Gesammelte Briefe, hrsg. vom IML/ZKdSED, 5 Bde. (Berlin-DDR, 1982-1984). Bd. 6, hrsg. von Annelies Laschitza (Berlin, 1993).
Luxemburg, Rosa, *Briefe an Freunde*, hrsg. von Benedikt Kautsky (Hamburg, 1950).
Róża Luksemburg : Listy do Leona Jogichesa-Tyszki, oprac. Feliks Tych, 3 tomi (Warszawa, 1971).
『ヨギヘスへの手紙』伊藤成彦/米川和夫/阪東宏 (訳), 全 4 巻 (河出書房新社, 1977).

Luxemburg, Rosa, *Vive la lutte ! Correspondance 1891-1914*. Textes réunis, traduits et annotés sous la direction de Georges Haupt par Claudie Weill, Irène Petit, Gilbert Badia (Paris, 1975).
——, *J'étais, je suis, je serai ! Correspondance 1914-1919*, Textes réunis, traduits et annotés sous la direction de Georges Haupt par Gilbert Badia, Irène Petit, Claudie Weill (Paris, 1977).
"Quelques lettres inédites de Rosa Luxemburg (1908-1914)", Présentation de Georges Haupt, *Partisans*, 1969, (45) : 83-111.
(Попов Ленину) "Большевики на Брюссельском совещании 1914d.", *Исторический архив*, 1959, 5(4): 9-38.
"Eduard Vaillant, délégué au Bureau socialiste international : correspondance avec le Secrétariat international (1900-1915)", *Annali, Feltrinelli*, 1976 : 219-305.
Witkop, Philipp (Hg.), *Kriegsbriefe gefallener Studenten* (München, 1933).
『ドイツ戦没学生の手紙』高橋健二 (訳) (岩波書店, 1938).

5) 回想

Balabanoff, Angelica, *Erinnerungen und Erlebnisse* (Berlin, 1927).
——, *My Life as a Rebel* (1938. New York, 1968).
Fabra-Ribas, A., "Jean Jaurès à Bruxelles, les 29 et 30 juillet 1914", *La Vie Socialiste*, 1931, 9 (248) : 11-13 (Repr. in : *Bulletin de la Société d'études jaurésiennes*, 1968, 9 (28) : 1-8).
Grotjahn, Alfred, *Erlebtes und Erstrebtes. Erinnerungen eines sozialistischen Arztes* (Berlin, 1932).
Krupskaja, N., *Erinnerungen an Lenin*, aus dem Russischen (Berlin-DDR, 1959).
Hallgarten, George W. F., *Als die Schatten fielen. Erinnerungen vom Jahrhundertbeginn zur Jahrtausendwende* (Frankfurt am Main, 1969).
Mayer, Gustav, *Erinnerungen. Vom Journalisten zum Historiker der deutschen Arbeiterbewegung* (Zürich, 1946).
Poincaré, Raymond, *Au service de la France. Neuf années de souvenirs*, IV : *L'union sacré* (Paris, 1927).
Scheidemann, Philipp, *Der Zusammenbruch* (Berlin, 1921).
——, *Memoiren eines Sozialdemokraten*, I (Dresden, 1928).
Vandervelde, Émile, *Souvenirs d'un militant socialiste* (Paris, 1939).
Zetkin, Clara, *Erinnerungen an Lenin* (Berlin-DDR, 1957).
Zweig, Stefan, *Die Welt von Gestern. Erinnerungen eines Europäers* (Stockholm, 1942).
『昨日の世界. 一ヨーロッパ人の回想』原田義人 (訳), 全2巻 (みすず書房, 1961).

6) 同時代文献

Bauer, Otto, *Der Balkankrieg und die deutsche Weltpolitik* (Berlin, 1912).

——, *Die Nationalitätenfrage und die Sozialdemokratie* (1907. Wien, 1924).
Delbrück, Clemens von, *Die wirtschaftliche Mobilmachung in Deutschland*, aus dem Nachlaß hrsg., eingeleitet und ergänzt von Joachim von Delbrück (München, 1924).
De Leon, Daniel, *Flashlights of the Amsterdam Congress* (New York, 1906. new ed. ; 1929).
"La guerre russo-japonaise et le Socialisme International", *Le Mouvement Socialiste*, 1904, (134) : 324-360, (136) : 45-52.
Hanauer, J., "Die sozialistische Parteien und die Alkoholfrage", *NZ*, 1910/11, 29-ii, 828-833.
Hervê, Gustave, *La Patrie en Danger* (Paris, 1915).
Hilferding, Rudolf, *Das Finanzkapital* (Wien, 1910).
Jaurês, Jean, "Sang-Froid", *L'Humanitê*, 1914. VII. 29.
——, "Sang-Froid Nêcessaire", *ibid*., 1914. VII. 31.
Kautsky, Karl, "Finis Poloniae ?", *NZ*, 1895/96, 14-ii : 484-490, 513-525.
——, "Triebkräfte und Aussichten der russischen Revolution", *ibid*., 1906/07, 205-i : 284-290, 324-333.
——, "Was nun ?", *ibid*., 1909/1910, 28-ii : 32-40, 68-80.
——, "Eine neue Strategie", *ibid*., 332-341, 364-374, 412-421.
——, "Zwischen Baden und Luxemburg", *ibid*., 652-667.
——, *Der Weg zur Macht* (1909), hrsg. und eingeleitet von Georg Fülberth (Frankfurt am Main, 1972).
——, *Die Diktatur des Proletariats* (Wien, 1918).
——, "Karl Liebknecht und Rosa Luxemburg zum Gedächtnis", *Der Sozialist*, 1919, 5 (4) : 51-57.
Ленин, *Сочинения* (4 изд.; Москва, 1941-1967).
『レーニン全集』全 47 巻 (大月書店, 1953-1969).
——, *Полное собрание сочинений.* издание пятое, том 48(Москва, 1964).
Karl Liebknecht : Gesammelte Reden und Schriften, hrsg. vom IML/ZKdSED, I-IX (Berlin-DDR, 1958-1968).
Rosa Luxemburg : Gesammelte Werke, hrsg. vom IML/ZKdSED, 5 Bde. (Berlin-DDR, 1970-1975).
Mann, Thomas, *Betrachtungen eines Unpolitischen* (Frankfurt am Main, 1918. 1956).
『非政治的人間の考察』前田敬作/山口知三 (訳), 全 3 巻 (筑摩書房, 1968-1971).
Parvus, "Staatsstreich und politischer Massenstrike", *NZ*, 1895/96, 14-ii : 199-206, 261-266, 304-311, 356-364, 389-395.
——, *Die Kolonialpolitik und der Zusammenbruch* (Leipzig, 1907).
Poincarê, Raymond, *Message, Discours-Allocations, Lettres et Tēlēgrammes 1914-1918* (Paris, 1919).
Radek, Karl, *Der deutsche Imperialismus und die Arbeiterklasse* (Bremen, 1912).
——, *Meine Abrechnung* (Bremen, 1913).
Renaudel, Pierre, *L'Internationale ā Berne* (Paris, 1919).

Roland-Holst, Henriette, *Generalstreik und Sozialdemokratie* (Dresden, 1905).
Rolland, Romain, *Au-dessus de la mêlée* (Paris, 1915).
「戦いを超えて」宮本正清(訳)『ロマン・ロラン全集』第18巻(みすず書房, 1982).
Сталин, *Сочинения*, Том I-XIII (Москва, 1948-1953).
『スターリン全集』全13巻(大月書店, 1952-1953).
Trotzki, Leo, *Ergebnisse und Perspektiven. Treibende Kräfte der Revolution*, eingeleitet von Richard Lorenz (Frankfurt am Main, 1967).
Vandervelde, Émile, *Dans la mêlée* (Nancy-Paris-Strasbourg, 1919).
Zietz, Luise, "Die sozialdemokratischen Frauen und der Krieg", *Ergänzungshefte zur Neuen Zeit*, Nr. 21 (1915. VII. 16).
Zweig, Stefan, "An die Freunde in Fremdland", *Berliner Tageblatt*, 1914. IX. 19.

7) 逐次刊行物

Bulletin périodique du Bureau Socialiste International

Die Neue Zeit (Stuttgart)

Arbeiter-Zeitung (Wien)
Basler Nachrichten (Basel)
Bremer Bürger-Zeitung (Bremen)
『平民新聞』(Heimin Shinbun〈Tokyo〉)
L'Humanité (Paris)
Le Peuple (Bruxelles)
Vorwärts (Berlin)

III 研究文献

Akademie der Wissenschaften der UdSSR, Institut für Geschichte, *Die Geschichte der Zweiten Internationale*, 2 Bde. (Moskau, 1983).
Amdur, Kathryn E., *Syndicalist Legacy. Trade Unions and Politics in Two French Cities in the Era of World War I* (Urbana/Chicago, 1986).
Arfé, Gaetano, *Storia del socialismo italiano* (Torino, 1965).
Asher, Abraham, *Pavel Axelrod and the Development of Menshevism* (Cambridge, MA, 1972).
Avakumovic, Ivan, *History of the Communist Party of Yugoslavia*, Vol. I (Aberdeen, 1964).
阪東宏『歴史の方法と民族』(青木書店, 1985).
Baron, Samuel H., *Plekhanov. The Father of Russian Marxism* (Stanford, 1963).
Becker, Jean-Jacques, *Le Carnet B. Les Pouvoirs Publics et l'Antimilitarisme avant la guerre de 1914* (Paris, 1973).
——, *1914. Comment les Français sont entrés dans la guerre* (Paris, 1977).

Beduhn, Ralf, *Die Roten Radler. Illustrierte Geschichte des Arbeiterradfahrerbundes "Solidarität"* (Münster, 1982).

Blänsdorf, Agnes, *Die Zweite Internationale und der Krieg* (Stuttgart, 1979).

Bley, Helmut, *Bebel und die Strategie der Kriegsverhütung 1904-1913. Eine Studie über Bebels Geheimkontakte mit der britischen Regierung und Edition der Dokumente* (Göttingen, 1975).

Boll, Friedhelm, *Frieden ohne Revolution ? Friedensstrategien der deutschen Sozialdemokratie vom Erfurter Programm 1891 bis zur Revolution 1918* (Bonn, 1918).

Bollinger, Markus, *Die Basler Arbeiterbewegung im Zeitalter des Ersten Weltkrieges und der Spaltung der Sozialdemokratischen Partei. Ein Beitrag zur Geschichte der schweizerischen Arbeiterbewegung* (Basel, 1970).

Braunthal, Julius, *Victor und Friedrich Adler. Zwei Generationen Arbeiterbewegung* (Wien, 1965).

——, *Geschichte der Internationale*, 3 Bde. (Hannover, 1961-1971).

Brügel, Ludwig, *Geschichte der österreichischen Sozialdemokratie*, III (Wien, 1922).

Buse, Dieter K., *Parteiagitation und Wahlkreisvertretung* (Bonn, 1975).

Calkins, Kennith R., *Hugo Haase. Demokrat und Revolutionär* (Berlin, 1976).

Carr, E. H., *The Bolshevik Revolution*, 3 vols. (London, 1950).

Clements, Barbara Evans, *Bolshevik Feminist. The Life of Alexandra Kollontai* (Bloomington, 1979).

Cohen, Stephen F., *Bukharin. A Political Biography, 1888-1938* (New York, 1973).

『ブハーリンとロシア革命　政治的伝記, 1888-1938』塩川伸明(訳)(未来社, 1979).

Cole, G. D. H., *History of Socialist Thought*, III : *The Second International, 1889-1914*, IV : *Communism and Social Democracy, 1914-1931* (London, 1956, 1960, 1969).

Conert, Hansgeorg, *Reformismus und Radikalismus in der bremischen Sozialdemokratie vor 1914. Die Herausbildung der "Bremer Linken" zwischen 1904 und 1914* (Bremen, 1985).

Davis, Horace B., "Introduction" to *The National Question. Selected Writings of Rosa Luxemburg*, ed. by H. B. D. (New York/London, 1976), 9-45.

De Felice, Renzo, *Mussolini il rivoluzionario* (Torino, 1965).

Deutscher, Isaac, *The Prophet Armed. Trotsky, 1879-1921* (Oxford, 1953).

『武装せる予言者. トロツキー, 1879-1921』 田中西二郎/橋本福夫/山西英一(訳)(新潮社, 1964).

——, *Stalin. A Political Biography* (Penguin Books, 1966).

Dommanger, Maurice, *Éduard Vaillant. Un grand socialiste 1840-1915* (Paris, 1956).

Drachkovitch, Milorad, *Les socialismes français et allemand et le problème de la guerre 1870-1914* (Genève, 1953).

Düffler, Jost/Karl Holl (Hg.), *Bereit zum Krieg. Kriegsmentalität in Wilhelminischen Deutschland 1890-1914* (Göttingen, 1986).
Duveau, Georges, *1848. The Making of a Revolution* (New York, 1968).
江口朴郎「帝国主義時代」『著作集』第5巻(青木書店, 1975).
Elwood, R. C., *Roman Malinovsky. A Life without a Cause* (Newtonville, MA, 1977).
——, "The Congress that Never Was. Lenin's Attempt to Call a 'Sixth' Party Congress in 1914," *Soviet Studies*, 1979, 31 (3) : 343-363.
——, "Lenin and the Brussels 'Unity' Conference of July 1914", *The Russian Review*, 1980, (39) : 32-49.
Fermi, Laura, *Mussolini* (Chicago, 1961).
Ferro, Marc, *The Great War, 1914-1918* (London, 1973).
Fischer, Fritz, *Griff nach der Weltmacht, Die Kriegspolitik des kaiserlichen Deutschland 1914/18* (Sonderausgabe ; Düsseldorf, 1967).
『世界強国への道』村瀬興雄(監訳), 全2巻(岩波書店, 1972-1980).
Fricke, Dieter, *Handbuch zur Geschichte der deutschen Arbeiterbewegung*, 2 Bde. (Berlin, 1987).
Gautschi, Willi, *Lenin als Emigrant in der Schweiz* (Zürich, 1973).
Georges, Bernard/Denise Titant, *Léon Jouhaux. Cinquante ans de syndicalisme*, I (Paris, 1962).
Getzler, Israel, *Martov : A Political Biography of a Russian Social Democrat* (London, 1967).
『マールトフとロシア革命』高橋馨(訳)(河出書房新社, 1975).
Goldberg, Harvey, *The Life of Jean Jaurès* (Madison, 1968).
Graß, Martin, *Friedensaktivität und Neutralität. Die skandinavische Sozialdemokratie und die neutrale Zusammenarbeit im Krieg, August 1914 bis Februar 1917* (Bonn/Bad Godesberg, 1975).
Groh, Dieter, *Negative Integration und revolutionärer Attentismus. Die deutsche Sozialdemokratie am Vorabend des Ersten Weltkrieges* (Frankfurt am Main, 1973).
Haas, Leonhard, *Carl Vital Moor 1852-1932. Ein Leben für Marx und Lenin* (Zürich, 1970).
Haimson, Leopold, "The Problem of Social Stability in Urban Russia, 1905-1917", *Slavic Review*, 1964, (23) : 619-642, 1965, (24) : 1-22.
Hallgarten, George W. H., *Imperialismus vor 1914*, 2 Bde. (München, ²1963).
——, *Wettrüsten. Seine Geschichte bis zur Gegenwart* (Frankfurt am Main, 1967).
——, *Das Schicksal des Imperialismus im 20. Jahrhundert* (Frankfurt am Main, 1969).
——,『帝国主義と現代』西川正雄/富永幸生/鹿毛達雄(編訳)(未来社, 新装版, 1985).
Hanschmidt, Alwin, "Die französisch-deutschen Parlamentarierkonferenzen von Bern (1913) und Basel (1914)", *GWU*, 1975, (6) : 335-359.
原暉之「民族の問題(2)—ソ連のユダヤ人」倉持俊一(編)『等身大のソ連』(有斐閣, 1983).

Harmsen, Ger, *Historisch overzicht van socialisme en arbeidersbeweging in Nederland*, I (Nijmegen, 1972[?]).
Haupt, Georges, *La Deuxième Internationale 1889-1914. Études critiques des sources. Essai bibliographique* (Paris/La Haye, 1964).
——, *Le Congrès manqué. L'internationale à la veille de la première guerre mondiale. Étude et documents* (Paris, 1965).——*Der Kongreß fand nicht statt* (Wien, 1967).
——, *Socialism and the Great War. The Collapse of the Second International* (Oxford, 1972).
——, *L'historien et le mouvement social* (Paris, 1980).
——, *Aspects of International Socialism, 1871-1914*, tr. by Peter Fawcett with a Preface by Eric Hobsbawm (Cambridge, 1986).
——/Michael Lowy/Claudie Weill, *Les marxistes et la question nationale 1848-1914* (Paris, 1974).
Hickey, S. H. F., *Workers in Imperial Germany. The Miners of the Ruhr* (Oxford, 1985).
平瀬徹也「シャルル・アンドレールのドイツ社会民主党批判」『史論』1978, (32) : 1-11.
広田司朗『ドイツ社会民主党と財政改革』(有斐閣, 1962).
Hirsch, Helmut, *August Bebel in Selbstzeugnissen und Bilddokumenten* (Reinbek bei Hamburg, 1973).
Holl, Karl, *Pazifismus in Deutschland* (Frankfurt am Main, 1988).
Hueting, Ernest/Frits de Jong Edz/Rob Neij, *Troelstra en het model van de nieuwe staat* (Assen, 1980).
伊藤定良「1910年におけるドイツ社会民主党の党内抗争」『歴史学研究』1971, (4) : 1-19.
История Коммунистической Партии Советского Союза, Б. Н. Пономарев *et al*. (Москва, 1969).
『ソヴェト連邦共産党史』早川徹(訳), 全2巻(読売新聞社, 1971).
Jemnitz, J., *The Danger of War and the Second International (1911)* (Budapest, 1972).
Joll, James, *The Second International, 1889-1914* (London, ²1974).
Jung, Werner, *August Bebel. Deutscher Patriot und internationaler Sozialist* (Pfaffenweiler, 1986).
加藤一夫「民族問題の再検討」『ロシア史研究』1982, (35) : 2-22.
——「ローザ・ルクセンブルクの民族理論」ローザ・ルクセンブルク『民族問題と自治』加藤一夫/川名隆史(訳)(論創社, 1984), 301-373.
Kirby, David, *War, Peace and Revolution. International Socialism at the Crossroad, 1914-1918* (Aldershot, Hants, 1986).
Klär, Karl-Heinz, *Der Zusammenbruch der Zweiten Internationale* (Frankfurt/New York, 1981).
Klein, Fritz, "Die Antikriegskundgebungen der II. Internationale am 17. November 1912", *ZfG*, 1975, 13 (12) : 1412-1421.

Knapp, Vincent J., *Austrian Social Democracy, 1889-1914* (Washington, 1980).
Konrad, Helmut, *Nationalismus und Internationalismus. Die österreichische Arbeiterbewegung vor dem Ersten Weltkrieg* (Wien, 1976).
Kriegel, Annie, "Jaurès, le Parti Socialiste et la C. G. T. à la fin de juillet 1914", *Bulletin de la Société d'études jaurésiennes*, 1962, 3 (7) : 7-11.
—— *Aux origines du communisme français, 1914-1920*, 2 tom. (Paris/La Haye, 1964).
——/Jean-Jacques Becker, *1914. La guerre et le mouvement ouvrier français* (Paris, 1964).
Kuczynski, Jürgen, *Der Ausbruch des ersten Weltkrieges und die deutsche Sozialdemokratie. Chronik und Dokumente* (Berlin-DDR, 1957).
黒沼凱夫「第一次世界大戦下の社会主義運動——ツィンメルワルト運動の成立史によせて」『経済学』1977, 39 (1) : 31-44, (2) : 79-95.
Lampe, John R., "Austro-Serbian Antagonism and the Economic Background to the Balkan Wars", in : Király, Béla K./Dimitrije Djordjevic (eds.), *East Central European Society and the Balkan Wars* (New York, 1987), 339-345.
Lefranc, Georges, *Le mouvement socialiste sous la Troisième République (1875-1940)* (Paris, 1963).
McLean, Lain, *Keir Hardie* (London, 1975).
Martov, Julius, *Geschichte der russischen Sozialdemokratie*. Mit einem Nachtrag von Th. Dan : *Die Sozialdemokratie Rußlands nach dem Jahre 1908*. Autorisierte Übersetzung von Alexander Stein (Berlin, 1926. Repr. ; Erlangen, 1973).
松岡利道『ローザ・ルクセンブルク. 方法・資本主義・戦争』(新評論, 1988).
Mayer, Arno J., *Wilson vs. Lenin. The Political Origins of New Diplomacy 1917-1918* (Cleveland/New York, 1964).
『ウィルソン対レーニン. 新外交の政治的起源, 1917-1918年』斉藤孝/木畑洋一(訳), 全2巻(岩波書店, 1983).
——, *Politics and Diplomacy of Peacemaking. Containment and Counterrevolution at Versailles, 1918-1919* (New York, 1969).
Miller, Susanne, *Burgfrieden und Klassenkampf. Die deutsche Sozialdemokratie im Ersten Weltkrieg* (Düsseldorf, 1974).
Mitzman, Arthur, *The Iron Cage. A Historical Interpretation of Max Weber* (New York, 1970).
望田幸男『軍服を着る市民達. ドイツ軍国主義の社会史』(有斐閣, 1983).
Mommsen, Hans, *Die Sozialdemokratie und die Nationalitätenfrage im habsburgischen Vielvölkerstaat*, I (Wien, 1963).
Morgan, Kenneth O., *Keir Hardie. Radical and Socialist* (London, 1975).
Morgan, R. P., *The German Social Democracy and the First International, 1864-1872* (Cambridge, 1965).
Moring, Karl-Ernst, *Die Sozialdemokratische Partei in Bremen 1890-1914. Reformismus und Radikalismus in der Sozialdemokratischen Partei Deutschlands* (Hannover, 1968).
Morton, A. L./George Kate, *The British Labour Movement, 1770-1920. A*

History (London, 1956).
Nettl, J. P., *Rosa Luxemburg*, 2 vols. (London, 1966).
Newton, Douglas J., *British Labour, European Socialism and the Struggle for Peace, 1889-1914* (Oxford, 1985).
西川正雄「ドイツ第二帝制における社会民主党――『修正主義論争』の背景」『年報政治学 1966』(岩波書店, 1966), 75-88.
――「第二インターナショナル」『岩波講座　世界歴史』22 (岩波書店, 1969), 455-485.
――「第一次世界大戦前夜の社会主義者たち」同講座, 23 (1969), 261-294.
――「第二インターナショナルと植民地問題」『歴史学研究』1972, (2) : 9-27.
――「社会主義・民族・代表権」『思想』1974, (12) : 20-41.
――「第二インターナショナルの旅とヨーロッパの文書館・図書館」『社会思想史研究』1977, (1) : 206-217.
――「レーニンの封印列車」江口朴郎(編)『世界の名著　レーニン』(中央公論社, 1979), 月報.
――『初期社会主義運動と万国社会党』(未来社, 1984).
Nolte, Ernst, "Vergangenheit, die nicht vergehen will", in: *Historikerstreit* (München, 1987), 39-47.
小沢弘明「オーストリア社会民主党における民族問題――『小インターナショナル』の解体と労働組合――」『歴史学研究』1987, (10) : 19-38.
Pinzani, Carlo, *Jean Jaurès, l'Internazionale e la guerra* (Bari, 1970).
Quataert, Jean H., *Reluctant Feminists in German Social Democracy, 1885-1917* (Princeton, 1979).
Rabaut, Jean/Bernard Cazaubon, "Sur les deux dernières journées de Jaurès", *Bulletin de la Société d'études jaurésiennes*, 1965, 6 (19) : 8-17.
良知力『向う岸からの世界史』(未来社, 1978).
Ratz, Ursula, *Georg Ledebour. Weg und Wirken eines sozialistischen Politikers* (Berlin, 1969).
Renard, Claude, *La conquête du suffrage universal en Belgique* (Bruxelles, 1966).
Robbins, Keith, *The Abolition of War. The 'Peace Movement' in Britain, 1914-1919* (Cardiff, 1976).
Rojahn, Jürgen, "Um die Erneuerung der Internationale: Rosa Luxemburg contra Pieter Jelles Troelstra", *IRSH*, 1985, 30 (1) : 2-150.
――, "Kautsky im Ersten Weltkrieg", *Internationale wissenschaftliche Konferenz "Karl Kautskys Bedeutung in der sozialistischen Arbeiterbewegung"* (Bremen, 1988), 199-216.
Rosdolsky, Roman, "Zur nationalen Frage. Friedrich Engels und das Problem der 'geschichtslosen' Völker", *AfSG*, 1964, (4) : 87-282.―― (Berlin, 1979).
Rosmer, Alfred, *Le mouvement ouvrier pendant la guerre*, I (Paris, 1936).
Rothschild, Joseph, *The Communist Party of Bulgaria, 1882-1943* (New York, 1959).
Said, Edward W., *Orientalism* (New York, 1978).
『オリエンタリズム』板垣雄三/杉田英明(監修), 今沢紀子(訳)(平凡社, 1986).
Salvadori, Massimo L., *Kautsky e la rivoluzione socialista 1880/1938* (Milano,

1976).
Schadt, Jörg/Wolfgang Schmierer, *Die SPD in Baden-Württemberg und ihre Geschichte* (Stuttgart, 1979).
Schaper, B. W., *Albert Thomas : trente ans de réformiste social* (Assen, 1965).
Scharrer, Manfred, *Die Spaltung der deutschen Arbeiterbewegung* (Stuttgart, 1985).
Schorske, Carl E., *German Social Democracy, 1905-1917. The Development of the Great Schism* (Cambridge, us, 1955).
Schumacher, Horst/Feliks Tych, *Julian Marchlewski-Karski. Eine Biographie* (Berlin-DDR, 1966).
Seebacher-Brandt, Brigitte, *Bebel. Künder und Kärrner im Kaiserreich* (Berlin/Bonn, 1988).
Seton-Watson, Christopher, *Italy from Liberalism to Fascism, 1870-1925* (London, 1967).
Shaw, Stanford A./Ezel Kural Shaw, *History of the Ottoman Empire and Modern Turkey*, II (Cambridge, 1977).
Shub, David, *Lenin : A Biography* (Penguin Books, 1966).
Sigel, Robert, *Die Geschichte der Zweiten Internationale 1918-1923* (Frankfurt/New York, 1986).
Stavrianos, L. S., *Balkan Federation. A History of the Movement towards Balkan Unity in Modern Times* (Hamden, CT, 1964).
Steenson, Geary L., *Karl Kautsky, 1854-1938. Marxism in the Classical Years* (Pittsburgh, 1978).
Steinberg, Hans-Josef, *Sozialismus und deutsche Sozialdemokratie. Zur Ideologie der Partei vor dem 1. Weltkrieg* (Bonn/Bad Godesberg, 51982).
Strobel, Georg W., *Die Partei Rosa Luxemburgs. Der polnische "europäische" Internationalismus in der russischen Sozialdemokratie* (Wiesbaden, 1974).
田中良明『パルヴスと先進国革命　第二インタナショナル・マルクス主義の到達点』(梓出版社，1989).
高橋馨「プレハーノフと第一次世界大戦」『ロシア史研究』1980, (30) : 2-17.
Tampke, Jürgen, *The Ruhr and Revolution. The Revolutionary Movement in the Rhenish-Westphalian Industrial Region, 1912-1919* (London, 1979).
Thompson, Laurence, *The Enthusiasts. A Biography of John and Katharine Bruce Glasier* (London, 1971).
Tomicki, Jan, *Dzieje II Międzynarodówki 1914-1923* (Warszawa, 1975).
富永幸生/鹿毛達雄/下村由一/西川正雄『ファシズムとコミンテルン』(東京大学出版会，1978).
豊下楢彦「イタリア参戦決定過程をめぐる一考察——第一次世界大戦に際して」『法学論叢』1971, 90 (1/2/3) : 194-275.
Trotnow, Helmut, *Karl Liebknecht. Eine politische Biographie* (Köln, 1980).
Tuchman, Barbara W., *The Guns of August* (New York, 1962)
『八月の砲声』山室まりや(訳)(筑摩書房，1965).
Uhlig, Ralph, *Die Interparlamentarische Union 1889-1914. Friedenssicherungs-*

bemühungen im Zeitalter des Imperialismus (Stuttgart, 1988).
Van der Esch, Patricia, *La Deuxième Internationale 1989-1923* (Paris, 1957).
Van der Slice, Austin, *International Labor, Diplomacy, and Peace, 1914-1919* (Philadelphia, 1941).
Voigt, Christian, *Robert Grimm. Kämpfer, Arbeiterführer, Parlamentarier. Eine politische Biographie* (Bern, 1980).
和田春樹『ニコライ・ラッセル．国境を越えるナロードニキ』全2巻(中央公論社, 1973).
——/和田あき子『血の日曜日』(中央公論社, 1970).
Waldenberg, Marek, *Wzlot i upadek Karola Kautsky'ego*, 2 tomi (Kraków, 1972).
Walter, Richard J., *The Socialist Party of Argentina, 1890-1930* (Austin, TX, 1977).
Weber, Eugene, *Action Française. Royalism and Reaction in Twentieth-Century France* (Stanford, 1962).
Weber, Marianne, *Max Weber. Ein Lebensbild* (Heidelberg, 1950).
『マックス・ウェーバー』大久保和郎(訳), 全2巻(みすず書房, 1965).
Wehler, Hans-Ulrich, *Krisenherde des Kaiserreichs 1871-1918* (Göttingen, 1970).
Wheeler, Robert, "The Failure of 'Truth and Clarity' at Berne : Kurt Eisner, the Opposition and the Reconstruction of the International", *IRSH*, 1973, 18 : 173-201.
Willard, Claude, *Les Guesdistes* (Paris, 1965).
Williams, Robert C., *The Other Bolsheviks. Lenin and His Critics, 1904-1914* (Bloomington/Indianapolis, 1986).
Witt, Peter-Christian, *Friedrich Ebert* (Bonn, 1987).
Wohlgemuth, Heinz, *Burgkrieg, nicht Burgfriede ! Der Kampf Karl Liebknechts, Rosa Luxemburgs und ihrer Anhänger um die Rettung der deutschen Nation in den Jahren 1914-1916* (Berlin-DDR, 1963).
——, *Karl Liebknecht. Eine Biographie* (Berlin-DDR, 1973).
Wolfe, Bertram W., *Three Who Made a Revolution. A Biographical History* (Penguin Books, 1966).
Woodcock, George/Ivan Avacumović, *The Anarchist Prince. A Biographical Study of Peter Kropotkin* (1950. New York, 1971).
山内昭人「ストックホルム会議とツィンメルヴァルト運動」『史林』1978, 61 (5) : 93-129.
〔追加〕
Bürgi, Markus, *Die Anfänge der Zweiten Internationale. Positionen vnd Auseinandersetzungen 1889-1893* (Frankfurt/New York, 1996).
Dittmann, Wilhelm, *Erinnerungen*, 3 Bde., bearbeitet und eingeleitet von Jürgen Rojahn (Frankfurt/New York, 1995).
Soziale Demokratie und sozialistische Theorie, Fastschrift für Hans-Josef Steinberg zum 60. Geburtstag, hrsg. von Inge Mareolek/Till Schelz-Brandenburg (Bremen, 1995).

参考年表

1870. Ⅶ. 19-71. Ⅴ. 10		普仏戦争
1871. Ⅰ. 18		ドイツ帝国創立
Ⅲ. 18-Ⅴ. 28	パリ・コミューン	
1877. Ⅳ. 24-78. Ⅲ. 3		露土戦争
1878. Ⅹ. 21-90. Ⅸ. 30	社会主義者鎮圧法	
1882. Ⅴ. 20		三国同盟成立
1884. Ⅵ. 23-85. Ⅵ. 9		清仏戦争
1888. Ⅻ. 30-89. Ⅰ. 1	SPÖハインフェルト合同	
1889. Ⅶ. 14-21	Int. 発足(パリ)	
1891. Ⅷ. 16-23	Int. 第2回大会(ブリュッセル)	
1893. Ⅷ. 6-12	Int. 第3回大会(チューリヒ)	
1894. Ⅷ. 1-95. Ⅳ. 17		日清戦争
1896. Ⅶ. 26-Ⅷ. 2	Int. 第4回大会(ロンドン)	
1898. Ⅳ. 24-Ⅻ. 10		米西戦争
1899. Ⅵ. 22	ミルラン入閣	
Ⅹ. 12 - 1902. Ⅴ. 31		南アフリカ戦争
1900		義和団の乱
Ⅱ. 27	イギリス，労働代表委員会成立	
Ⅸ. 23-27	Int. 第5回大会(パリ)	
1903. Ⅸ. 13-20	SPDドレースデン大会(「修正主義」論争)	
Ⅶ. 30-Ⅷ. 23	RSDRP第2回大会(ブリュッセル/ロンドン)	

IX. 27-29	仏国社会党ランス大会	
1904. II. 10-05-IX. 5		日露戦争
III. 13	「与露国社会党書」	
VIII. 14-20	Int. 第6回大会(アムステルダム)	
1905. I. 22	「血の日曜日」	
III. 31		第1次モロッコ事件
IV. 23	SFIO 結成	
V. 22-27	自由労働組合ケルン大会	
IX. 17-23	SPD イェーナ大会	
1906. IX. 23-29	SPD マンハイム大会	
X. 8-16	CGT アミヤン大会	
1907. V. 13-VI. 1	RSDRP 第5回大会(ロンドン)	
VIII. 16-24	Int. 第7回大会(シュトゥットガルト)	
31		三国協商成立
1908. VII. 23		青年トルコ党革命
X. 5		ブルガリア独立宣言
		ボスニア＝ヘルツェゴヴィナ併合
11	BSI 第10回会議(ブリュッセル)	
	(LP 加盟承認)	
1909. XI. 7	BSI 第11回会議(ブリュッセル)	
1910. I. 7-9	第1回バルカン社会民主党大会(ベオグラード)	
I. 15-II. 5	RSDRP 中央委員会総会(パリ)	

Ⅵ	「大逆事件」	
Ⅷ. 26-Ⅸ. 3	BSI 第 12 回会議(コペンハーゲン)	
28-Ⅸ. 3	Int. 第 8 回大会(コペンハーゲン)	
	SPD 大衆ストライキ論争	
1911. Ⅵ-Ⅺ		第 2 次モロッコ事件
Ⅵ. 10-17	RSDRP 中央委員会相談会(パリ)	
Ⅸ. 10-16	SPD イェーナ大会	
23-24	BSI 第 13 回会議(チューリヒ)	
29		伊, オスマン帝国に宣戦
Ⅹ. 5-18	第 2 回バルカン社会民主党大会準備会議(ベオグラード)	
29-Ⅺ. 2	SPÖ インスブルック大会	
Ⅺ. 5	各地で反戦集会	伊, トリポリタニア併合
末	SDKPiL 分裂	
1912. Ⅰ. 12	SPD 帝国議会選挙で第一党	
18-30	RSDRP 第 6 回全国協議会(プラハ)	
Ⅵ. 20	チェコスラヴ党分立,「小インターナショナル」崩壊	
Ⅶ. 7-10	PSI 社会党第 13 回大会(レッジョ・エミーリア)	
Ⅷ. 28-Ⅸ. 2	RSDRP「八月ブロック」形成(ウィーン)	
Ⅸ. 15-21	SPD ケムニッツ大会	
Ⅹ	ドゥーマ選挙	

18		第一次バルカン戦争勃発
		伊土戦争終結
28-29	BSI 第 14 回会議(ブリュッセル)	
XI. 17	各地で反戦集会	
24-25	Int. 臨時大会(バーゼル)	
1913. I. 23		オスマン帝国，新政府樹立
III. 1	SPD, SFIO 共同声明	
6		仏,「三年兵役」法案上程
23-25	SFIO 第 10 回大会(ブレスト)	
		独,「国防法案」上程
IV	ベルギー普通選挙権ゼネスト	
V. 11	独仏協調会議(ベルン)	
30		バルカン戦争終結
VI. 29		第 2 次バルカン戦争勃発
VIII. 10		第 2 次バルカン戦争終結
13	ベーベル没	
IX. 14-20	SPD イェーナ大会	
X	第 4 ドゥーマ社会民主党議員団分裂	
XI	ILP 徴兵反対闘争	ツァーベルン事件
XII. 13-14	BSI 第 15 回会議(ロンドン)	
1914. I. 27-30	LP 大会，海軍費増大反対決議	
IV. 26-V. 10	フランス総選挙	